改革开放研究丛书

探路之役

——

1978～1992年的
中国经济改革

萧冬连◎著

社会科学文献出版社
SOCIAL SCIENCES ACADEMIC PRESS (CHINA)

目录
CONTENTS

前　言

　　中国改革已经走过40年。40年改革的阶段如何划分尚无定说，但无论如何划分，1978～1992年都是一个关键性的阶段，我把这一时期的改革定义为"探路之役"。所谓探路，包含两层意义：一是对改革目标的探索，一是对改革路径的探索。正是经历了这15年的探索包括激烈争论，中国改革最终越过了市场化转轨在观念和结构上的临界点，由此进入建立社会主义市场经济体制和加快融入经济全球化的新阶段。

　　解读1978～1992年的经济改革，始终围绕一个问题意识：中国改革何以能够突破种种约束越过市场化转轨的临界点，并保持了经济超预期的高增长？我们知道，社会主义国家改革并不是独中国一家。20世纪80年代，当中国启动改革之初，东欧国家的改革经验以及东欧改革经济理论，曾受到中国政治家和经济学家的特别重视。社会主义国家之所以要改革，是因为传统的社会主义经济体制模式不能有效运行。从50年代开始，苏联和东欧国家都在摸索改良计划经济的出路。最早是南斯拉夫，随后是波兰、匈牙利，后来又有捷克斯洛伐克，苏联赫鲁晓夫时期也想改，但是始终没有突破。直到80年代末90年代初苏东剧变，所有国家的改革都不算成功。其结局先是无法突破旧体制的硬壳，后是改革失去控制。通过改革实现了从计划经济向市场经济的平滑过渡，没有产生社会失控和经济下滑，并且保持了持续高增长的，只有中国。不管你愿意不愿意称其为"中国奇迹"，这都是 20 世纪最后 20 年最令世界瞩目的大事件。

20 世纪 80 年代，西方学者一直不看好中国改革。直到 1990 年，匈牙利经济学家科尔奈还写道："南斯拉夫的改革已经有了 40 年的历史，匈牙利改革有了 20 年的历史，中国改革也将近 10 年了。这三个国家的改革都是不可思议的结果和灾难性失败的混合体。"[①] 到 20 世纪 90 年代初，中国与苏联、东欧改革绩效的巨大反差逐步转变了西方舆论。继续看衰中国改革前景的观点始终存在，但更多的学者对探讨中国改革经验产生了兴趣。据经济学家张军介绍，1994 年在巴黎出版了一本题为《从改革到增长：中国、亚洲和中东欧的其他转型国家》的论文集，主编 Reisen 和 Lee 在导言中写道："现在，时间的流逝足以使经济学家来聚集并评价不同转型方式的经验证据。不管什么原因，两种改革方式之间，生产出现的反应之差异实在令人吃惊。中国的 GDP 在过去的十年以平均 8% 的速度增长，而俄罗斯、中东欧国家在过去的四年却经历了 15% 到 50% 不等的生产下降。在生产上出现的这一差异使得比较这些国家的转型经验以寻求中国的经验可能为其他过渡经济提供的教训（如果有的话）变得相当有价值。"[②]

中国是如何越过市场化的临界点的呢？国内外学者有多种解释。第一种解释着重于改革方式，认为东欧国家及苏联都或多或少地采取了激进式改革，而中国采取的是渐进式改革，通过不断的局部试验逐步推进，形成了计划内与计划外双轨并存的过渡形式。有学者进一步指出，所谓渐进改革实质是一种体制外先行的增量改革。第二种解释与此相反，强调中国启动改革时，存在不同于苏联、东欧的结构性因素，包括更低的发展阶段、更多的地方分权、更粗糙的计划体制等，这些因素有

---

① 转引自张维迎、易纲《中国渐进式改革的历史视角》，景维民主编《从计划到市场的过渡》，南开大学出版社，2003，第 310 页。

② 张军：《中国经济转型 30 年经验贡献了什么》，《科技与经济画报》2008 年第 5 期。

利于市场化转轨和经济短期快速增长，因而渐进式改革并不必然带来成功，不具有普遍意义。[①] 第三种解释强调地区竞争的意义。财政分权造成地区之间的竞争，而地区竞争对于促进计划体制的解构和市场的生成起了重要作用。第四种解释强调市场化演进的自发性，认为市场经济是所有参与者（包括政治家）在无形之手的控制下进行的追求利益的过程，改革自己创造了一条通往市场经济的路。[②] 中国市场化转型是一场"边缘革命"，是"人类行为的意外结果"。[③] 这些解释给人以启发，但也不是没有进一步讨论的空间。也许它们各自说对了一个方面的事实，实际的演进是各种历史因素综合作用的结果。

　　在国内，回顾和解释中国改革开放历程的有影响的观点不是产生在党史、国史学界，而是其他学者特别是经济学家。经济学家的看法之所以特别值得重视，是因为他们中间许多人曾经参与过历史进程。同样应当受到特别关注的，还有参与决策和践行改革的中央部门和地方负责人提供的情况和看法。几年前，我有机会参与一个改革口述史项目，采访了几十位改革参与者，如原体改委副主任安志文、高尚全，原国家经委副主任张彦宁、陈清泰，广东省委原书记吴南生，深圳市委原书记李灏，珠海市委原书记梁广大，海南省原省长雷宇，原中共中央书记处研究室副主任吴象，吉林省原省长洪虎，原国务院振兴东北办副主任、国家计委司长宋晓梧，原体改委局长杨启先、杜岩、江春泽、谢明干，国务院发展研究中心原副部长乔刚，原国务院特区办司长林其辉，经济学家吴敬琏、赵人伟、冯兰瑞、王小鲁及翁永曦、张木生、孙方明等，了解了一些当时决策的背景和内幕，这对我理解改革的复杂性有很大帮助，它与单纯的文本解读是不同的。不过，我的研究主要的还是阅读，

---

① 杰弗里·萨克斯、胡永泰、杨小凯：《经济改革和宪政转轨》，《经济学》（季刊）第2卷第4期，2003年7月。

② 张维迎、易纲：《中国渐进式改革的历史视角》，景维民主编《从计划到市场的过渡》，第310页。

③ 罗纳德·哈里·科斯、王宁：《变革中国：市场经济的中国之路》，中信出版社，2013。

不是采访。如阅读薛暮桥、杜润生、马洪、刘国光、吴敬琏、高尚全、杨启先、房维中、张卓元、赵人伟等经济学家和财经官员的回忆和研究作品，为我们把握改革开放的内在逻辑及分歧的实质提供了很好的帮助。当然，不同人对80年代的解读不同，甚至大相径庭。不只是对改革总体策略的评价，甚至对一些具体事件的描述都不一样，例如对于究竟谁是价格双轨制改革策略的发明者，就争论不休。历史学者不必评论谁是谁非，但应关注这种争论。本书关注的重点是那些进入决策咨询和对决策产生过重要影响的文献资料，一般不涉及纯理论性讨论；资料的引用以说明问题为旨归，不代表对作者的评价。当然，在中国，即使是经济改革也不是单纯用经济逻辑能够解释的，经济改革的演进受到政治、社会、国际环境等各种因素的影响。从某种意义上说，所有经济决策都是政治决策。我们研究这段历史，应当有更广阔的视野。

历史学者参与到改革开放史研究，首先不是提供什么解释范式，而是应当厘清历史事实，关注事件的来龙去脉、前因后果。历史研究追求还原真相，真正还原不容易。有人把历史真相区分为事件真相与逻辑真相，我以为有道理。真正好的研究，应当探究事件背后的逻辑，它的前因后果，而不仅仅停留在表面做大事记式的记录，看不到事件背后的逻辑和历史的复杂性，这样才能给人一种历史智慧。本书对历史进程的梳理，以高层决策为主线考察一系列互动过程，诸如中央决策与地方试验的相互推动、实践突破与政策引导的相互推动、理论界的讨论如何影响决策、借鉴国外经验如何适应中国实际，以及高层在一系列重大决策问题上是怎样化解分歧取得共识的，等等。如果能通过这种考察展示80年代改革的一些特点，或者能为读者理解80年代改革提供一条基本线索和一些基本史实，本书的目的就达到了。

第一章
中国改革开放的缘起

　　人们一般称 1978 年为改革元年。然而，对于中国的大转向来说，1976 年是一个更为重要的年份。这年秋，毛泽东去世，紧接着粉碎"四人帮"，以非常规的方式结束了持续十年的"文化大革命"，历史转轨的机会已经出现，"文革"的灾难性后果引发一场集体性反思。中共高层开始酝酿结束无休止的政治运动，集中精力于国家现代化目标。从 1977 年开始，出现了一连串的变化。制定现代化规划、扩大技术引进、出国考察、酝酿经济改革等都在这两年开始了。在 1978 年最初酝酿改革开放问题时，并没有发生太大的分歧，华国锋的态度是积极的。依当时的情势，无论谁在台上，都需要寻找中国发展的新路子。当然，如果没有"文革"，启动改革不可能获得这么大的推力。而如果没有大批人员出国考察感受到的挑战和机遇，中国领导人也不会有那么强烈的紧迫感，要达成改革共识会困难得多。

一　"文化大革命"引发的历史反思

　　中国改革何以在 20 世纪 70 年代末启动？大家首先想到的是，因为有一个"文化大革命"。我要说的是，改革发生在"文革"后，改革的因子已经在"文革"期间伏下了。一场以理想主义为标榜的政治运动，异化为普遍的暴力、持续的派性斗争和诡谲的党内权争，"文革"的正当性由此而丧失殆尽；1971年的"九一三"事件加速了这一进程，它在党内及社会上引起了巨大的思想震撼，使得"文革"的解释体系漏洞百出，催生了人们的思想觉醒。1976年清明节前后，被称为"四五运动"的抗议活动，呈现出与以往运动完全不同的特性，它是一次真正自发的群众运动，表面看是发泄对"四人帮"的愤怒，背后却是指向毛泽东发动的"文革"的，参加抗议的主力正是全程参加过"文革"的青年工人和青年知识分子。他们中的一些人开始思考"中国向何处去"的大问题。一批上山下乡的知识青年亲身感受到农村的落后与贫困，他们在"文革"中后期相互联络，交流情况和看法，讨论中国农村发展道路问题，不少人在80年代的改革中崭露头角。

不只是年轻人，还包括党内一些老干部。胡耀邦说，从1969年到1976年以前，表面上看来好像风平浪静了。实际上在底下、在人民的心中和私下交往中，真是波浪滚滚、汹涌澎湃。毛泽东想通过"文革"改造"旧政府"，但治理国家别无选择，还得靠老干部。事实上即使在中共九大前，政府工作也是由"解放"出来的领导干部操办的，虽然不见得是同一些人。"九一三"事件后，更多老干部被"解放"出来。然而，这批人不可能如毛泽东所愿接受"文革"路线，"正确"对待自己的不幸遭遇。毛泽东很清楚，对"文革""拥护的人不多，反对的人不少"。① "文革"聚集了否定"文革"的力量。1975年邓小平主持的全面整顿实际上是在当时形势允许的限度内纠错"文革"、扭转颓势的一次努力。"文革"也造成一种机会，使各级领导人更加接近底层，直面一个真实的中国，这或许有利于他们思想解放。就如1961年中央常委和各地领导人下农村目睹农村的惨状，推动了当年的政策调整一样。

---

① 逢先知、金冲及主编《毛泽东传（1949～1976）》，中央文献出版社，2012，第1781～1782页。

后来的事实也是如此，从摆脱"文革"噩梦这一点看，多数重新出山的老干部都有改革的愿望，而且从中央到地方出现了一批锐意改革的官员，"文革"为改革准备了干部。

"文革"带来了两大灾难性后果：一是伤人太多，它把所有的阶层，特别是精英阶层伤害了；二是老百姓生活太苦了，民生问题已经成为重大的政治问题。这两个问题促使党内和知识界对于我们过去所走过的道路进行深刻的反思。邓小平多次谈到"文革"与改革的关系，他说："'文化大革命'也有一'功'，它提供了反面教训"，"促使人们思考，促使人们认识我们的弊端在哪里。为什么我们能在七十年代末和八十年代提出了现行的一系列政策，就是总结了'文化大革命'的经验和教训"。① "文革"结束后，思想闸门在逐步打开，党内和民间形成了一个思想解放潮流。在中共党内，其标志是1978年由胡耀邦组织的关于"实践是检验真理的唯一标准"的大讨论。这场讨论的直接起因，是各条战线的拨乱反正，特别是在"解放"老干部和平反冤假错案问题上遇到了阻力。正是这场舆论战，突破了许多重大禁区，推动了全国范围的平反和一系列历史遗留问题的解决进程，数以千万计的人获得了政治上和身份上的解放，中共内部的权力结构也发生了改变。

思想解放推动了经济领域的拨乱反正。1977年、1978年经济领域拨乱反正涉及的重大问题有四个：一是纠正否定商品生产和商品交换的错误观点，重新肯定社会主义必须大力发展商品生产和商品交换，重视价值规律的作用；二是纠正对所谓"资产阶级法权"和按劳分配原则的错误批判，重新强调按劳分配和物质利益原则；三是纠正对"唯生产力论"的错误批判，强调生产力发展在社会主义发展中的重要地位，事实上提出了体制评价的生产力标准；四是提出按经济规律办事，提高经济管理水平。这些问题的讨论受到华国锋、邓小平、李先念等领导人的

---

① 中共中央文献研究室编《邓小平年谱（1975～1997）》（下），中央文献出版社，2004，第1131、1244～1245页。

重视和肯定，特别是邓小平直接推动了这个讨论。① 1978 年 5 月 5 日《人民日报》特约评论员文章《贯彻执行社会主义按劳分配原则》发表前，邓小平就看了两遍，并两次找起草者胡乔木、于光远、邓力群谈意见。② 另一本影响很大的著作——林子力、有林的《批判"四人帮"对"唯生产力论"的"批判"》，最后也是因邓小平批示"可以出版"才得以正式出版。③ 这一时期，邓小平讲得最多的是按劳分配问题。在他看来，物质利益原则仍然是调动积极性以加快发展的最直接有效的手段。作为这种思路的体现，1977 年、1978 年调整了部分职工的工资，恢复了计件工资和奖金制度。

有些经济学家的思考，已涉及整个计划体制。如薛暮桥 1978 年 4 月给邓小平、李先念写信，就提出研究计划管理体制问题。6 月，薛暮桥通过对江苏和北京的调查，得出一个基本看法：现在的管理体制的根本缺点是，不管条条管，还是块块管，都是按行政系统管，既割断了各行业之间的经济联系，也割断了地方与地方之间的经济联系。这种条块分割体制的典型弊端是：两个企业能商量解决的问题却必须层层上报，由上级领导机关协商解决，一天能办成的事，往往要拖上几个月。他举例说：常州东风印染厂的灯芯绒是国际市场的畅销品，为增加生产，需要多进口染料，没有外汇，要向香港中国银行贷款。银行完全同意，但必须层层上报到中国银行北京总行，打了十几个图章才办完手续；增加染料进口又要外贸部批准，又层层上报打了八个图章。办完两项手续花了八个月时间，如果准许该厂直接向香港中国银行贷款，直接在香港自己购买染料，只要半天时间就够了。他还看到，在江苏，国营企业的发展速度不如地方五小工业，地方工业的发展速度又不如社队工业。因为

① 参见韩钢《最初的突破——1977、1978 年经济理论大讨论述评》，《中共党史研究》1998 年第 6 期；李正华：《中国改革开放的酝酿与起步》，当代中国出版社，2002。

② 李正华：《中国改革开放的酝酿与起步》，第 102~104 页。

③ 林子力访谈录，见陈敬编《经济理论 20 年——著名经济学家访谈录》，湖南人民出版社，1999，第 379 页。

地方工业留利比例（60%）超过国营企业（利润全部上缴），而社队工业的留利比例（80%）又超过地方工业。① 薛暮桥认为，解决经济管理体制的根本问题，不仅是解决条条与块块之间的矛盾，而且要解决行政管理与经济发展的客观规律之间的矛盾。②

拨乱反正不止于回到"文革"前，积极投入拨乱反正的不少人已经具备了改革意识。由拨乱反正走到改革是很自然的，是思想的自然深化。正如于光远所说："从'拨乱反正'到改革的一个重要环节是明确体制评价的生产力标准。"③ 许多人认为，中国的改革是先经济后政治，或者说是只搞经济改革不搞政治改革。但邓小平自己说："我们提出改革时，就包括政治体制改革。"④ 中国改革的真正起点，恰恰发生在思想政治领域。一是人的政治解放，就是全面平反历史错案，解决各领域的历史遗留问题；一是人的思想解放，就是对历史的全面反思和总结。如果没有政治、思想领域的变革作先导，经济改革不可能推动。

二 改革的经济动因

"文革"结束时，中国陷入经济和民生的严重困局。1977 年 2 月 12 日国家计委的汇报提纲透露，几年来，国民经济增长缓慢，工业生产 1974 年、1976 两年停滞不前，1976 年只增长 0.6%，钢产量倒退五年，不少重点工程形不成生产能力，财政连续三年出现赤字，1976 年财政收入只有 750 亿元，相当于 1971 年的水平。⑤ 有人估计，"文革"对经济造成的损失达 5000 亿元，相当于新中国成立 30 年全部基本建设投资的 80%。1978 年 2 月 26 日，华国锋在五届人大一次会议上所作《政府

① 薛暮桥：《对于计划管理体制的一些意见》，《经济研究参考资料》1979 年第 71 期。
② 薛暮桥：《对于计划管理体制的一些意见》，《经济研究参考资料》1979 年第 71 期。
③ 陈敬编《经济理论 20 年——著名经济学家访谈录》，第 12 页。
④ 邓小平会见日本公明党委员长竹入义胜时的谈话（1986 年 9 月 3 日），《邓小平年谱（1975~1997）》（下），第 1134 页。
⑤ 房维中：《在风浪中前进——中国发展与改革编年纪事（1977~1989）》（1977~1978 年卷），未刊稿，第 13 页。

工作报告》中说"整个国民经济几乎到了崩溃的边缘"。这是"崩溃边缘"的说法首次出现。

对于"文革"结束时中国经济是否到了"崩溃边缘",存在不同的看法。美国一些著名学者认为,毛泽东时代总体上是快速工业化的过程,改革并不是中国经济发展"不可避免的结果"。如美国中国问题学者哈里·哈丁说:"尽管大跃进和文化大革命造成的政治动荡,导致了中国经济的萧条与饥荒,但是,从总体上说,中国在1952年至1975年间取得了令人瞩目的增长率。这个增长率超过了其他亚洲大国如印度和印度尼西亚。""尽管中国在1976年毛泽东去世时面临着严重的经济和政治问题,但毛以后的改革却不应被视作是当时中国状况的一个不可避免的结果。"持相似看法的还有鲍大可、莫里斯·迈斯纳等。① 国内学者陈东林也不同意"崩溃边缘"的说法,他根据官方统计数据,说明在"文革"期间中国经济是发展的。1967年至1976年的10年,工农业总产值年平均增长率为7.1%,社会总产值年平均增长率为6.8%,国民收入年平均增长率为4.9%。"这样的经济发展速度,在世界上并不算太慢。"② 尽管不少人对统计数据存有疑问,我仍愿相信"文革"后公布的数据大体准确,"崩溃边缘"的说法太过政治化了。

然而,这并不能否定"文革"结束时中国陷入严重的经济困局,这集中反映在民生问题上。据当时的资料,至少两亿农民的温饱问题没有解决,许多农民甚至处在赤贫状况。这种境况,令许多直接接触农民的官员深感愧疚和焦虑。如安徽省全省28万个生产队中,只有10%的生产队能维持温饱;67%的生产队人均年收入低于60元,25%的生产

---

① 引自李向前《旧话新题:关于中国改革起源的几点研究——兼答哈里·哈丁和麦克法夸尔两先生对中国改革的质疑》,《中共党史研究》1999年第1期;莫里斯·迈斯纳:《毛泽东时代的经济遗产》,《香港社会科学学报》第7期,1996年春季。

② 陈东林:《实事求是地评价"文革"时期的经济建设》,《中国经济史研究》1997年第4期。

队在 40 元以下。① 这意味着，安徽省 4000 万农村人口中有 3500 万以上
的人吃不饱肚子！② 农民的贫穷不只在少数地区。在 1978 年 11 月召开
的中央工作会议上，来自西北地区的负责人发言说："西北黄土高原，
人口 2400 万，粮食亩产平均只有 170 斤，有的地方只收三五十斤，口
粮在 300 斤以下的有 45 个县，人均年收入在 50 元以下的有 69 个县。"
"宁夏西海固地区解放以来人口增长 2 倍，粮食增长不到 1 倍，连简单
再生产也有问题。"③

　　城市居民的生活虽然有国家保障，但职工工资 20 年没有上涨，生
活消费品凭票购买，住房严重紧缺，上千万知识青年、下放干部、知识
分子和其他城市下放人员要求回城，全国城镇有两千万人等待就业，等
等，"许多问题都具有'爆炸性'"。④ 1978 年前后，北京和各地出现持
续不断上访和闹事风潮，除了政治平反，就是各类民生诉求。例如，住
房问题，全国职工人均住房面积只有 3.6 平方米，比 1952 年还少 0.9
平方米。据对 182 个城市的调查，有缺房户 689 万户，占 35.8%。131
万户长期住在仓库、走廊、车间、教室、办公室、地下室，甚至还有住
厕所的。居住面积不足 2 平方米的 86 万户；三代同堂、父母同子女同
室、两户以上职工同屋的 189 万户；住在破烂危险、条件恶劣的简陋房
子里的还有上百万户。"要求解决住房问题的呼声极为强烈，不断发生
群众结队上访，联名请愿，聚众抢房，甚至下跪求房的现象。"⑤

　　民生问题不只是严重的经济问题，而且是严重的社会问题和政治问
题。邓小平、陈云的两段话集中反映了高层的集体焦虑。1978 年 9 月，
邓小平对地方领导人说："我们太穷了，太落后了，老实说对不起人

---

① 李向前：《旧话新题：关于中国改革起源的几点研究》，《中共党史研究》1999 年第 1 期。
② 据《当代中国的安徽》的统计，1977 年安徽省总人口为 4627 万人，农业人口为 4000
　万人。《当代中国》丛书编辑委员会编《当代中国的安徽》下卷，当代中国出版社，
　1992，第 603 页。
③ 张湛彬：《大转折的日日夜夜》上卷，中国经济出版社，1998，第 388～389 页。
④ 《李先念在中央工作会议上的讲话》（1979 年 4 月 5 日），中共中央文献研究室编《三
　中全会以来重要文献选编》上册，人民出版社，1982，第 148 页。
⑤ 《关于城市住宅建设的意见》，《经济研究参考资料》1979 年第 76 期。

民。""外国人议论中国人究竟能够忍耐多久，我们要注意这个话。我们要想一想，我们给人民究竟做了多少事情呢？"① 陈云在同年11月中央工作会议上说："建国快30年了，现在还有要饭的。老是不解决这个问题，农民就会造反。支部书记会带队进城要饭。"②

中国长期走的是优先发展重工业的工业化路子，与之相配套的是高度中央集权的计划经济制度。自20世纪50年代以来，依靠国家的强制动员和全国人民"勒紧裤带"，初步建立起一个工业体系，走过了工业化原始积累的最初阶段。1952年到1978年，工业总产值增长15倍，其中重工业增长28倍；建立了大小工业企业35万个，其中大中型国营企业4400个。这个成就不应被忽视。问题在于，这种发展模式的特征是高速度低效率、高投入低产出、高积累低消费。从统计数据看增长率不低，但人民长期得不到实惠。如果说在毛泽东时代这种勒紧裤带搞建设的办法还可以勉强推行，那么"文革"结束以后，政治上的松动释放出巨大的民生压力，依靠政治动员强制推行一种发展模式的基本条件已经不存在，这条路很难继续走下去。国营企业效益日趋下降也导致国家财政收入困难。财政收入的年均增长，"一五"时期为11.0%，"二五"时期为0.2%，1963～1965年为14.7%，"三五"时期为7.0%，"四五"时期为4.2%。1974年、1976两年为负增长，出现了"大跃进"以来第二个财政困难时期。③ 从财政角度看，单纯依靠国家财政投资支持国有企业发展的老模式已经到了它的极限。④

三 农村政策悄然转向

农业发展滞后是决策层关注的重点问题之一。"文革"刚一结束，

---

① 邓小平听取吉林、辽宁省委常委汇报时的谈话（1978年9月16、17日），《邓小平思想年谱》，中央文献出版社，1998，第80～81页。

② 中共中央文献研究室编《陈云年谱》下卷，中央文献出版社，2000，第229页。

③ 参见国家统计局编《中国统计年鉴（1993）》，中国统计出版社，1993，第215页。

④ 参阅赵凌云《1978～1998年间中国国有企业改革的发生与推进过程的历史分析》，《当代中国史研究》1999年5、6期合刊。

1976 年 12 月，中共中央就召开了有 6000 多人参加的大规模的第二次全国农业学大寨会议。会议纪要指出，农业上不去"这不仅是一个经济问题，也是一个政治问题，是摆在全党面前的一项紧迫任务"。[①] 然而，在一段时间里，仍然把开展"农业学大寨"、"普及大寨县"运动作为解决中国农业发展困境的出路。所谓"普及大寨县"，除了"大批促大干"的政治口号外，主要有三项措施：一是继续提出 1980 年实现全国农业机械化的目标。1977 年 1 月 19 日，中共中央批转国务院《关于1980 年基本实现农业机械化的报告》，要求"农、林、牧、副、渔主要作业的机械化，达到 70%"。1978 年 1 月，国务院召开全国农业机械化会议，仍然提出"决战三年"基本实现农业机械化的目标。[②] 这明显是一个无法实现的空头指标。二是继续以"大会战"形式大搞农田基本建设，修梯田，造平原，围海造田、围湖造田、拦河打坝。主管农业的副总理陈永贵甚至提出，全国耕地要从占国土面积的 10% 增加到 20% 至 30% 的奇想，要求各县、社都搞大会战、大协作，打人民战争。三是采取实际步骤向生产大队所有制过渡。1975 年 9 月 2 日，陈永贵向毛泽东提出建议，将基本核算单位由生产队过渡到大队，并取消定额管理、评工记分的计酬办法，实行自报公议的计酬办法。鉴于"大跃进"的严重教训，毛泽东对陈永贵的建议没有明确表态，批给邓小平交由中央政治局讨论。中央政治局为此召开农村工作座谈会，多数省市不赞成，未形成一致意见。[③] 然而，1976 年 12 月，中共中央召开第二次农业学大寨会议，却要求在全国已有 7.7% 的生产大队核算的基础上，选择 10% 左右的生产队"先行过渡"到大队核算。随后一些地方又刮了一阵"穷过渡"的风，1977 年，内蒙古过渡的大队已占 20%，北京郊

① 会议纪要指出：农业存在速度慢、水平低、不平衡、不全面的问题。粮食增长率、人均占有粮食 20 年没有增长。有些多年来的粮食调出省变为调入省，如四川省 1976 年就调入粮食 20 亿斤。棉花产量徘徊了 11 年，油料产量还停留在 1952 年的水平，糖料从 1973 年以来没有增长。中华人民共和国国家农业委员会办公厅编《农业集体化重要文件汇编》下册，中共中央党校出版社，1981，第 944 页。
② 《农业集体化重要文件汇编》下册，第 926、952 页；《人民日报》1978 年 1 月 5 日。
③ 中共中央文献研究室编《毛泽东年谱》第 6 卷，中央文献出版社，2012，第 606 页。

区达到 50%，陕西有的县达到 20%～70%。[①]

　　然而，这种农业发展模式事实上已走入末路。最突出的是农民负担沉重，收益下降，普遍陷入贫困境地，尤其是"农业学大寨"运动中连年农田基本建设"大会战"，大量平调生产队的劳力和钱粮，把社队"搞空了，搞穷了"。薛暮桥回忆说，他 1977 年就认为，"'农业学大寨'不能解决问题，关键是要改变政策，农业是否要走人民公社道路，还需要重新研究"。[②] 与农民有更多接触的地方负责人心里更加明白，这套办法解决不了农民的问题。1977 年 6 月，万里任安徽省委第一书记后，下乡调查三个月，全省大部分地区都跑到了，走进许多农户家里。万里回忆说："农民吃不饱，穿不暖，住的房子不像个房子的样子。淮北、皖东有些穷村，门、窗都是泥土坯的，连桌子、凳子也是泥土坯的，找不到一件木器家具，真是家徒四壁呀！我真没料到，解放几十年了，不少农村还这么穷！我不能不问自己，这是什么原因？这能算是社会主义吗？人民公社到底有什么问题？为什么农民的积极性都没有啦？当然，人民公社是上了宪法的，我也不能乱说，但我心里已经认定，看来从安徽的实际情况出发，最重要的是怎么调动农民的积极性；否则连肚子也吃不饱，一切无从谈起。"[③] 随行人员回忆说，万里看到农民的贫困状况，"泪流满面"。[④] 为了调动农民的积极性，1977 年 11 月安徽省委制定了《关于当前农村经济政策几个问题的规定》（简称"省委六条"）。"省委六条"强调农村一切工作要以生产为中心；尊重生产队的自主权；允许农民搞正当的家庭副业，产品可以拿到集市上出售；生产队实行责任制，只需个别人完成的农活可以责任到人；等等。其核心是在政策上为生产队和农民松绑和减负，允许农民有点个体小自由。这是

① 《农业集体化重要文件汇编》下册，第 952、957 页。
② 《薛暮桥回忆录》，天津人民出版社，1996，第 315 页。
③ 张广友、韩钢记录整理《万里谈农村改革是怎样搞起来的》，《百年潮》1998 年第 3 期。
④ 吴象：《农村第一步改革的曲折历程》，杜润生主编《中国农村改革决策纪事》，中央文献出版社，1999，第 218 页。

在用行动反对"大寨"、"大批"、"促大干"那一套做法，引起一些人特别是陈永贵的强烈不满。然而舆论倾向正在发生变化。新华社、《人民日报》记者写"内参"、写通讯宣传"省委六条"。1978年2月3日《人民日报》发表长篇报道并加按语和评论，肯定和赞扬安徽的做法。①

邓小平支持地方率先清理政策。1978年1月，邓小平同四川省委书记谈农村和城市政策问题，他说："我还在广东听说，有些地方养三只鸭子就是社会主义，养五只鸭子就是资本主义，怪得很！农民一点回旋余地没有，怎么能行？农村政策、城市政策中央要清理，各地也要清理一下。"②1978年2月，四川省委也出台了一份文件即《关于目前农村经济政策几个主要问题的规定》，内容与安徽类似，特别强调扩大农民自留地和发展多种经营。安徽、四川两省文件都是在"农业学大寨"、"普及大寨县"的传统思路之外寻找农业的出路。当然，从总体上说没有超出20世纪60年代初调整时期的农村政策。这些政策在两省执行后得到农民的普遍拥护，取得明显的增产增收效果。

到了1978年，中央政策开始悄然变向，"农业学大寨"的口号逐步为"落实农村政策"的呼声所代替。6月23日中共中央转发了湖南湘乡县关于减轻农民负担的报告，7月19日又转发了陕西旬邑解决干部强迫命令、打骂群众问题的报告，解决农民增产不增收、分配不兑现、生产队没有自主权、调用民工过度以及干部强迫命令等普遍性问题。③接下来召开的十一届三中全会也没再要求全国搞所谓"普及大寨县"的达标活动，全会公报甚至连"学大寨"的口号都没有出现。会前按照传统思路起草的关于加快农业发展的文件被推翻了，胡耀邦、胡乔木等人另起炉灶搞了一份关于农业的决定草案，草案批评了"穷过渡"和"平调风"，强调按劳分配的物质利益原则，批评农村中普遍存在的阶级斗争扩大化，宣布今后不准把自留地、家庭副业和集市贸

① 《一份省委文件的诞生——记中共安徽省委〈关于当前农村经济政策几个问题的规定〉的产生经过》，《人民日报》1978年2月3日。
② 《邓小平年谱（1975～1997）》（上），第261页。
③ 《农业集体化重要文件汇编》下册，第959～965页。

易当作资本主义来批，这些都直指大寨经验。"农业学大寨"运动式微，标志着一个时代的终结。少数农民利用这种已经松动的政治空气走得更远，开始秘密地搞起过去反复批判的"包产到户"，尽管他们只是为了找一条生活出路，未必理解他们的自发行动与即将展开的一场改革有什么联系。但这也说明，70年代末中国走上改革之路，具有深刻的内在根源。

四 扩大引进：为现代化寻找新方式

高层酝酿改革开放，起始于现代化规划的重新启动，以及为实现这一宏大目标寻找新的资源和方式。华国锋提出的"两个凡是"广受诟病，但平心而论，华是一位务实的领导人，他对搞经济建设比搞阶级斗争更有兴趣。从1977年初起华国锋采取种种措施改善民生，先后召开一系列全国性的生产建设会议。虽然还是"工业学大庆、农业学大寨"的老套路，但可以看出发展经济已经是他关注的焦点。1977年，在初步稳定政局之后，编制现代化长期规划的问题提上了日程。1975年夏，邓小平主持整顿期间曾经制订过一份"十年规划发展纲要草案"，1977年9月重新修订"十年规划纲要"，并提出"未来23年设想"。新的十年规划提出，到1985年要达到全国钢产量6000万吨、粮食8000亿斤的高指标，要建设120个大型项目，其中包括十大钢铁基地、九大有色金属基地、八大煤炭基地、十大油气田、30个大电站、6条铁路新干线、5个港口等过高计划。这个十年规划在1977年中共十一大上提出，1978年2月在五届全国人大一次会议上通过。这个规划后来曾被视为"洋跃进"受到诟病，袁宝华回忆说，"当时华国锋同志总有个想法，就是把文革耽误的时间抢回来"。[①] 但这不是华国锋一个人的想法，当时整个高层包括叶剑英、邓小平、李先念等普遍有一种莫失良机的心情。

---

① 本刊特约记者：《文革结束后国民经济的恢复工作——访袁宝华同志》，《百年潮》
2002年第7期。

当编制长期规划时，最高领导层不约而同地把目光投向国外，主要是日本和欧洲等发达国家。大规模引进国外先进技术和成套设备的方案，就是作为完成这个大计划的措施提出来的。1977 年 7 月 26 日，中央政治局听取并讨论了国家计委《关于引进新技术和进口成套设备规划的请示报告》。① 11 月 18 日、23 日和 25 日，中央政治局连续三天听取并讨论国家计委《关于经济计划的汇报提纲》，扩大引进成为这两次汇报会上讨论的焦点之一。国家计委报告提出十项政策措施，第一项是整顿企业，第二项就是引进新技术，提出要"在五年到八年的时间内，把我们急需的国外先进技术拿到手"。② 足见引进新技术在完成"未来 23 年规划"中的重要地位。当时，中国领导人雄心很大，讨论中，华国锋、叶剑英、邓小平、李先念、聂荣臻、徐向前、方毅等对进一步扩大引进都很急切，邓小平说，"引进技术的谈判，要抢时间，要加快速度"，"多争取一年时间都合算"。③ 1978 年 5 月 17 日，国务院决定成立以副总理余秋里为主任的引进新技术领导小组。

中国领导人急切地想扩大引进是有原因的。要想在 20 世纪末实现现代化的宏大目标，大规模引进先进技术和设备几乎是唯一可行的选择。当时中国大多数技术设备还是以 50 年代从苏联引进的 156 个项目为基础，苏联的技术和设备在当时就不是先进的，几十年来又逐步老化，多数企业只能在封闭的环境下"复制古董"。恰恰是这 20 年间，世界科学技术和现代化的发展突飞猛进，中国与世界先进水平的差距迅速拉大。中国领导人很清楚这种状况。早在 1975 年主持整顿时，邓小平就提出，引进先进技术和先进设备"是一个大政策"。④

---

① 房维中：《在风浪中前进——中国发展与改革编年纪事（1977～1989）》（1977～1978年卷），第 31～36 页。

② 房维中：《在风浪中前进——中国发展与改革编年纪事（1977～1989）》（1977～1978年卷），第 48～49 页。

③ 邓小平在出席中共中央政治局讨论《政府工作报告》的会议时的讲话（1978 年 2 月 9 日），《邓小平年谱（1975～1997）》（上），第 267 页。

④ 华国锋转述（1978 年 3 月 13 日），见房维中《在风浪中前进——中国发展与改革编年纪事（1977～1989）》（1977～1978 年卷），第 90 页。

1977 年，邓小平又说，我们要"实行'拿来主义'"，"把吸收外国先进技术作为实现四个现代化的起点"。[①] 1977 年 9 月邓小平复出后，还采取了两个大动作：一是 1977 年秋季恢复取消多年的高考，以适应快速培养人才的需要；一是 1978 年召开全国科学大会，动员和组织现有的科技力量。

　　20 世纪 70 年代末，中国所面对的外部环境发生了重大变化。众所周知，自 50 年代初开始，中国就受到以美国为首的西方国家的封锁禁运，[②] 无法进入西方市场；60 年代中苏同盟分裂，中国向苏联获取资金和技术的途径也切断了。在这一时期，即使中国领导人有利用外部资源发展自己的愿望，这样的条件也不具备。70 年代初，中美关系解冻，中国同日本、西欧等发达国家全面建交，中国在联合国的席位也得到恢复，中国通向西方的道路，在很大程度上在毛泽东、周恩来的手上已经开通。1978 年，邓小平又在两个方面取得重大突破：一是中日缔约，一是中美建交。至此，对外开放的政治平台完全形成了，中国获得了进入世界主体市场的通道。当时，从遏制苏联扩张的共同战略利益出发，美国和西欧都希望中国成为世界的稳定力量，不仅不害怕而且乐见中国强大，愿意支持中国的现代化努力。1978 年 6 月 30 日，中共中央政治局听取谷牧汇报访欧情况时，领导人得出的一致印象是：欧洲"受苏联威胁，希望中国强大，希望为我们的四个现代化出点力量"。[③] 在经济上，70 年代末，工业化国家出现了结构调整和产业转移的趋势。据出国考察团带回来的情况，资本主义国家正处于萧条时期，产品、技术、资本都过剩，"急于找出路"，仅欧洲就有多达 5000 亿美元的游资。无论日本还是西欧国家，都争相同中国谈贸易，日本、德国、法国争相借

---

① 《邓小平年谱（1975～1997）》（上），第 228、236 页。

② 1949 年 11 月，以美国为首的西方阵营成立了"巴黎统筹委员会"，对社会主义国家实行禁运政策。其中对中国贸易的特别禁单项目甚至比对苏联和东欧国家的还多 500 余种。

③ 房维中：《在风浪中前进——中国发展与改革编年纪事（1977～1989）》（1977～1978 年卷），第 126 页。

钱给中国。① 美、欧、日从联手遏制中国到支持中国的现代化，国际环境发生了重大的改变。这是过去可望不可得的有利时机，促使中国领导人下决心迅速扩大引进新技术和成套设备的规模。

从内部说，单纯的引进意识形态障碍并不大。毕竟在过去有过三次对外引进。一次是 20 世纪 50 年代，以苏联援助的 156 项重点工程为标志。60 年代以后中苏关系恶化，为解决"吃、穿、用"问题，先后从日、英等 10 个资本主义国家引进石油、化工、冶金、电子和精密仪器等技术和装备，用汇总额为 2.8 亿美元，这是中国的第二次技术引进。第三次引进是 1973 年以后，先后同日本、西德、美国等十几个资本主义国家厂商签订了一批引进技术和进口成套设备的合同，计划引进规模是 43 亿美元（称为"四三方案"）。1973 年以后，周恩来、邓小平、陈云等人有过扩大对外设备和技术引进的想法，毛泽东也并不一味排斥。② "文革"时受困于党内斗争，1976 年张春桥在中央政治局会议上阻挠大庆大化肥厂进口项目，与华国锋发生冲突。③ 粉碎"四人帮"消除了政治上的掣肘。到 1977 年，"四三方案"成交金额 39.6 亿美元，包括 13 套化肥、4 套化纤、2 套石油化工、武钢 1.7 米轧机等重大项目。④ 1977 年的对外引进是"四三方案"的继续，不过引进方案不断加码。1977 年 7 月提出的方案是 8 年引进规模 65 亿美元；11 月增加为 150 亿美元；1978 年 3 月增加为 180 亿~200 亿美元。⑤ 到 7~9 月国务

---

① 《关于访问欧洲五国的情况报告》，房维中：《在风浪中前进——中国发展与改革编年纪事（1977~1989）》（1977~1978 年卷），第 124 页；李正华：《中国改革开放的酝酿与起步》，第 372 页。

② 迟爱萍：《新时期对外开放方针的先声——对陈云对外经济工作思想再思考》，《中共党史研究》1998 年第 4 期；中共中央文献研究室编《陈云文选》第 3 卷，人民出版社，1986，第 218~228 页；《邓小平年谱（1975~1997）》（上），第 83 页。

③ 房维中：《在风浪中前进——中国发展与改革编年纪事（1977~1989）》（1977~1978 年卷），第 36 页。

④ 中国经济年鉴编辑委员会编《中国经济年鉴（1981）》，经济管理杂志社，1982，第 IV 部分第 131 页。

⑤ 房维中：《在风浪中前进——中国发展与改革编年纪事（1977~1989）》（1977~1978 年卷），第 31、49、90 页。

院务虚会时，8 年计划引进的总规模达 800 亿美元之巨。[1] 在一年时间内，计划引进的规模扩大了 11 倍多，引进规模是过去不可想象的。

1978 年提出的庞大引进计划，包含着一个从国外"借钱搞建设"的新思路，这与此前的单纯引进是完全不同的。新中国成立以后，中国只有在 50 年代获得过苏联的贷款，从未从资本主义国家获得过资金援助。中国同西方国家的贸易大都采取现汇结算的方式进行。在 1964 年还清苏联债务以后，中国成为一个完全没有外债的国家。"既无外债，又无内债"成为中国人引以为傲的一件事。但这并不是说没有人想过利用外资。1973 年，陈云提出研究资本主义、利用资本主义的想法中，就有利用外资的内容。当时想到的利用外资的形式，是通过中国的金融机构吸收国外存款。[2] 还有一种形式是延期支付。60 年代和 70 年代的两次引进都使用过延期支付的方式。[3] 这可以视为初级形式的"利用外资"。除此之外，其他利用外资的方式都是禁区。不接受外国政府贷款和无偿援助，更不允许办中外合资企业。这一政策一直延续到 1978 年春。该年 4 月 22 日，外贸部部长李强在一次对外讲话中明确说，有六种做法过去不能做现在可以做了，这些做法包括：补偿贸易，来料加工、来样加工，用外商商标牌号定牌，协作生产，寄售，分期付款、延期付款。但向外国借款和与外国开办合资企业，仍然是不可以的。[4]

然而，来自国内和国际两方面的动力很快冲破了这个界限。从国际环境说，出现了前所未有的利用外资的条件，德、法等国都主动表示愿意大量借钱给中国。谷牧带回的信息是：西德黑森州副州长卡里表示，可提供 200 亿美元存入我银行供我们使用。北威州州长屈恩在宴会上提出，如愿意接受 50 亿美元，可以马上定下来，接受 200 亿美元，宴会

---

① 房维中：《在风浪中前进——中国发展与改革编年纪事（1977～1989）》（1977～1978年卷），第 122、145 页。

② 陈东林：《陈云抵制和纠正"文化大革命"错误的努力》，《中共党史资料》2005 年第 2 期。

③ 刘向东、卢永宽、刘嘉林等：《我国利用外资概况》，人民出版社，1984，第 2 页。

④ 转见李正华《中国改革开放的酝酿和起步》，第 272 页。

后谈判一小时就可以定下来。法国巴黎银行在代表团回国后就派人来北京商谈提供25亿美元存款事宜。这说明了他们解决资金过剩的急切心情。[1] 从国内来说，有巨大资金需求，实行大规模引进，外汇严重不足。1978年底，中国的外汇储备仅有15.57亿美元（据国际货币基金组织推算），[2] 为了解决外汇短缺的问题，中央政治局会上提出了许多办法，如减少粮食、化肥进口，增加原油、原煤和有色金属出口，发展旅游业、手工业和来料加工业，积极吸收侨汇，等等。然而，对于800亿美元的引进规模来说，所有这些仍然不敷使用。国内配套资金也严重缺乏。从何处筹集建设资金？有两种方案：一种是提高国内的资金积累率，另一种是引进外国的资金。在当时的情况下，国内的积累达到了极限，积累率在30%以上，只有降低，不可能再行提高。因此，中国国内存在一种利用外资以完成庞大建设计划的强大要求。美国国会联合经济委员会当时断言："如果不寻求国外长期贷款，那么，中国当时提出的特大规模投资和工业发展规划、以及随之而来的对进口方面的巨大需求，都是不可能实现的。"[3] 应当说美国国会的这个推断还是准确的。5月30日，邓小平同胡乔木等人谈话时说："现在的国际条件对我们很有利。西方资本主义国家从它们自身的利益出发，很希望我们强大一些。这些发达国家有很多困难，它们的资金没有出路，愿意把钱借给我们，我们却不干，非常蠢。"[4] 6月30日，谷牧向中共中央政治局提出了应充分利用目前的有利条件，尽可能地吸收外国资金的建议，中央领导人大多数人都赞成。[5] 7~9月召开的国务院务虚会确定：放手利用外资，大量引进技术。[6] 在11月召开的中央工作会议上，放手利用外资的问

---

① 《关于访问欧洲五国的情况报告》，房维中：《在风浪中前进——中国发展与改革编年纪事（1977~1989）》（1977~1978年卷），第124页。

② 转引自朴贞东《中国对外开放的背景》，《国外中共党史研究动态》1993年第4期。

③ 美国国会联合经济委员会编《毛主席以后的中国经济》第1卷（上），中国财政经济出版社，1980，第87页。

④ 《邓小平年谱（1975~1997）》（上），第320页。

⑤ 张根生：《听谷牧谈亲历的几件大事》，《炎黄春秋》2004年第1期。

⑥ 张树军、高新民：《共和国年轮（1978）》，河北人民出版社，2001，第194~195页。

题，似乎没有遇到什么阻力。12 月 15 日，对外贸易部部长李强在香港向世界宣布取消两个禁区：一是只接受商业贷款不接受政府贷款的禁区；一是不允许外商在中国投资的禁区。他说："为了实现四个现代化，到 1985 年为止，需要一笔相当于几百亿美元的外国贷款，我们的方针是接受政府之间的贷款。""基本上国际贸易上惯例的做法都可以干。"①

五　出国考察潮：来自外部的压力和启示

对改革开放决策以巨大推力的，是 1978 年兴起的出国考察潮。其实，出国考察从 1977 年就开始了。如 1977 年初，一机部农机局局长项南对美国的农业机械化考察；1977 年 9 月冶金部副部长叶志强带一批专家到日本考察，催生了引进成套设备建设宝钢的重大项目，这一项目于 1978 年 1 月由国务院正式批准；1977 年 12 月底由国家经委主任袁宝华、对外贸易部部长李强率领的代表团赴英法两国重点考察欧洲的企业管理。② 还有轻工部、地质部、农业部、兵器工业部、石油部等派出的考察团。起初出国考察主要是为了落实引进项目，而 1978 年提出了"有计划地组织干部到国外去考察"的任务，则明显是为了寻求国外经验。③ 华国锋要求派更多的干部出去看看，"看看国外有什么好的东西"，"联系自己作为借鉴"。④

1978 年，出现了第一次出国考察高潮。究竟派出了多少个代表团出国，目前还没有具体数字。由中共中央直接派出的重要考察团至少有

---

① 朴贞东：《中国对外开放的背景》，《国外中共党史研究动态》1993 年第 4 期；李正华：《中国改革开放的酝酿和起步》，第 274 页。

② 程中原：《1977～1978：经济领域的思想解放与改革开放的起步》，《晋阳学刊》2010 年第 3 期；汪志馨、项小米：《项南的沉浮人生》，《纵横》2007 年第 1 期。

③ 本刊特约记者：《学习外国经验与探索中国自己的建设道路》，《百年潮》2002 年第 11 期。

④ 《华国锋在听取赴日访问团和赴港澳考察团汇报后的谈话》（1978 年 6 月 3 日），房维中：《在风浪中前进——中国发展与改革编年纪事（1977～1989）》（1977～1978 年卷），第 118 页。

四个。一是 1978 年 3 月 31 日至 4 月 10 日，以李一氓为团长，于光远、乔石为副团长的中国共产党党的工作者访问团访问了南斯拉夫和罗马尼亚。二是 3 月 28 日至 4 月 22 日以林乎加（时任上海市委书记）为团长的赴日经济代表团；三是 4 月 10 日至 5 月 6 日以段云（时任国家计委副主任）为团长的港澳经济贸易代表团；四是 5 月 2 日至 6 月 6 日以国务院副总理谷牧为团长的赴西欧五国（法国、瑞士、比利时、丹麦、西德）代表团。这四个代表团都是由中央直接派遣的，每个代表团回来后都写出报告，并向中央领导人汇报。这些报告除了提供了引进技术和利用外资的可能性外，还提供了考察国或地区经济发展和管理经济的经验。

访南斯拉夫和罗马尼亚代表团回国后，向中央递交了《关于南斯拉夫计划工作的考察报告》。报告认为，斯大林试图把苏联经济体制模式强加给南斯拉夫，被铁托拒绝，导致苏、南关系恶化，南斯拉夫不失为社会主义国家，南共不失为坚持社会主义的党。根据代表团的报告，中共中央决定承认南斯拉夫是社会主义国家。这意味着，在社会主义模式的多样性问题上，中共中央的观点有了变化。这个认识的变化对于党内在思想上摆脱苏联模式的束缚起了作用。[1]

赴日经济代表团报告说，日本的高速增长主要在 60 年代，10 年间国民生产总值增长了 3.6 倍，平均每年增长 15.5% 。日本成为一个经济大国，"窍门"有三条：一是大胆引进新技术，把世界上的先进东西拿到自己手上；二是充分利用国外资金；三是大力发展教育和科学研究。报告说，日本采取"拿来主义"后来居上，我们在技术上也应采取"拿来主义"。[2]

港澳经济考察团的报告说，香港、澳门经济发展很快，但中国内地在港澳市场的优势地位下降，内地商品在香港进出口总额中占比由

① 陈敬编《经济理论 20 年——著名经济学家访谈录》，第 9~10 页。
② 房维中：《在风浪中前进——中国发展与改革编年纪事（1977~1989）》（1977~1978 年卷），第 107 页。

27.4%下降到 16.6%，远落后于日本。报告提出可借鉴港澳的经验，把靠近港澳的广东宝安、珠海划为出口基地，力争用三五年的努力，在内地建设成具有相当水平的对外生产基地、加工基地和吸引港澳同胞的游览区。① 6 月 3 日，段云直接向华国锋等人做了汇报。华国锋肯定了他们的建议。他明确指示："总的同意"，"说干就干，把它办起来"。②

最重要的一次考察当属西欧五国之行，代表团成员除了分管经济工作的副总理谷牧外，还有水电部部长钱正英、农业部副部长张根生、广东省副省长王全国等七八位部级干部和 20 余名长期从事经济工作的中央和地方负责人。出发前邓小平专门找谷牧谈话，让他们"广泛接触，详细调查，深入研究些问题"。③ 考察团 5 月 2 日到 6 月 6 日行程 36 天，先后访问了西欧五国的 25 个城市 80 多家单位，会见有关政界人士和企业家，参观工厂、农场、城市设施、港口码头、市场、学校、科研单位和居民区，其中以工业交通为主，所有先进工艺和设施都引起了代表们的浓厚兴趣。代表团回国后 10 天，完成了《访问欧洲五国的情况报告》，报中共中央和国务院。

中国被封锁和自我封闭 20 多年，除了少数搞外交和外贸工作的外，大多数领导人都没有出过国，对于外部世界，特别是对西方发达资本主义国家的情况不甚了了。对许多人来说，1978 年是第一次走出国门，第一次"身临其境"观察资本主义和现代化的当代发展情况。这些考察团看到的和带回来的信息，对中国领导层的思想冲击是很大的。

第一个强烈印象是：没有想到当代世界现代化会发展到如此程度，中国与发达国家之间的发展差距会如此之大。像日本、西德这样的国

---

① 宝安、珠海建立出口生产基地的动议是中央部门与广东省共同商议提出的。1978 年 3 月，国家计委、外贸部工作组到宝安、珠海进行调查研究，与宝安、珠海共同制定了生产和出口年度计划和三年计划、五年规划。4～5 月，段云率团考察香港、澳门后回到广州，向习仲勋、刘田夫等人介绍情况并交换意见，双方一拍即合。回京后，考察组写出《港澳经济考察报告》上报中央。

② 转见李正华《邓小平与改革开放的起步》，第 441 页。

③ 《谷牧回忆录》，第 293 页。

家，国民经济已经高度现代化了，工业生产广泛采用电子计算机，高度
自动化；农业机械化程度很高；整个西欧高速公路形成一个网络；劳动
生产率高出中国相同性质企业十几倍甚至几十倍，更是超出中国人的想
象。访欧代表团报告说，西德一个年产 5000 万吨褐煤的露天煤矿只用
2000 名工人，而中国生产相同数量的煤需要 16 万名工人；法国马赛索
尔梅尔钢厂年产 350 万吨钢只需 7000 名工人，而中国武钢年产钢 230
万吨，却需要 67000 名工人；法国农业人口仅占全国人口的 10.6%，生
产的粮食除了供国内消费外，还有 40% 的谷物出口；丹麦农业劳动生
产率更高，农业人口仅占总人口的 6.7%，生产的粮食、牛奶、猪肉、
牛肉可供三个丹麦人口的需要。出国考察归来，考察团的差距感和落后
感十分强烈，在访欧报告中坦率地说，中国与发达国家比"大体上落后
二十年，从人口平均的生产水平讲，差距就更大"。[①]

　　出国考察得到的另一个强烈印象是，西方发达国家有许多好的东
西。这些国家经济之所以迅速发展，有一些共同的经验：如他们强调竞
争，强调优胜劣汰，十分重视企业管理；大胆引进新技术，把世界上的
先进东西拿到自己手上；从政府到公司都投入大量资金进行科学研究，
开发新技术、新产品，推动科学技术迅猛发展；重视发展教育事业，培
养科技人才；同时充分利用国外资金等。[②] 访欧代表团的报告说："毛
主席曾经讲过，欧洲各国的经济为什么发展快，一个重要原因是他们的
国家较小，中央与地方适当分权，办事机动灵活。我们这次出访看到的
情况确实是这样。例如西德州一级政府的权力比较大，许多事情州政府
定了就可以办，这很有利于促进经济的发展。我们的一个省市，比欧洲
一些国家还大，可是省、市管理经济的权限却很小，很少主动性。这个
问题不解决，不在中央统一计划下充分发挥地方的积极性和主动性，经

[①]　《关于访问欧洲五国的情况报告》（1978 年 6 月 22 日），房维中：《在风浪中前进——
中国发展与改革编年纪事（1977～1989）》（1977～1978 年卷），第 121～122 页。

[②]　见《中国经济代表团访日工作报告》（1978 年 5 月 31 日）、《关于访问欧洲五国的情
况报告》（1978 年 6 月 22 日），房维中：《在风浪中前进——中国发展与改革编年纪
事（1977～1989）》（1977～1978 年卷），第 106、122～125 页。

济工作就搞不活，也就谈不上高速度发展国民经济。"① 瑞士、丹麦、法国等国农场主不把自己的农场随便传给儿子经营的例子给人很深的印象。为了保证农场的经营，这些国家的政府规定，农庄主的儿子要经营父亲的农场，必须自农业技术学校毕业，取得国家发给的"绿色教育证书"，还要在其他农场实习两年，考核合格才能继承。② 这使大家认识到资本主义国家有些好的制度，值得借鉴，为领导人提供了另一种视角。③

让出访者没有想到的，还有发达国家普通人的生活水平。西欧五国工人的工资都相当高，城市住房人均达 20～30 平方米，农民的生活水平同工人相差无几，公害得到很好治理，社会稳定。④ 11 月，王震访问英国，中国驻英大使柯华陪同他访问伦敦一个失业工人的家。这个失业工人住着一栋 100 多平方米的两层楼房，有餐室、客厅，有沙发、电视机，装饰柜子里有珍藏的银具，房后还有一个约 50 平方米的小花园。由于失业，他可以不纳税，享受免费医疗，子女接受免费义务教育。访问结束时，中国驻英使馆的人问王震对英国的观感，王震高兴地说："我看英国搞得不错，物质极大丰富，三大差别基本消灭，社会公正、社会福利也受重视，如果再加上共产党执政，英国就是我们理想中的共产主义社会了。"⑤

影响更大的是同月邓力群访问日本回来后到一些单位做的访日情况报告。邓力群说，1955～1976 年间，日本工人实际收入增长 2.1 倍，扣除物价因素，年均实际收入增长 6%。除工资外，企业每年分红两次，每次分红增发 1～3 个月的工资，还有其他福利补助。普通工人家庭一般有四五十平方米的住宅，全国平均每两户多一辆汽车，95% 以上的人家有电视机、电冰箱、洗衣机、电唱机、吸尘器、电器炊具等耐用消费

① 房维中：《在风浪中前进——中国发展与改革编年纪事（1977～1989）》（1977～1978年卷），第 125 页。

② 杨波：《开放前夕的一次重要出访》，《百年潮》2002 年第 2 期。

③ 于光远访谈录，见陈敬编《经济理论 20 年——著名经济学家访谈录》，第 10 页。

④ 杨波：《开放前夕的一次重要出访》，《百年潮》2002 年第 2 期。

⑤ 柯华：《在马克思墓前——对资本主义和西方民主的观察》，《炎黄春秋》1999 年第 2期；于日：《旅英十年——重新认识资本主义》，《陈独秀研究动态》2002 年第 3、4 期。

品，包括农民在内都穿毛料子，服装式样多。商店经营商品 50 多万种，而我们王府井百货大楼仅有 2.2 万种，"相比之下，实在觉得我们很寒伧"。不仅如此，出访者观察到，日本人民"精神振作，奋发向上"，"事业心非常强烈"，社会风气还不算坏，车子不上锁，商店下班时不上门板，也没有听说有人偷，东京的社会治安状况比北京好得多。邓力群说，人们的道德品质，可以随着生产力的发展，随着产品的日益丰富，逐渐变得好起来。衣食足然知礼仪，不是没有一点道理。① 邓力群对日本在十三四年里就实现了现代化，对日本工人、农民生活状况的改善，对东京比北京"好很多"的社会治安，自然流露出钦羡之意，对中国与日本在现代化发展上的巨大差距感触很大。反观中国，城市职工 20 多年没涨工资，人均住房面积仅 3.6 平方米，拥有三大件（自行车、手表、缝纫机）仍然是多数家庭追求的目标，而在农村仍有两亿人口未解决温饱，相形之下，差距太大了。

邓力群、王震等人的观感是真实的、未加修饰的，大体反映了第一次身临其境体验资本主义的考察者们的共同感受。这些情况在党内和民众中都产生了强烈的反响。这次出国考察潮有一个特点，即不是以意识形态的眼光去挑刺，而是着眼于学习和借鉴。"文革"刚刚结束，这似乎有些不可思议，但其实在情理之中。出国考察的所见所闻，改变了人们的许多观点。随谷牧访问西欧的杨波回忆说：这次访问"对我个人来说，可以说是开了眼界，增加了许多新知识，了解很多新情况，也改变了过去的某些观点"。②

六　从国务院务虚会到中共十一届三中全会

一系列出国考察带来的新信息，直接推动了国务院务虚会的召开。

---

① 《日本经济情况——邓力群 1979 年 1 月 19 日在社科院党组学习日上的汇报》，《经济研究参考资料》1979 年第 45 期。

② 杨波：《开放前夕的一次重要出访》，《百年潮》2002 年第 2 期。

6月1日、3日，中央政治局听取了赴日经济代表团和赴港澳经济贸易代表团的汇报，华国锋、邓小平都参加并发表了意见。华国锋说："看准了东西，就要动手去干，不要议而不决，决而不行。"邓小平说："下个大决心，不要怕欠账，那个东西没危险。"① 6月30日，中央政治局又听取并讨论了谷牧访问欧洲五国的情况汇报，华国锋主持汇报会，叶剑英、聂荣臻、李先念、乌兰夫、王震都到了，大家兴致很高，汇报会从下午3点开到晚上11点。聂荣臻说："过去我们对西方的宣传有片面和虚伪之处，这反过来又束缚了我们自己。"② 大家都表示是下决心采取措施实行的时候了。华国锋说："外国企业管理确实有些好经验值得借鉴。现在我们的上层建筑不适应，非改革不可。"③ 他要求出国考察的人共同研究，提出几条，在国务院务虚，一面议，一面定了就办。④

华国锋对于考察团带回的信息不仅重视甚至很兴奋。据胡耀邦当时在中央党校的传达，7月6日，华国锋把他找去彻夜长谈，从下午3点钟到凌晨1点多谈了9个多小时，涉及出国考察团从日本、西欧带回的许多信息，"他反复问：耀邦，你看能不能把步子放大一些，使我们国家迅速地富强，用他的话是兴旺发达"。最后，"华主席提了两条：一条出国考察一下，不但部长、副委员长、副总理、省委书记，连有些厂长，也要出国考察。今年下半年他也要出国。邓副主席、李副主席也要出去。……第二，要号召高级干部学一点社会主义时期的经济规律"。⑤

1978年是领导人密集出国访问的一年，有12位副总理、副委员长以上领导人先后20次访问了51个国家。领导人如此频密出访，除了外交需要外，很重要的意图，就是要亲眼看一看世界现代化究竟发展到什

---

① 房维中：《在风浪中前进——中国发展与改革编年纪事（1977～1989）》（1977～1978年卷），第119～120页。
② 《谷牧回忆录》，第306页。
③ 房维中：《在风浪中前进——中国发展与改革编年纪事（1977～1989）》（1977～1978年卷），第129页。
④ 转引自李正华《中国改革开放的酝酿与起步》，第338页。
⑤ 沈宝祥：《胡耀邦与华国锋的亲密关系》，《同舟共进》2009年第11期。

么程度，寻找中国可以借鉴的经验。8月，华国锋访问罗马尼亚、南斯拉夫。据随访的朱良回忆，华国锋了解到两国的工厂、企业与中国同类相比，规模、设备都不如，但效率比中国高出很多，企业还挤出一部分产品出口换外汇，而中国的企业权利太小，经营管理有问题。我们关门自己搞，既不引进外国先进技术，又由国家垄断出口，企业产品不能进入国际市场。印象最深的，是南斯拉夫的农工联合企业不仅搞农、牧、畜，而且搞加工，还有自己的销售网点。华国锋要四川搞一个、北京搞几个这样的企业。华看到罗马尼亚、南斯拉夫对外经济合作完全放开，搞补偿贸易，吸收外国投资，合作经营，生产协作等，并没有损害国家主权，他当即想到我们吸收外国贷款"似无不可"。华认为，这次访问很大的成果，是开阔了眼界，有助于解放思想，找到了在经济建设方面的差距，我们要争取时间赶上去。①

　　1978年也是邓小平出访最多的一年。年初访问缅甸和尼泊尔，9月访问朝鲜，10月下旬访问日本，11月访问泰国、马来西亚和新加坡，次年初出访美国。邓小平的亲见，加上其他考察团提供的信息，强化了他的紧迫意识，也使他的改革思想更加清晰起来。他在9月访朝时同金日成说："最近我们的同志出去看了一下，越看越感到我们落后，什么叫现代化？五十年代一个样，六十年代不一样了，七十年代就更不一样了。"朝鲜访问回国途中，邓小平在东北和天津等地反复谈到中国必须改革。他说，中国的体制基本上是从苏联来的，是一种落后的东西。"有好多体制问题要重新考虑"，"要来一个革命"。他说，引进先进技术设备后，一定要按照国际先进的管理和经营方法来管理，"要在技术上、管理上来一个革命"，"现在我们的上层建筑非改不行"。②

　　7月6日至9月9日，国务院召开务虚会，断续开了两个多月。会议由李先念、谷牧主持，规模并不大，到会的有六七十人，但规格很

---

① 朱良：《铁托与华国锋互访——对改革开放带来启迪的外事活动》，《炎黄春秋》2008年第8期。
② 《邓小平思想年谱》，第76～83页。

高。参加会议有国务院 44 个重要部门的负责人，国务院副总理余秋里、康世恩、耿飚、谷牧、王震、陈慕华全都参加。华国锋很重视这次会议，在 23 次会议中，他只有一两次没有参加，在会上发言和插话至少 13 次。[①] 邓小平没有参加务虚会，但听取了主要汇报。务虚会的主题是研究加快中国四个现代化的速度问题。会上有 30 多位各部门负责人先后发言，几乎覆盖了我国建设的各个财经领域。会上大家畅所欲言，"日本、联邦德国两个战败国为什么能够迅速复兴？'上帝只给了太阳和水'的瑞士为什么能够跻身于发达国家行列？"中外发展的巨大差距强化了领导层的紧迫感，但许多国家的经验也使出国考察人员普遍信心倍增。像日本、西德、丹麦以及韩国、新加坡、中国台湾、中国香港所谓东亚"四小霸"都只用了 15 到 20 年的时间实现了现代化，说明现代化是可以在短期内实现的。华国锋说："出去的同志回来后，自信心更强了。去日本、去西欧的同志回来，都提高了信心；对我说了，我的自信心也更强了。原来认为二十三年很快就过去了，一考察，日本搞现代化只有十三年，德国、丹麦也是十几年。我们有优越的社会主义制度，有九亿人口，资源丰富，有正反两个方面的经验，只要路线、方针、政策正确，安定团结，调动各方面积极因素，可以赶上去。"[②] 谷牧回忆说："一系列重要思路打开了，包括正确运用价值规律，改革经济体制，坚持按劳分配，发展农村的多种经营等，特别对如何加强技术引进，扩大外贸出口，采取灵活方式利用国外资金等，讨论得很热烈。"[③]

这次会议的意义在于对经济管理体制改革问题进行了大胆的讨论。在国务院务虚会上有几个东西受到注意：一是南斯拉夫考察结果；二是谷牧访问西欧五国的报告；三是胡乔木、于光远、马洪以国务院研究室名义写的《按照客观的经济规律办事，加快实现四个现代化》一文。

① 李正华：《中国改革开放的酝酿与起步》，第 342 页。

② 房维中：《在风浪中前进——中国发展与改革编年纪事（1977～1989）》（1977～1978 年卷），第 128 页。

③ 《谷牧回忆录》，第 308 页。

会上的一些发言很有见解，据于光远回忆，姚依林引用列宁的一句话"在狼群中要学会狼叫"，说明要了解资本主义，要善于和他们打交道，对与会者很有说服力。① 这次会议虽然是务虚，不做出决议，但 9 月 9 日李先念的总结报告，集中了会议的主要成果。报告提出，要实现现代化，必须勇敢地改造一切不适应生产力发展的生产关系和不适应经济基础要求的上层建筑，放手发挥经济手段和经济组织的作用。报告批评说："我国已经不止一次改革经济体制，并取得了许多成效。但是在企业经济管理体制方面，往往从行政权力的转移着眼多，往往在放了收、收了放的老套中循环，因而难以符合经济发展的要求。"提出"我们现在要进行的改革，一定要同时兼顾中央、地方和企业的积极性，努力用现代化的管理方法来管理现代化的经济"，要坚决摆脱墨守行政层次、行政区划、行政权力、行政方式而不讲经济核算、经济效果、经济效率、经济责任的老框框，掌握领导和管理现代化大生产的本领，尊重客观经济规律。② 胡乔木等人撰写的《按照客观的经济规律办事，加快实现四个现代化》一文吸收务虚会的讨论，修改后发表在 10 月 6 日的《人民日报》上，在国外引起重视，被看成是中国改革的重要信号。于光远说："这次国务院务虚会起了开拓视野启发人们思想的作用。""如果说我们的党正视经济体制中的问题，重视改革，发轫于这次务虚会，未始不可。"③ 会上在发展速度和引进成套设备方面也表露出急于求成情绪，提出要组织"国民经济的新的大跃进"。

国务院 9 月召开的全国计划会议，进一步明确提出经济战线必须实行三个转变：从上到下都要把注意力转到生产斗争和技术革命上来；从那种不计经济效果、不讲工作效率的官僚主义的管理制度和管理方法，转到按照经济规律办事，把民主和集中很好地结合起来的科学管理的轨道上来；从那种不同资本主义国家进行经济技术交流的闭关自守或半闭

---

① 陈敬编《经济理论 20 年——著名经济学家访谈录》，第 10 页。
② 《李先念论财政金融贸易》（下），中国财政经济出版社，1992，第 376 页。
③ 于光远：《我亲历的那次历史转折》，中央编译出版社，1998，第 70 页。

关自守状态，转到积极地引进国外先进技术，利用国外资金，大胆地进入国际市场。① "三大转变"思想的提出，说明在一点上达成了共识：经济体制必须改革。

所有这些，为11～12月召开的中央工作会议和中共十一届三中全会做了准备。中央工作会议和三中全会原定的议程主要是经济议题，但实际的议程转到更为重要的政治议题上，国务院务虚会上关于经济体制改革的话题没有在会上展开讨论。② 经济话题讨论较多的是农村政策，起草了两份关于农业的文件草案。然而，问题不在于三中全会是否对经济改革进行了多么深入广泛的讨论，依当时的认知水平，即使讨论也不可能超出国务院务虚会的深度。重要的是会议充满了改革的精神，邓小平在他的主旨讲话中说："如果现在再不进行改革，我们的现代化事业和社会主义事业就会被葬送。"③ 叶剑英的讲话也表达了这种观点。他批评许多同志对"从经济基础到上层建筑的深刻革命"思想准备不足。全会公报指出，要采取一系列新的重大经济措施，对经济管理体制和经营管理方法进行改革，努力采用世界先进技术和先进设备。④ 对于经济改革来说，有三点极为重要：一是确定把党和国家的工作重心转移到以经济建设为中心的现代化建设上来，摆脱了持续几十年的以阶级斗争为纲和频繁政治运动的历史轨迹。可以说，中国改革开放及此后几十年的变化都根源于这一"历史性转折"。二是将"解放思想，实事求是"确定为党的思想路线，为改革探索打开了意识形态空间。三是在"只进不出"的策略下实现了权力结构的变动，以邓小平为核心的改革班子初步形成。尽管改革在1978年已经酝酿成熟，但十一届三中全会仍然可以被认为是一个转折点，因为它以中央全会的权威形式确定了改革的方针。

---

① 《当代中国的经济管理》编辑部编《中华人民共和国经济管理大事记》，中国经济出版社，1986，第319页。
② 于光远：《三中全会和国务院务虚会》，《上海综合经济》1998年第11期。
③ 《三中全会以来重要文献选编》上册，第22页。
④ 《三中全会以来重要文献选编》上册，第4页。

第二章
从放权、让利和松绑起步

中共十一届三中全会对改革的认识是初步的。从三中全会公报及有关讲话可以看出，当时认为经济体制的主要弊端是权力过于集中，最初的改革思路可以归结为放权让利，调动积极性。[①] 这实际上重申了毛泽东1956年《论十大关系》提出的调动积极性的经济思想。怎么调动积极性？办法有两条：一是将更多的决策权下放给地方政府和生产单位；一是给予地方、企业和劳动者个人更多的利益。邓小平称之为"经济民主"。这种放权让利的改革在1958年和1970年曾进行过两次尝试。就放权和让利原则这一点说，三中全会的改革基本思路同1958年有类似之处。但是，这一原则的应用范围大大扩展了：1958年改革的特点是中央与地方的行政性分权，1979年以后则更加注重扩大企业的自主权；1958年改革主要在国有部门中进行，而1979年以后的改革大大扩大了范围，特别是在农村中进行并扩及对外经济关系。[②] 与调动积极性的经济思想一致，邓小平还提

---

① 《三中全会以来重要文献选编》上册，第4页。
② 张卓元、黄范章主编《中国十年经济改革理论探索》，中国计划出版社，1991，第7～8页。

出一个新的经济政策：允许一部分人"收入先多一些，生活先好起来"。他说这是一个能够影响和带动全局的"大政策"。① 这一政策首次把利益驱动而不是"革命精神"作为经济发展的主要动力，把人们积蓄既久的利益动机和致富欲望调动起来，不仅为经济发展注入了新的动力，而且成为经济改革的驱动力。所谓放权让利和松绑式改革，主要针对四个方面：一是对农民，二是对国有企业，三是对地方政府，四是对城镇居民。

一　对农民让利与松绑

中共十一届三中全会通过的关于加快农业发展的决定列出 25 项政策，其中心内容可以概括为两点，一是让利，二是松绑。先说让利。50 年代以来，中国工业体系的建立很大程度上得益于农业提供的积累。1952~1978 年，农业提供的资金大体相当于同期国家固定资产投资的总额，这主要是通过工农业产品剪刀差实现的。尽管 70 年代后这种转移所占比重有所下降，但绝对值继续增加。② 这种长期的对农业的净提取，是中国农村长期贫困的原因之一。1979 年后的新政策，首先就是大幅度地提高农副产品收购价格。从 1979 年 4 月起，先后大幅度地提高了农副产品收购价格。此后，1980 年、1981 年、1982 年又连续三年陆续提价。提价幅度是新中国成立以来没有过的。据统计，1950 年至 1978 年近 30 年间，农副产品收购价格总共提高 117.4%，平均每年递增 2.8%。而 1979 年至 1982 年 4 年间，农副产品收购牌价共提高 24.5%，其中 1979 年一次提高 21.1%。如果包括议价、加价和市场收

① 中共中央文献研究室编《邓小平文选》第 2 卷，人民出版社，1994，第 152 页。
② 关于前 30 年工农业产品剪刀差的计算，是一个复杂有争议的问题。由于计算方法不同，得出的结论也大相径庭。国家从农村净提取的资金总额，最高的认为达 6000 亿~8000 亿元，最低的认为只有 2800 亿元。不管如何计算，国家工业化积累相当大的部分来源于对农业的提取，则是不争的事实。参见武力《1949~1978 年中国"剪刀差"差额辩正》，《中国经济史研究》2001 年第 4 期。

购部分，农副产品收购价格总共提高 41.6%，平均每年提高 9.1%。①
其次，调低了征购任务，实行超购加价、奖售政策。水稻地区口粮不足
400 斤，杂粮地区口粮不足 300 斤的一律免购。1979 年全国粮食征购基
数从 755 亿斤减少到 700 亿斤，减少了 55 亿斤。到 1982 年，全国粮食
征购基数减到 606.4 亿斤，比 1978 年减少了 148.6 亿斤，调减了近两
成。1978 年前，只有粮、油实行定基数政策，其他一二类产品完成统
购、派购任务以后也不准自由上市，只能按规定价格卖给国家。从
1979 年起，首先对棉花和食糖实行定基数政策。在完成基数任务后，
国家加价收购或换购奖售，一些产品农民可以自由上市交易。② 超基数
收购的粮食、食油（包括油料），由原来加价 30% 改为 50%，棉花加价
30%。③ 先后对牛皮、棉花、油脂、食糖实行奖售，主要是奖售粮食，
实行棉粮挂钩、糖粮挂钩等，还有奖售化肥。④ 再次，减免税收和降低
农业生产资料价格。1979 年，低产缺粮地区免征农业税共 47 亿斤。
同年 7 月，国家决定提高农村社队企业工商所得税起征点，放宽新办
社队企业减免税收年限（一般地区新办企业 3 年免税，民族自治县和
边境县 5 年免税），使农民一年得益 20 亿元。同年 9 月，国家决定对
化肥、农药、塑料薄膜、农用柴油和农用电实行价格补贴，使农民一
年少支出 20 亿元。⑤

再说松绑。停止批判所谓农民的"资本主义自发倾向"，批评把社
队的多种经营，社员的自留地、自留畜、家庭副业，集市贸易甚至按劳
分配都当作资本主义批判的做法，停止和纠正"穷过渡"的做法，强
调保护人民公社、大队和生产队的所有权和自主权。⑥ 在给予生产队自

---

① 商业部商业经济研究所编《新中国商业史稿》，中国财政经济出版社，1984，第 385、
386、397 页。

② 《新中国商业史稿》，第 387、391～393 页。

③ 郭今吾主编《当代中国的商业》，中国社会科学出版社，1987，第 126 页。

④ 郭今吾主编《当代中国的商业》，第 129 页。

⑤ 《百科知识》1982 年第 12 期，第 4～6 页。

⑥ 《中共中央关于加快农业发展若干问题的决定》，《三中全会以来重要文献选编》上
册，第 275 页。

主权和给予农民自由方面，宽松度大大超过了以往。最初的政策底线有两条：一是坚持"三级所有、队为基础"的人民公社基本制度，二是保障国家对农产品的足额收购。在这个基础上，生产队有权选择自己的经营方式和责任制形式，自主安排生产计划；农民有经营自留地、家庭副业和进入集市贸易的自由。

　　对农民来说，影响最大的或许是两点：一是摆脱"以粮为纲"的束缚，鼓励生产队大力发展多种经营；二是取消对农民发展家庭副业的限制，允许农民寻找脱贫致富的门路。自留地、家庭副业、集市贸易是人民公社制度下给予农民的"小自由"，作为集体经济和农民收入来源的补充。在人民公社体制下，农民的自留地和家庭副业往往经营最好、最精细，经济效益最高。1978 年，全国农民从家庭副业中获得的人均收入 35.79 元，占到全部人均纯收入的 26.79%。[1] 然而，为了巩固集体经济，消除农民自发的离心倾向，许多省份对农民的小自由设置了种种限制。三中全会纠正了把社员的自留地、自留畜、家庭副业当作"资本主义自发倾向"批判的做法，重新肯定了社员家庭副业是社会主义经济的附属和补充，提出应当在保证巩固和发展集体经济的同时，鼓励和扶持农民经营家庭副业，增加个人收入，活跃农村经济。规定自留地占生产队耕地总数的 5%～7%。据统计，全国自留地由 1978 年的8500 余万亩，增加到 1980 年 1 亿亩，所占耕地比重也由 5.7% 增加到 7.1%。有些省、市、自治区大大超过了这个比例。四川省委 1979 年底发出扩大自留地的文件，决定把自留地扩大到占耕地总面积的15% 以内。[2] 1980 年，四川全省自留地总数已占到总耕地的 10% 以上，宁夏达到占耕地的 12%。[3] 山西、陕西、四川等省还将一部分荒山、荒坡、水面拨给农民使用。在新疆、内蒙古等牧区放宽了自留畜的政策。各地取消了对社员家庭副业经营范围、品种的诸多不合理的

---

① 国家统计局编《光辉的 35 年》，中国统计出版社，1984，第 169 页。

② 中国经济年鉴编辑委员会编《中国经济年鉴（1982）》，经济管理杂志社，1982，第 V 部分第 20 页。

③ 《中国经济年鉴（1981）》，第 Ⅳ 部分第 14 页。

限制。农户自留地的种植品种不再限制，完全由农民根据市场做出决定。取消了限制农民家庭饲养猪、羊、家禽的数量和禁止饲养大牲畜的规定，鼓励发展家庭养殖业，包括养鱼、养珍珠，甚至养水貂之类的名贵动物。①

与此同时，逐步开放农产品市场和价格。过去几十年，传统的农村集市贸易一直存在，但日趋萎缩。尤其是"文化大革命"期间，农村集市贸易是被作为"资本主义的路"来堵的，城市农贸市场基本全部关闭。1976年底，全国农村集市只有2.9万个，比1965年减少近8000个。② 1979年，恢复城乡集市贸易，放宽三类农副产品的价格管理，逐步放开农副产品经营许可，集体、个体零售商业、服务业网点大量增加。③ 农村集市数量迅速增加，1979年，全国农村集市数即恢复到3.6万多个，接近1965年的数量。一些传统的集、墟，如早市、露水集、夜市、夜交会、山会、古会、骡马大会等都得到恢复。④ 1980年和1981年，国务院进一步放宽政策，农民可以从事鲜活产品和三类产品的贩卖，可以进城销售，可以到集市上购买或出售大牲畜，在集镇经营饮食业等。⑤ 城市农贸市场也逐步开放，1981年城市农贸集市达到3300个。⑥ 1980年以后，对粮食、棉花、生猪等国家统购、派购的重要农产品，在完成国家收购计划以后，生产者与经营者可以议价购销。1983年，茶叶、牛、羊、鸡蛋、水产、水果等取消国家定价，改为议价。1984年同1978年相比，各部门管理的农产品价格，从113种减到50种，减少一半以上。1984年7月，国务院发文继续减少统购、派购品

---

① 《中国经济年鉴（1982）》，第Ⅴ部分第20页。

② 《新中国商业史稿》，第558页。

③ 中共中央文献研究室编《十二大以来重要文献选编》（上），人民出版社，1986，第281~290页；国务院批转工商行政管理局的报告（1979年4月），见《新中国商业史稿》，第374~375页。

④ 《人民日报》1980年3月10日。

⑤ 转见萧冬连《崛起与徘徊——十年农村的回顾与前瞻》，河南人民出版社，1992，第50~51页。

⑥ 《新中国商业史稿》，第379页。

种，开放一部分木材市场，淡水鱼已全部放开，海水鱼也要逐步放开，鼓励农民从事经商活动。① 局部的农产品市场开始形成。

二 扩大企业自主权

决策层对体制问题的讨论，最初从上到下都把目光集中到扩大企业自主权上，因为现行体制的弊端和矛盾集中反映在企业管理体制上。在传统计划体制中，企业不过是主管部门的附属物，是只能依靠上级拨动的算盘珠。随着经济规模的扩大，企业日常经营的复杂性与行政管理能力有限性的矛盾日趋突出，生产与需要的脱节日益严重；企业没有经营自主权，内无动力外无压力，效率呈下降趋势，加剧了国家财政的困难。事实上，对企业运行僵化和低效率问题，决策层早就有所觉察。1958 年、1969～1970 年两次改革预案中，不只是向地方下放企业，也包括对企业放权让利。孙冶方在 1961 年后多次指出，经济管理体制的中心问题，不是中央政府与地方政府的关系，而是"作为独立核算单位的企业的权力、责任和它们同国家的关系问题，也即是企业的经营管理权问题"。② 他主张在计划经济的大框架下扩大企业自主权，或者说向企业放权让利。只是由于"左"倾思潮日烈，批判"物质刺激"、"利润挂帅"等所谓修正主义，向企业放权让利并未实行，主要注意力集中到向地方下放企业的"行政性分权"上面，造成"一放就乱，一乱就收，一收就死"的循环，企业乃至整个经济低效问题并没有解决。

1975 年，邓小平主持整顿时就提出，"企业管理是一件大事，一定要认真搞好"。③ 粉碎"四人帮"以后，国家经委开始运作企业改革这

---

① 国务院转发国家体改委、商业部、农牧渔业部《关于进一步做好农村商品流通工作的报告》（1984 年 7 月 19 日）。

② 孙冶方：《关于全民所有制经济内部的财经体制问题》，《孙冶方全集》第 2 卷，山西经济出版社，1998，第 229～242 页。

③ 《邓小平年谱（1975～1997）》（上），第 84 页。

件事。[①] 1977 年 11 月，国家计委向中央提交的《经济计划汇报要点》和《关于加快工业发展的若干问题》（简称"工业 30 条"）两份文件，都涉及工业管理体制问题。开始考虑的改革有两个方面：一是工业管理上按专业化协作的原则改组工业，建立各种企业性的公司和联合公司；一是给企业放权让利。1978 年 9 月国务院务虚会提出，在今后的改革中一定要给予各企业必要的独立地位，搞活企业，扩大企业自主权。主持国务院工作的副总理、中央政治局常委李先念在会上说："企业是基本的生产单位"，"必须认真注意发挥企业的积极性"，要给企业以"经济权限和经济利益"，不能"把各企业当作任何主管机关的附属品，当作只能依靠上级从外部指挥拨动的算盘珠"。扩大企业自主权，就是要找到一条出路，跳出在行政性分权的"老套中循环"。[②] 1978 年 12 月，邓小平在中央工作会议上的讲话也提到："当前最迫切的是扩大厂矿企业和生产队的自主权。"[③] 1979 年 2 月 19 日，《人民日报》社论提出：改革的"当务之急是扩大企业的自主权"。[④] 至少在 1978～1980 年，改革的焦点一直放在扩大企业自主权的试点上。

国家经委主任袁宝华回忆说，在扩大企业自主权的问题上，"李先念是走在时代前面的"。为了搞活企业，频繁派出人员考察国外企业管理先进经验。1977 年，袁宝华、李强等考察了英国和法国。回国后向李先念做了汇报，李要求国家经委再组团考察日本的企业管理和质量管理。1978 年 10 月底到 12 月上旬，国家经委组团访问日本。回国后向国务院汇报，华国锋主持。考察团袁宝华、邓力群、马洪、孙尚清、吴家骏等人都深感必须从理论上提出发展商品经济，而发展商品经济离不开企业根据市场需要生产。考察团给国务院的报告中正式提出在中国发展商品经济的问题和企业改革的问题。袁宝华说，对日本经验的介绍"李

---

① 贺耀敏：《扩权让利：国企改革的突破口——访袁宝华同志》，《百年潮》2003 年第 8 期。

② 《李先念文选（1935～1988）》，人民出版社，1989，第 330 页。

③ 《邓小平文选》第 2 卷，第 146 页。

④ 社论：《必须扩大企业的权力》，《人民日报》1979 年 2 月 19 日。

先念听进去了，他说，'经济要搞好，首先是企业要搞好，要扩大企业自主权'"。1979年初，李先念找袁宝华谈，要求国家经委认真研究扩大企业自主权的问题。国家经委研究室到一些地方调查研究，搞出"扩权十条"。3月13～20日，国家经委在北京召开企业管理改革试点座谈会，与会的企业代表对扩权十条都热烈拥护，提交到4月5日召开的中央工作会议，得到会议认可并原则通过。① 1978年底、1979年底、1980年春，袁宝华率团先后赴日、美、欧考察，深切了解国内外企业管理效率的巨大差距，对企业管理体制改革这件事十分热心，希望把国外经验引进中国。1978年底，国家经委访日团回国即成立了质量管理协会。1979年3月3日，成立中国企业管理协会，袁宝华任会长，邓力群任顾问。协会成立后的第一件事，就是举办企业管理干部研究班，系统轮训省级、大城市经委负责人和国有企业管理干部，听取国外企业管理经验，首先是对日本经验的介绍。②

　　这时，许多经济学家也把注意力集中在扩大企业自主权的改革上。如薛暮桥提出，经济管理体制改革中一个根本性问题是扩大企业自主权。目的是使企业能够改进经营管理，以最少的劳动消耗取得最大的经济效果。③ 廖季立认为，改革的中心是围绕扩大企业自主权来调整生产

---

① 本刊特约记者：《学习外国经验与探索中国自己的建设道路——访袁宝华同志》，《百年潮》2002年第11期；贺耀敏：《扩权让利：国企改革的突破口——访袁宝华同志》，《百年潮》2003年第8期。

② 1979年4月23日，袁宝华在第一期研究班结业时说："长期闭塞，很不了解国外发展的情况，特别是对资本主义工业发达国家的企业管理基本上没有接触过。这次研究班，介绍了一些外国的工业管理情况，大家感到开阔眼界，很受启发。大家看到，在现代化科学管理上我们确实存在着较大的差距。""罗、南、日、美都有值得学习的地方。比如日本的质量管理、培训工作、以及一些现代化的科学管理方法，都可以学。"袁宝华：《在第一期企业管理研究班结业时的报告》，《经济研究参考资料》1979年第96期。国家经委举办的研究班一直持续到1987年，一共举办了28期。省、自治区、直辖市和主要工业城市经委负责人和大中型国有企业负责人基本轮训一遍。《中国企联大事记》，中国企业联合会、中国企业家协会网站，http://www.cec-ceda.org.cn。

③ 《薛暮桥在无锡价值规律问题讨论会上发言》（1979年4月25日），《经济研究参考资料》1979年第84期。

关系和上层建筑。① 周叔莲、吴敬琏、汪海波的联署文章提出，关键是必须使社会主义企业自动化，时时刻刻发挥企业的主动性，首先必须承认它在经济利益上的独立性。② 国有企业改革的倡导者还有马洪、蒋一苇。1979 年 9 月，马洪向北京地区社会科学界庆祝建国 30 周年学术讨论会提交的论文《改革经济管理体制与扩大企业自主权》，提出"改革经济管理体制要从扩大企业自主权入手"，扩大企业在人、财、物和计划等方面的决策权力。③ 蒋一苇以提出"企业本位论"而闻名。"企业本位论"认为，国民经济的主体应该是企业，企业不应该是行政部门的附属物，而应该是独立的商品生产者和经营者，是"能呼吸、能吐纳、能成长、能壮大，对外界的刺激能产生自动反应"的"能动有机体"，企业应当具有独立的经济利益。④ 蒋一苇的"企业本位论"在当时引起广泛反响，尤其得到企业界人士热烈赞成，并引起中央领导人的重视，蒋一苇的论文在 1979 年底的中央会议上被选为"参考文件"散发。当然也有反对的，主要是一些中央部门尤其是计划部门，但国家经委十分认同。袁宝华回忆说，蒋一苇的"企业本位论"观点"是在理论上对我们的一个最大的支持"。⑤

　　扩大企业自主权的改革试点，在十一届三中全会召开前，便从四川率先开始了。1978 年 8 月，四川省委第一书记随华国锋访问南斯拉夫，归程中向华国锋提出让四川改革先行一步的请求。一是给农民，特别是盆周山区的贫困农民自主决定生产的权力；二是赋予国企改革分配权

---

① 廖季立：《关于改革我国经济管理体制的探讨》，《经济研究参考资料》1979 年第 172 期。

② 周叔莲、吴敬琏、汪海波：《价值规律和社会主义企业自动化》，《经济研究参考资料》1979 年第 50 期。

③ 《马洪集》，中国社会科学出版社，2000，第 228～245 页。

④ 蒋一苇的文章最初以《企业本位刍议》为题，发表于 1979 年第 6 期《经济管理》月刊；后以《经济体制改革的一个根本问题》为题，发表于 1979 年 8 月 14 日的《人民日报》；又以《企业本位论》为题，发表于 1980 年 1 月的《中国社会科学》创刊号上。

⑤ 贺耀敏：《扩权让利：国企改革的突破口——访袁宝华同志》，《百年潮》2003 年第 8 期。

力，以激发其活力，提高经济效益。同时提出能否将中央直属的军工企业下放地方管理。华国锋同意四川搞改革，但不同意军工企业下放。①
1978 年 10 月，中共四川省委选择了不同行业有代表性的宁江机床厂、重庆钢铁公司、成都无缝钢管厂、四川化工厂、新都县氮肥厂、南充丝绸厂 6 家企业做试点，逐户核定利润指标，规定当年增产增收目标，允许在年终完成计划以后提留少量利润，作为企业的基金，并允许给职工发放少额奖金。1979 年 2 月 12 日，中共四川省委在试点基础上，制定《关于扩大企业权利，加快生产建设步伐的试点意见》，简称"十四条"。文件提出，要使企业拥有利润提留权、扩大再生产权、联合经营权、外汇分成权、灵活使用奖金权。要求把企业的责权利结合起来，把国家、集体、个人三者利益结合起来，并决定扩大范围，在 100 家企业中进行扩权试点。四川的扩权试点得到企业的热烈响应，省委领导给大家鼓劲："干好了，闯出条路子；干不好，我做检查。"② 四川省委之所以"自下而上"选择改革突破口，基于两点认识：一是企业是国民经济的细胞，搞活经济首先要把细胞搞活；一是企业自主权一实行必然引起连锁反应，四面突击，逼得各个部门非改革不可。③ 其他省市也先后仿效进行扩权试点，如云南省、广西柳州等。

中央组织的扩权改革试点是从 4 月中央工作会议以后开始的。5 月 25 日，国家经委、财政部、外贸部、中国人民银行、国家物资总局、国家劳动总局 6 个部门联合发出通知，确定在北京、上海、天津选择 8 个企业作为全国的试点。这 8 个企业是：北京内燃机总厂、首都钢铁公司、北京清河毛纺厂、上海汽轮机厂、上海柴油机厂、上海彭浦机器厂、天津动力机厂、天津自行车厂。④ 扩权改革由国家经委组织实施。

---

① 李彦一：《重庆计划单列始末——上篇·大幕拉启前夜》，《红岩春秋》2008 年第 3 期。

② 新华社记者田林：《扩大企业自主权不会影响国家财政收入》，新华社讯，1979 年 7 月 24 日。

③ 杨培新：《关于经济改革和银行改革问题》，《经济研究参考资料》1980 年第 93 期。

④ 《〈经济管理〉编辑部举办"经济问题双周座谈会"》，《经济研究参考资料》1979 年第 144 期。

这项改革同样遇到了阻力。袁宝华说，国家经委面临的压力"感受最深的是财政部"。① 扩大企业自主权近期必定影响财政收入，增加财政压力。因此，从一开始，财政部就与国家经委发生了分歧。扩权建议是李先念提出的，财政部不能不同意。但财政部确有困难，实在舍不得放。

7月10～23日，在四川成都召开全国工交会议，国务院副总理康世恩主持会议，财政部部长吴波专程到会听取意见。成都会议学习讨论了扩大企业经营管理自主权、实行利润留成、开征固定资产税、提高折旧率和改进折旧费使用办法、实行流动资金全额信贷五个文件。② 会上围绕制定企业扩权条例，发生了一场激烈的争论。企业代表、四川和云南代表与财政部代表争论了好几个小时。争论的焦点是：扩大企业自主权会不会影响国家财政收入？争论是由云南省扩大企业自主权试点引起的。云南省先后两批50个工厂开始试点，其中省属各系统的30个，地、州、市属的20个。然而，云南的试点没有得到中央部门的支持，中央部门认为，云南省《关于扩大企业权利问题的通知》中的规定，对国家财政收入有直接影响，要求云南省予以纠正。云南省委顶住了，试点没有中断。在会上，云南代表用事实说明，扩权不但没有影响财政收入，反而增加了收入。1979年上半年云南省的国家财政收入比去年同期增长了13.3%。田纪云（时任四川省财政厅厅长）介绍了四川的试点经验。四川全省工业利润比去年同期增长17%，而84个试点工厂的利润同期增长却是26%，也比全省水平高50%以上。"水涨船高，发大财的还是国家嘛！"③ 一位领导人听后称赞说：你们把经济工作搞活了，成了一个"孙悟空"。④ 田纪云的发言很有力，最终说服了财政部代表。许多企业负责人都表示愿意做试点单位。为了很快推动改革，国

---

① 贺耀敏：《扩权让利：国企改革的突破口——访袁宝华同志》，《百年潮》2003年第8期。

② 《中华人民共和国经济管理大事记》，第346页。

③ 新华社记者田林：《扩大企业自主权不会影响国家财政收入》，新华社讯，1979年7月24日。

④ 李文：《做四化的"孙悟空"把经济工作搞活》，《人民日报》1979年7月25日。

家经委在很大程度上接受了财政部的意见，达成妥协。所以五个文件扩权有限，让利也有限。①

7月13日，国务院正式印发五个文件。扩权内容最重要的有两条：一是在利润分配上，给企业一定比例的利润留成；二是在权力分配上，给企业以一定的生产计划、产品购销、资金运用、干部任免、职工录用等方面的权力，以打破企业是政府机关的附属物，吃国家"大锅饭"的体制。其基本思路是搞活企业，希望把企业经营好坏与企业和职工利益挂钩，以调动企业和职工的积极性。《人民日报》、《光明日报》等主要媒体对四川、云南等地扩大企业自主权试点的成效做了集中报道和宣传。② 随后，各省、市、自治区和国务院有关部委根据国务院的要求，选择各自所属国营工交企业组织试点。1979年底，试点企业扩大到4200个。1979年底1980年初，中共中央和国务院有关机构组织了多次扩权改革试点调查。其中有1979年10月17日至12月7日，中央办公厅研究室理论组到四川、安徽、浙江三省调查；1979年冬，中国人民银行总行组织一个经济改革调查小组到四川调查，走过成都、灌县、乐山、自贡、重庆、渡口等地；薛暮桥带领中财委体制组到上海去看经济改革情况等。③ 调查中发现，"企业厂长、经理、书记、各经济部门负责人，或省市领导人，积极于改革、致力于试点的都大有人在。尤其许多基层干部，可以说是雄心勃勃、劲头十足"。④ 企业职工的态度显然是与其切身利益联系在一起的。扩大企业自主权最直接的好处，就是企业有了一些财力解决职工迫切的"三子"（儿子、房子、票子）问

---

① 贺耀敏：《扩权让利：国企改革的突破口——访袁宝华同志》，《百年潮》2003年第8期。

② 如《企业有了发展生产的内部经济动力——四川省扩大企业自主权试点取得好效果》，《光明日报》7月28日；《云南五十个企业扩大自主权效果好》，《人民日报》8月20日；《四川百个企业扩大自主权为改革体制取得经验 闯开了一条办活企业的路子》，《人民日报》8月31日；《四川百个企业迅速扩大再生产》，《人民日报》9月1日；《关键是思想解放勇于实践——四川省一百个企业进行扩大企业自主权试点见闻》，《人民日报》8月31日。

③ 《经济研究参考资料》1980年第51、93期。

④ 中办研究室理论组：《经济体制改革的开端——四川、安徽、浙江扩大企业自主权试点调查报告》，《经济研究参考资料》1980年第51期。

题。[1] 1980 年 5 月 17 日，中共中央、国务院批转国家经委的报告，把地方企业扩权试点的审批权下放给各省、市、自治区。随后，扩权改革试点进一步扩大。到 1980 年 6 月，发展到 6600 个，占全国预算内工业企业数的 16% 左右，产值占 60% 左右，利润占 70% 左右。其中上海、天津试点企业利润已达到 80% 以上，北京已达到 94%。[2]

扩大企业自主权试点显现出"搞活企业"的最初成效。企业有了一定的改善经营管理，适应市场需求的动力和财力。在经济调整、生产任务不足的环境下，一些企业自己想办法，依靠市场救活企业。企业自销权为生产资料进入市场打开了一个小小的缺口。钢材市场调节是逼出来的。过去钢材生产的计划性是最高的，1979 年调整后，原来"皇帝的女儿不愁嫁"的钢材现在分不出去。形势所迫，许多企业领导亲自带队四处推销。1979 年全国自销钢材 81.8 万吨，1980 年上半年达到 84.9 万吨。成都无缝钢管厂 1980 年自销合同部分已占到 42%，江苏省 1979 年钢材市场调节即已占 30% ~ 35%。[3] 率先进入市场的还有机电产品，1979 年，上海、北京、江苏、四川、福建、陕西等省市先后开办了一批综合性的生产资料交易商场。[4] 这已然有一点生产资料市场雏形的味道，市场调节机制开始起作用，也为非国有经济获取生产资料提供了一些渠道。因此，扩权改革对市场化的启动还是起了作用的。

三　中央与地方"分灶吃饭"

最初考虑的是放权、让利，包括扩大地方的权限。在中国这样一个大国，中央与地方的权力配置始终是改革必须面对的问题。这项被称为

---

[1]　所谓"儿子"，就是自主安排子女就业；所谓"房子"，就是为部分职工解决住房问题；所谓"票子"，就是增加奖金福利。杨培新：《关于经济改革和银行改革问题》，《经济研究参考资料》1980 年第 93 期。

[2]　国务院同意并转国家经委《关于扩大企业自主权试点工作情况和今后意见的报告》（1980 年 9 月 2 日），《中华人民共和国经济管理大事记》，第 398 页。

[3]　《经济研究参考资料》1980 年第 147 期。

[4]　李定主编《当代中国物资流通》，当代中国出版社，1993，第 57 ~ 58 页。

"行政分权"改革，就是将由中央掌握的计划、生产、资源分配、投资决策的部分权力和责任下放给省级政府，其核心是财权的划分。原有的财政制度下，中央财政部实行统收统支，地方自留的财政收入很少，仅够地方必要的行政开支及很少的建设费和事业费。所有基建投资大部分由财政部分配给中央各部，再由各部分配到省、各企业，专款专用。地方发现某些部门、企业、单位的建设费或事业费有重复浪费，用于其他方面，中央各部就要收回，所以各省、市、自治区对于财政收支往往漠不关心，能多收的不努力多收，能少支的不努力少支，看到许多开支重复浪费也无权进行调剂。①

为了解决这种矛盾，1977年和1978年采取了一些局部性改进措施，对一些地区，分别地试行了"比例包干"（即按地方财政支出占财政收入的比例，实行中央和地方分成，包干使用）和"增长分成"（即地方财政收入每年增长的部分，按一定的比例，实行中央和地方分成）。② 1979年，中共中央提出"以财政体制为突破口，改革先行一步"。③ 财政体制改革预设目标有二：一方面希望扩大地方机动财权，为地方发展注入活力，调动地方发展经济的积极性，允许一部分地区先富起来；另一方面希望增强地方政府增收节支的积极性，承担起财政平衡的一部分责任，也使地方有解决亟待解决的民生问题的财力。

财政管理体制怎样改革？1979年初，财政部在征求各部门意见的基础上拟定了两种方案。第一种方案是"划分收支、分级包干"，这叫彻底分开。划分中央和省、市、自治区的收支范围（哪些税收归中央，哪些税收归地方，哪一级管的企业上缴利润尽哪一级所有），多收多支，少收少支，自求收支平衡。分级包干后，"你的问题你解决，我的问题我解决"，"各过各的日子，各做各的打算"。第二种方案叫作"收支挂

---

① 薛暮桥：《谈谈经济管理体制改革问题》，《经济研究参考资料》1979年第172期。

② 吴波：《关于1978年国家决算和1979年国家预算草案的报告》，《人民日报》1979年6月30日。

③ 《财政部副部长田一农在北京财政学会举办的报告会上的讲话》（1979年6月14日），《经济研究参考资料》1979年第172期。

钩，全额分成，比例包干，三年不变"。这是一个过渡性方案，按照地方财政收支范围，参照最近三年收支情况，以包干范围确定一个上解中央和地方留成的比例，三年不变。包干范围内的收入和支出由地方自行统筹安排，中央不再下达指标。这两个方案都经国务院讨论，提交中央工作会议讨论，并在 4 月 13 日至 5 月 6 日召开的全国财政工作会议上征求意见。在中央工作会议上，各省市委书记对财政体制改革积极性很高，然而，当拿到全国财政工作会议上讨论时，各省市财政厅局长们却顾虑重重，对地方财政包干心里没底。在国务院会议上，中央各部委也有很多担心，担心实行地方包干后各地画地为牢，可能妨碍国家任务的完成，阻碍商品的调进调出，担心主管部门不分配财政指标了说法没人听。最后，国务院认为第一种方案改革比较彻底，但条件还不具备，①决定先实行第二种方案作为过渡。之所以倾向于第二种方案，是因为整个体制没有改革，到底哪些企业归中央，哪些企业归地方，哪些基建项目由中央投资，哪些项目由地方投资，一时提不出来。还有一个原因，就是在江苏试行这种办法两年多，取得了很好的效果，中央和省市县都增加了收入。② 7 月 13 日，国务院发出通知，决定从 1980 年起，对各省、市试行"收支挂钩，全额分成，比例包干，三年不变"的办法，同时在四川省进行"划分收支，分级包干"办法的试点。③

　　然而，很快有了变化。首先是 7 月 15 日，中共中央和国务院决

---

① 《财政部副部长田一农在北京财政学会举办的报告会上的讲话》（1979 年 6 月 14 日），《经济研究参考资料》1979 年第 172 期。

② 江苏试点是在 1977 年开始的。改革后地方自主权扩大了，调动了地方组织收入的积极性。江苏省的财政收入，1977 年比 1976 年增加 7.6 亿元，1978 年又比 1977 年增加9.42 亿元，两年以 17% 和 18% 的幅度增长。由于收入增长多，上解中央的收入 1976年是 25.3 亿元，1977 年增加为 28.5 亿元，1978 年达到 33.9 亿元。地方机动财力增长更快，从 1976 年的 1 亿元增加到 1977 年的 4.1 亿元。《财政部副部长田一农在北京财政学会举办的报告会上的讲话》（1979 年 6 月 14 日），《经济研究参考资料》1979 年第 172 期。

③ 国务院《关于试行"收支挂钩、全额分成、比例包干、三年不变"财政管理办法的通知》（1979 年 7 月 13 日），《当代中国的计划工作》办公室编《中华人民共和国国民经济和社会发展计划大事辑要》，红旗出版社，1987，第 412 页。

定对广东、福建两省实行特殊政策和灵活措施。在财政体制上，广东省实行"划分收支，定额上交，五年不变"的包干办法，福建省实行"划分收支，定额补助，五年不变"的包干办法，给予了广东、福建两省更大的权限和优惠，执行中收入增加或支出结余全部留归地方使用。① 10 月 4～10 日，中共中央召开各省、市、自治区第一书记座谈会，讨论 1980 年计划的盘子。其中关于财政体制，会议确定除江苏按原定办法再搞一年，广东、福建按中共中央文件规定办以外，其他省按四川的办法做准备。② 也就是说，准备提前在多数省份实行原拟定的财政体制改革第一方案。11 月 20 日至 12 月 21 日，国务院召开全国计划会议，最终确定：在 15 个省实行"四川式"体制，即"划分收支，分级包干"的办法。③ 1980 年 2 月 1 日，国务院发布《实行"划分收支，分级包干"财政管理体制的暂行规定》。新体制大体分五种情况：第一种是北京、天津、上海三个直辖市实行"总额分成，一年一定"的体制；第二种是四川、陕西、甘肃、河南、湖北、湖南、安徽、江西、山东、山西、河北、辽宁、黑龙江、吉林、浙江 15 省，实行"划分收支，分级包干"的办法；第三种是对广东、福建两省实行"划分收支，定额上交或定额补助"的特殊照顾办法；第四种是对内蒙古、新疆、西藏、宁夏、广西、云南、青海、贵州等少数民族省（区），仍然实行民族自治地方财政体制，保留原来对民族自治地区的特殊照顾；第五种是对江苏省继续试行固定比例包干办法。

新财政体制改过去"一灶吃饭"为"分灶吃饭"，其目标是"在中央统一领导和计划下，各过各的日子"，以此来打破全国吃一口大锅饭的局面，增加地方的财政权限，实现事权和财权统一，权利与责任统一，以调动其积极性，同时，改"一年一定"为"五年一定"，也免去了"年年吵基数、争指标"的烦恼。④ 实行"分灶吃饭"，当年的财政

---

① 《中华人民共和国经济管理大事记》，第 630 页。

② 《中华人民共和国国民经济和社会发展计划大事辑要》，第 416 页。

③ 《中华人民共和国国民经济和社会发展计划大事辑要》，第 417 页。

④ 陈如龙主编《当代中国财政》，中国社会科学出版社，1988，第 295 页。

赤字绝大部分由中央承担，加上在计算地方包干基数时，中央又让给地方 30 亿元，这样中央财政共负担了 160 亿元的赤字。① "分灶吃饭"的长远影响，是给予了地方政府发展本地经济的动力。

四 从扩权到以税代利

对于扩大企业自主权改革试点，开始企业是很高兴的。过去企业既无权又无钱，盖个厕所都要打报告，不能随便盖。现在有了点自主权，有了点"自主钱"，企业开始有了点自我发展的动力，例如重庆钢铁厂因国家削减计划陷入困境，通过自己找市场救活了自己。有了点"自主钱"，企业就可以给职工发点奖金、修点住宅、改善点福利，职工也高兴。所以开始企业积极性很高，企业管理者有了更大发挥余地，一般试点企业产值和利润增长幅度高于非试点企业。②

理论界对扩权改革寄予很高期待，认为"企业自主权是我们中国当前的特效药"（杨培新），③ "为中国的四个现代化找到了必由之路；为中国的社会主义建设找到了内在动力"（林子力）。④ 然而，扩权改革的局限性及其与现行体制的矛盾很快就显现出来。一方面，扩大企业自主权遇到了原有体制和主管部门的阻力，很难达到搞活企业的目标。"名义上是扩大企业自主权，实际上，上头的各层'婆婆'谁也不肯撒手让企业自己当家作主。该'下放'的权力不肯交，不该管的事也滥干涉。"⑤ 放权仍然有限，在支配利润留成资金、用人、工资制度、计划

---

① 《中华人民共和国经济管理大事记》，第 637 页。

② 国务院同意并转国家经委《关于扩大企业自主权试点工作情况和今后意见的报告》（1980 年 9 月 2 日），《中华人民共和国经济管理大事记》，第 398 页。

③ 杨培新：《关于经济改革和银行改革问题》，《经济研究参考资料》1980 年第 93 期。

④ 中办研究室理论组：《经济体制改革的开端——四川、安徽、浙江扩大企业自主权试点调查报告》，《经济研究参考资料》1980 年第 93、51 期。

⑤ 谭玉深、李振台：《扩大企业自主权为啥这么难?》，《经济研究参考资料》1981 年第 27 期。

外生产等方面企业权力还很小，对搞活企业的作用有限，企业参与外贸和外汇分成的规定完全没有兑现。企业普遍反映利润留成比例偏低，生产发展基金太少，基数年年加大，增长越来越难。① 一些企业要求扩大自销权，受到物资部门或商业批发站的警告。② 另一方面，改革释放出来的力量与宏观经济目标产生冲突，造成了某种经济混乱现象。预算外固定资产投资大幅增加，使国家压缩基建规模的调整目标不得落实。③ 而且出现许多产品（主要是原材料）"派不下、收不上、调不动"以及大厂吃不饱，小厂到处搞，重复生产重复建设等情况。④ 在没有预算硬约束的制度下，试点企业开始出现"截留税利，乱摊成本，滥发奖金和补贴"等行为。⑤ 政府发觉，企业有了自己的独立利益后，总是倾向于企业自身的眼前利益，而忽视企业的长期发展和对国家的责任。

解决扩权试点与旧体制的矛盾，根本出路是改革整个经济体制，但当时正处在调整时期，不能骤然进行大改大革。要发挥市场调节作用，必然涉及价格的调整和价格体系的改革，然而，尽量保持物价的基本稳定是中央的既定方针，价格体系不能大动。改善企业经营状况必须赋予企业一定的用工权，但安置2000万待业青年就业是政府的当务之急。这些都是难解的结。

从1981年10月起，国务院要求全国工业企业实行经济责任制，强调责、权、利相结合，企业在获得自主权的同时，应当加强对国家的责任，确保在企业盈利中"国家得大头"。扩大企业自主权重点在于解决国家与企业的关系，经济责任制则希望调动企业内部工人积极性，把工

---

① 国务院同意并转国家经委《关于扩大企业自主权试点工作情况和今后意见的报告》（1980年9月2日），《中华人民共和国经济管理大事记》，第398、399页。

② 《经济研究参考资料》1980年第51期。

③ 1979年，预算外投资为104.91亿元，比1978年的83.62亿元增长25.5%；1980年猛增到209.62亿元，一年间几乎增长一倍。根据国家统计局编《中国统计年鉴（1983）》（中国统计出版社，1983）第323页计算。

④ 《薛暮桥在沈阳召开的综合平衡理论讨论会上的发言》（1981年1月），《经济研究参考资料》1981年第31期。

⑤ 《中华人民共和国经济管理大事记》，第420页。

人的利益与企业的经营成果挂起钩来。从 1981 年开始，对留成办法做了一些修改，把"全额分成"改为"基数分成加增长分成"。基数分成比例仍然较低，为保财政；增长部分留成比例可以提高些，一般提到10%～20%甚至 30% 以上，为照顾企业。经济责任制推行很快。据统计，截至 1981 年 8 月初，全国县属以上工业企业实行经济责任制的已占企业总数的 65%。[①]

推行经济责任制取得了一些效果，出现了一些达到"三多"（即国家多收、企业多留、职工个人多得）的企业，如当时推广的首钢经验。[②] 然而，推行经济责任制，并没有改变国家同企业的利益博弈，只是改变了形式。在如何确定计算利润分成的基数问题上，陷入国家同企业的讨价还价。因为不同企业利润增长的潜力不同：原来利润缴得多的企业，增长潜力就小，留成也少；原来利润缴得少的企业，增长潜力大，留成反而多，这是"鞭打快牛"。[③] 更大的问题是当时计划价格体系极不合理，各行业成本利润率悬殊，比如，加工行业利润高，原材料、燃料工业和农机工业利润低；同是纺织企业，搞化纤、混纺的利润高，织坯布的利润低；在一个针织厂内，织尼龙袜利润高，织线袜利润低。[④] 不合理比价形成的利润水平相差极大，有一个极端的例子：石油行业成本利润率比煤炭行业高出 100 倍。[⑤] 比价不合理造成企业之间

[①] 《中华人民共和国经济管理大事记》，第 442 页。

[②] 据当时的资料，首都钢铁公司从 1981 年 7 月起开始实行承包制，在企业内部层层承包，直到个人。国家承诺完成 2.7 亿元上缴利润任务后，奖金可发三个月的标准工资（当时规定，奖金不能超过两个月标准工资），收效明显。1981 年，首钢总产值下降1.9%，利润却达到 3.14 亿元，比上年增长 8.2%。这与冶金行业整体亏损的局面形成了对照，当年全国冶金工业利润下降 6.7%。首钢的经验之所以受到重视，还在于它"把国家增收、多收放在第一位"。国家收入增长 8.72%，高于企业留利增长的3.9% 和职工奖金增长的 2.26%。张信传等：《关于首钢推行经济责任制的调查》，《经济研究参考资料》1982 年第 43 期。

[③] 萧冬连等对杨启先（原国家体改委综合局副局长）的访谈，2008 年 8 月 28 日。

[④] 赵紫阳：《研究新问题，把经济改革搞好》，《人民日报》1980 年 4 月 21 日。

[⑤] 中央办公厅研究室理论组：《经济体制改革的开端——四川、安徽、浙江扩大企业自主权试点调查报告》，《经济研究参考资料》1980 年第 51 期。

的利润悬殊和苦乐不均，① 企业留利高低不取决于其经营是否有方，这无法达到扩权改革预期的激励作用，而且造成了不公平竞争和相互攀比。

从中央角度看，最大的问题是放权放利式改革不能保证"国家得大头"。中央财政收入占比下降过多。过去财政收入占国民收入30%多，现在只占25%～26%。最近三年银行存款2100亿元左右，其中各级财政存款700亿元，企业存款700亿元，城乡个人存款700亿元。1983年3月17日，赵紫阳在中央政治局会议上说，改革给了企业动力，却没有给压力，企业管理没有什么改善，奖金发得很多。企业富起来了，国家却穷了。财政问题不是简单的财政问题，国家政治上的统一必须有财政做基础。中央掌握的财政过少，妨碍中央统一政策的贯彻，已经发生了调度不灵的现象。他提出，光讲农民富，企业富，不讲国家富不行。②

决策者和一些经济学家认为，为了保证"国家多收"的利益，应当逐步从利润分成制过渡到以税代利、自负盈亏的体制，也就是把企业向国家上缴利润改为缴税。其实，以税代利一开始就是扩大企业自主权的一个选项，从1979年就在小范围内试点了，1980年，经国家经委批准，已经在一些企业开始试行这种改革试点。③ 到1981年底，全国参加试点的工业企业有456家，分布在18个省、市、区。④ 当时了解的国外情况是，除了苏联、东欧以外，其他国家的企业包括国有企业都不缴利润，而是缴所得税。这样，国务院决定在全国推行"利改税"。不过一步到位还不行，分两步走。1983年首先实行"利税并存"，对国营企业所创利润，先征收55%的所得税，剩下的45%再在企业与国家之间谈

---

① 国务院同意并转国家经委《关于扩大企业自主权试点工作情况和今后意见的报告》（1980年9月2日），《中华人民共和国经济管理大事记》，第398页。

② 房维中：《在风浪中前进——中国发展与改革编年纪事（1977～1989）》（1983年卷），第60～63页。

③ 刘国础：《建立经济责任制是发展工业生产的一项重要政策》，《经济研究参考资料》1981年第156期。

④ 国家体改委关于国营企业利改税问题座谈会的情况报告，1982年11月12日。

一个分成比例，一定三年不变。国营小企业按八级超额累进所得税缴纳所得税，税后企业自负盈亏，国家不再拨款；但对盈利较多的企业收取一定的利润。① 决策者认为，第一步利改税不能解决问题，还有一个税后利润分配问题，仍然是利润总额分成的一个变种。但为了防止企业承包的办法大发展，先把阵地占住。当时国务院总理不赞成大面积推行企业利润包干，强调解决企业与国家的关系不能照搬农民内部的承包办法。②

1984 年推出第二步"利改税"，即从税利并存转向完全缴税。税后利润留归企业支配，奖金在税后利润中提取，可取消奖金封顶，增加激励。为防止滥发奖金，通过征收奖金税实行工资奖金总额控制。决策者很重视第二步利改税，认为它可解决现体制的两大难题：一是部门地区分割；二是企业组织结构不合理，重复建设，落后挤先进。部门利益地区利益是上缴利润制度的产物。利改税后，所有企业都向当地税务局缴税，在经济利益上与条条块块脱钩。中央对利改税寄予厚望，认为利改税是一把钥匙，可以解决一系列问题，为城市改革开辟道路。为了解决因为价格和政策因素造成的苦乐不均，在征收固定税率的所得税以外，设置了一种调节税，即对利润高的企业征收一定比例的调节税。企业基金制—利润留成制—以税代利制是 80 年代初处理国家与企业关系的三部曲。"利改税"的出发点，虽然有创造条件让企业自主经营、自负盈亏的考虑，但主要是为了保财政。所得税率过高，新创利润大部分被国家拿走，企业仍然没有多少积极性。价格体系不合理，调节税难以平衡苦乐不均，又带来"鞭打快牛"的问题。

---

① 《国营企业利改税试行办法》（国务院 1983 年 4 月 12 日发布），房维中：《在风浪中前进——中国发展与改革编年纪事（1977~1989）》（1983 年卷），第 76 页。

② 1982 年 11 月 16 日，国务院总理在与安志文、廖季立谈话时明确指示："除首钢、二汽两个已经批准实行上缴利润递增包干的企业以外，其他大中型企业，应一律征收所得税。"中国经济体制改革研究会编写组：《中国改革开放大事记》，中国财政经济出版社，2008，第 76 页。

五 国营企业的改组和联合

推进国营企业的改组和联合，被看作既有利于搞活又有利于调整的一项改革。经过 30 年国家投资，形成了 35 万多个大中小国有工业企业，这是中国经济现代化的基点。然而，这些国有企业束缚于部门所有制和地区所有制之中，部门林立，自成体系，各自为政，小而全，大而全，无法适应现代化大生产的要求。部门林立、管理分散最典型的是机械工业。据当时调查，全国各类机械企业共 10.4 万个（其中大中型企业 1.2 万个，小型企业 9.2 万个），分属工交和国防工业两个系统，从中央到省、市、自治区都有两套机构。在工交口中，又有一机、农机两个专业机械制造部和 30 多个中央部的专业机械制造局。国防口有从二机部到八机部 7 个专业机械制造部，各地方还拥有自己的机械工业部门。民用一套，军工一套，中央一套，地方一套，各自自成体系，互相割裂，互相封锁。[①] 1978 年最初的酝酿中，就把工业改组、建立企业性工业公司（总厂）作为改革的重要内容。

最早提出"公司制"的是刘少奇。新中国成立以来，由于受到苏联模式的影响，形成了一套高度集中、以行政命令为主要手段的计划管理体制。为了克服体制上的弊端，1964 年初，刘少奇找薄一波、叶林和安志文谈话，设想用联合公司或托拉斯这种组织来改组工业企业。他当时的看法是，中央各部和省、市的厅局都在干预经济，这是超经济的办法。组织企业性质的公司，可能比行政机构管得好一些。可考虑把各部的管理局改成公司，不是行政机关，而是经济组织，这样就可以更接近生产，更接近企业。8 月，刘少奇代表中央批转了国家经委《关于试办工业、交通托拉斯的意见的报告》，不久，全国烟草、盐业、汽车、橡胶、医药等 12 个行业组织了托拉斯。但不久"文化大革命"爆发，

---

① 孙学文、沙吉才：《关于我国机械工业的现状和问题及其调整和改革》，《经济研究参考资料》1980 年第 188 期。

刘少奇的尝试也就结束了。①

1978年，一些地区和部门开始改组工业。1979年9月16日，国家经委转发《部分省、市工业改组试点座谈会纪要》和《关于组织企业性工业公司（总厂）的试点办法》两个文件，要求"进一步开展工业改组试点工作"。此后，在全国扩大了试点范围。② 1979年，根据邓小平的设想，军工和地方工业两套系统的机械工业统一起来，平战结合，军民结合，管理上搞专业化的联合公司。这涉及8个机械工业部以及煤炭、轻纺、化工、石油、农垦等诸多部门。中央决定，组建国家机械委员会，由薄一波负责。③ 这种公司制尝试，总体上还是设想在计划经济体制下进行改革。然而，在企业的行政隶属关系无法改变的情况下，工业改组的推进很困难。在这种情况下，国务院领导对企业改组和发展企业之间的横向经济联系，发挥中心城市的作用抱有很大期望。④ 1980年，国务院提出在计划的指导下"发挥优势，保护竞争，促进联合"的方针。⑤ 7月1日，国务院做出《关于推动经济联合的暂行规定》，要求组织联合"不能用行政命令强行组织"，"不受行业、地区和所有制、隶属关系的限制"。⑥ 10月19日，国务院又发布《关于开展和保护社会主义竞争的暂行规定》，为保护企业竞争，要求"尊重企业相对独立的商品生产者的地位"，"企业根据国家政策法令所拥有的产、供、销、人、财、物等方面的权力，任何地区和部门不得任意干预"。⑦ 其用意在于，通过组织各种形式的经济联合体，加强横向经济联系，逐步削弱政府部门

---

① 安志文：《80年代中国改革开放的决策背景》，鲁利玲对安志文的访谈，2007年8月2日、3日、10日。

② 《中华人民共和国经济管理大事记》，第359页。

③ 安志文：《80年代中国改革开放的决策背景》，鲁利玲对安志文的访谈，2007年8月2日、3日、10日。

④ 《人民日报》1980年4月21日。

⑤ 转引自姚依林《在长期计划座谈会上的讲话》（1980年4月22日），《三中全会以来重要文献选编》上册，第579页。

⑥ 《中华人民共和国经济管理大事记》，第391页。

⑦ 《三中全会以来重要文献选编》上册，第718～720页。

对企业的行政干预。鼓励自下而上、循序渐进地突破地区封锁和部门分割。

1981年，在对经济实行紧急刹车时，企业的改组联合被进一步强调。国务院领导认为，企业的改组联合"既是调整，又是改革"。① 当时叫作"梳辫子"、"装口袋"，就是把同行业的合在一起。在4月1日国务院批转的关于改革座谈会纪要和三个附件中，第一个附件就是《关于工交企业改组、联合的情况和今后的意见》。国务院要求各地、各部门"抓紧调整的有利时机大力推进工交企业按专业化协作的原则进行改组和联合，下决心在五年内逐步做好工业组织结构的调整"。当前的重点是从中心城市入手，京、津、沪要以市为主，首先抓好，各省市也要把重点放在主要城市。全行业改组先在汽车、造船、卷烟等少数行业试点；由国务院直接领导，组织全国性跨地区公司的试点。5月5日，国务院在有关抓紧工交生产的通知中再次要求，"要以工业城市为中心，围绕重点产品，打破部门、地区的界限，逐步把企业合理地组织起来"。②

改组与联合虽然取得一些进展，但"阻力重重"。最大的阻力仍然是体制问题，即受到按地区、部门管理企业的体制的束缚。国家经委在一份文件中反映了这种情况：不少中央部委和省级部门设想的是如何把分属各地的企业收上来或变相收上来，而不是根据国务院决定，支持、帮助和服从中心城市的改组联合。中心城市提出打破地区、部门的改组联合方案，往往受到上级有关部门的阻拦。"这种条条与条条之间、上级条条与下级条条之间、条条与块块之间、大块块与小块块之间各搞一套、互相掣肘的局面，严重地阻碍着改组、联合的顺利进行。"③

由于受到部门利益和地区利益的阻碍，改组联合不得不借助行政干预的力量。"造船工业和上海高桥地区的联合企业就是行政干预加经济办法的产物。"④ 国务院领导直接推动了上海高桥地区7个企业联合组

---

① 《经济研究参考资料》1982年第120期。

② 《经济研究参考资料》1982年第120期。

③ 《当前工业改组、企业联合的一些情况和意见》（1981年8月22日），《经济研究参考资料》1982年第120期。

④ 《经济研究参考资料》1982年第120期。

建石油化工联合企业。1981 年 7 月 7 日，国务院领导将第 18 期《财政简报》批给国家经委主任袁宝华，并印发中央财经领导小组，上海陈国栋、汪道涵，及石油部、化工部、电力部，对简报中建议可以生产要素实行企业之间的联合很重视。他认为同在一个地区的炼油、化工、热电企业更应该联合。他建议由经委负责，协同上海市委，首先解决上海高桥地区的联合，取得经验，然后再着手搞第二个、第三个。"以上请组织力量着手。"① 在国务院领导亲自推动下，确定了上海高桥地区分属不同部门的炼油、化工、轻工、电力等七个企业和一个研究所，联合组成石油化工联合企业。②

上海造船公司也是在胡耀邦亲自过问以后才得以成立。上海造船工业多次酝酿把分属不同部门的企业组织起来，都因"部门所有制"难以打破，没有实现。1981 年 3 月，胡耀邦做出明确批示："实行联合是中央反复考虑已定的方针，是不可动摇的方针，没有理由推翻这个方针。索性把道理讲透，摆到桌面上来，不能再搞封建割据了，必须搞统一富强，要搞中国的统一富强。思想上要挖挖底。思想上必须尖锐。要搞联合、改组、改造，没有思想斗争是不行的。"国务院领导也提出："只有联合，才能调整、改组、改造、出口，搞出一条路子来，这个突破有重要意义。"在胡耀邦等人的敦促下联合才开始有了突破。由分布在上海、江苏等省、市，分属六机部、交通部等部门的造船企业统一组织起来，成立了上海市造船公司。③

随后，又相继组建了南京金陵石油化工总公司、辽宁抚顺石油化工公司。据统计，1981 年以来，新建公司总厂 580 个，各种经济联合体 730 个，④ 并着手推动少数全国性重点行业的联合，试办行业协会，建立全国性公司。1980 年 3 月最早成立中国丝绸公司，随后成立的有中国汽车工业公司（1981 年 12 月）、中国船舶工业总公司

---

① 《经济研究参考资料》1982 年第 120 期。
② 《经济研究参考资料》1982 年第 120 期。
③ 《经济研究参考资料》1982 年第 120 期。
④ 《经济研究参考资料》1982 年第 120 期。

（1982 年 5 月）、中国石油化工总公司（1983 年 2 月）、中国有色金属工业总公司（1983 年 4 月）、中国国际运输总公司（1983 年 11 月）等。

然而，企业改组联合也出现了一些中央部门和省厅局借机收厂收权的问题。"不少城市反映，中央各部门和省（区）的厅局，都想按条条建立全国性、全省性的专业公司，都要收厂或收骨干厂，中心城市的改组、联合很难统筹安排。"① 行政权力过多介入，组建起来的公司大多仍是行政性公司，真正的企业性公司仍是少数。不论是企业还是公司，都还摆脱不掉行政附属物的地位。

六　城镇集体（合作）个体（私人）经济的恢复

70 年代末 80 年代初，城镇集体（合作）经济和个体（私营）经济之所以获得了新的发展契机，根源于一场就业危机。70 年代末，中国面临一系列社会问题，最具"爆炸性"的社会问题也许就是大量城镇劳动人口的就业问题。1979 年，城镇积累的待业人员近 2000 万，达到新中国成立以来待业人数及占人口比重的最高峰。大城市就业压力更大。如北京市待业人员 40 万人，占城市总人口的 8.6%，平均每 2.7 户城市居民中就有 1 人待业。天津待业人员 38 万人，占全市总人口的11.7%，待业比重比北京还高。如此庞大的待业队伍包括两部分：一是回城的上山下乡知识青年和其他落实政策人员，一是新增城镇劳动人口和其他城镇闲散待业人员，主要是前者。如天津市 1978 年初仅有 2 万人待业，由于大批知识青年陆续回城，到 1979 年猛增到 38 万人。②1979 年 4 月 5 日，李先念在中央工作会议上描述就业形势时说："大批人口要就业，这已经成为一个突出的社会问题，如果处理不当，就会一

---

① 《经济研究参考资料》1982 年第 120 期。

② 庄启东、唐丰义、孙克亮：《城市集体所有制经济大有可为——北京市解决劳动就业问题的情况调查》，轻工业出版社，1979，第 2 页；李志、王力：《关于天津市劳动就业问题的调查》，《天津师大学报》1983 年第 2 期。

触即发，严重影响安定团结。"① 面对严峻的就业压力，各城市为解决就业问题使出浑身解数。办法大体有三种：办法之一，号召未达到退休年龄的职工提前退休，允许子女顶替。办法之二，实行分片包干，限期解决。为了解决就业问题，要求各个机关、企业、事业单位把职工子女中的待业青年包下来，没有招工指标的，就收进来当长期临时工，提倡一个人的工作两个人干，三个人的饭五个人吃。办法之三，组织待业青年积极发展城市集体所有制企业，广开就业门路。② 国务院还采取了一项措施：赶走农民工。1979 年 4 月 16 日，国务院批转国家计委《关于清理压缩计划外用工的办法》，要求当年在已经清理压缩计划外用工的基础上，再清理压缩 200 多万人。③

一开始各地政府主要是推行本系统、本企业包干的办法，把职工子女安排进来。然而，这种分片包干的办法很快达到极限，而且带来了许多新矛盾，加剧了企业的人浮于事，使企业社会负担加重，这与扩大企业自主权的改革也相冲突。于是，许多地方政府开始把目光转向体制外，在现有企事业单位之外开辟新的就业门路。如北京市从 1978 年 7 月开始，组织专门班子对北京的城市社会结构进行调查，1979 年 3～4 月，又组织调查全市待业青年的数量、分布等情况。两次摸底展现了一幅图景：北京市"大批人无事干，大量事无人干"。④ 从调查中大体找到了解决就业问题的出路，就是把劳动就业同发展城市集体经济，特别是新兴的生产服务合作社结合起来。⑤ 至 1979 年 6 月底，全市有 61000 多名待业青年找到了就业岗位，包括茶水站、酒馆、馄饨挑、搬运、照相、木器加工、缝纫、书画、誊写刻印、织毛衣、钩台布、塑泥人、蜡鱼以及各种临时性的劳动服务等 100 多个行业。⑥ 著名的前门"大碗

---

① 《三中全会以来重要文献选编》上册，第 148 页。

② 薛暮桥：《城市集体经济大有可为》，《经济研究参考资料》1979 年第 155 期。

③ 《中华人民共和国国民经济和社会发展计划大事辑要》，第 409 页。

④ 薛暮桥：《城市集体经济大有可为》，《经济研究参考资料》1979 年第 155 期。

⑤ 庄启东等：《城市集体所有制经济大有可为——北京市解决劳动就业问题的情况调查》，第 2 页。

⑥ 《北京日报》1979 年 6 月 29 日、7 月 31 日。

茶"就是在这时出现的。7月24日，中共中央和国务院将北京市《关于安排城市青年就业问题的报告》批转全国，肯定了北京市广开就业门路，大力组织集体所有制和各种生产服务事业的做法。① 几乎同时，上海、天津、广州、福州等许多城市都采取了类似的做法。②

理论界越来越多的人关注就业问题。薛暮桥回忆说："1979年初在杭州写书时，听说上山下乡后回城的待业青年要求就业，到省府大院请愿，我看了现场，并同省委书记铁瑛同志讨论过。这一年全国许多城市发生请愿事件，已经影响社会的安定，我对日益尖锐的就业问题进行了研究，认为要解决这个问题，必须纠正'左'的错误，改革所有制结构和劳动就业制度，改变清一色的两种公有制并存的格局，允许多种经济成分并存。"薛暮桥在3月劳动部召开的座谈会上发表讲话，7月应邀到中央党校做报告，都提出了这个主张。③ 7月18日《北京日报》、7月20日《人民日报》先后发表薛暮桥的谈话，他指出，采取子女顶替的办法解决并不是根本办法，根本办法还是发展生产，广开就业门路。要广开就业门路，重要一条是要改变劳动管理制度，国家给每人发一个"铁饭碗"的制度已经无法维持下去了。办法只有一个，包不了的事情不要包办，准许待业青年自己组织生产，我们不但不应下禁令，而且应当加以帮助，加以组织领导。④ 薛暮桥的意见引起广泛关注和争论，特别是关于打破"铁饭碗"的说法引起很大反弹，因为这将影响到千百万人的既得利益。但赞成的人也不少，事实上这也是唯一的出路。到1980年，认识基本上达成一致，并形成全国性政策。1980年8月2～7日，中共中央召开全国劳动就业工作会议。会议提出，必须逐步做到允许城镇劳动力在一定范围内流动；逐步推行公开招工，择优录用的办法；要使企业有可能增加或减少劳动力，劳动者也有可能选择工作岗

---

① 谭宗级、叶心瑜主编《中华人民共和国实录》第4卷，吉林人民出版社，1994，第237页。

② 《人民日报》1979年6月17日。

③ 《薛暮桥回忆录》，第349页。

④ 《人民日报》1979年7月20日。

位。在解决劳动就业问题上，要打破劳动力全部由国家包下来的老框框，实行在国家统筹规划和指导下，劳动部门介绍就业、自愿组织起来和自谋职业相结合的方针。8 月 17 日，中共中央将会议议定的《关于进一步做好城镇劳动就业工作》的文件转发各地。[①]

在 1978 年以前的计划经济体制下，城镇集体经济一直是存在的。据 1977 年底统计，城镇集体职工约占全体职工的 25%，产值约占 16%。[②] 一般来说，集体企业较国营企业具有更强的自生能力。然而就全国而言，集体经济发展受到很大的限制，集体企业不论经营好坏，职工工资普遍低于同行业国营企业的职工。由"小集体"过渡到"大集体"，由"大集体"过渡到国营经济，被认为是必然的发展趋势。

解决就业问题的急迫性，为城镇集体企业的发展提供了一个历史性契机。除了原来由街道或局、区投资兴办的集体企业以外，1979 年以后出现了两类新的集体（合作）经济。一类是由国营企业为安置本系统职工子女，腾出厂房、设备甚至车间办起来的集体企业；一类是一些城市的区或街道组织回城知青搞起来的合作社。后一类合作社开始只是为临时就业而组织起来的，然而它很快得到中央政策的鼓励。1980 年 8 月全国劳动就业工作会议提出的解决劳动就业问题的六条措施中，第一条就是"大力扶持兴办各种类型的自筹资金、自负盈亏的合作社和合作小组，支持待业青年办独立核算的合作社"。[③] 1981 年 10 月 17 日，中共中央、国务院发布《关于广开门路，搞活经济，解决城镇就业问题的若干决定》，提出十条政策，其中特别强调，新发展的集体经济可以采取劳动服务公司、生产服务合作联社等多种形式，不强求一律，提倡实行较为松散灵活的体制。[④]

个体经济的恢复更具有改革意义。在历史上，个体经济在城镇经济中一直占据相当的比重。1953 年，中国城镇个体劳动者有 900 万人，

---

① 《中华人民共和国经济管理大事记》，第 396 页。

② 曾里：《关于城镇集体经济的几个问题》，《经济研究参考资料》1979 年第 176 期。

③ 《中华人民共和国经济管理大事记》，第 395 页。

④ 《三中全会以来重要文献选编》下册，第 1321～1328 页。

占当时就业人数的一半，分布在工业、建筑业、运输业、商业、饮食业、服务业以及文教卫生界等不同行业。1956年急于过渡，个体工商户和小业主也纷纷加入到公私合营行列，全国城镇个体劳动者仅剩下16万人。后来有所恢复，1963年一度恢复到231万人。然而在"文革"时期，全国"割资本主义尾巴"，个体经济基本绝迹。到1978年，全国城镇个体劳动者仅有15万人，几乎可以忽略不计。① 城镇个体经济基本上被消灭，自谋职业的渠道被堵死，就业压力剧增。一些人即使成为"城镇闲散人员"也不能自谋生计。最适合个体经营的零售商业、饮食服务行业全面萎缩，人民生活十分不便。吃饭难、住店难、缝衣难、修车难、购物难等现象在各城市普遍存在。

为缓解就业压力，1978年，个体经济政策有了松动。开始时，只对"文革"以前有证照并实际保留下来的个体工商业户进行登记发照，许多做法仍服从于"利用、限制、改造"的方针，如经营行业范围仅限于从事个体手工业和修配业，不许经营商业和饮食业。② 1979年以后，在呼吁大力发展集体经济的同时，恢复城镇个体经济的声音也渐次增大。3月，国务院明确提出恢复和适当发展个体工商业。③ 一些城市的大街小巷又出现了个体经营者的身影，如"在北京街头可以看到一些修补皮鞋等的小摊子，在大小胡同里开始听到吹铜号磨刀修剪的，还有挑着担子爆炒米花的"。④ 据国家工商行政管理总局统计，1979年，全国各省、市、自治区批准开业的个体户约有10万户，比1978年增加70%，总数达到25万户。到1980年7月底，总数已达到近40万户。⑤ 在行业上，据说北京市的个体户经营的行业达48种之多，诸如修理黑白铁、自行车、钢笔、收音机、轴承、家具、锁、乐器、钟表、笼屉、

---

① 《中国统计年鉴（1983）》，第137页。

② 李连进：《私营企业在中国的再生》，天津社会科学院出版社，1992，第2页。

③ 中国经济年鉴编辑委员会编《中国经济年鉴（1984）》，经济管理出版社，1984，第Ⅳ部分第52页。

④ 《中国青年报》1980年6月3日。

⑤ 《人民日报》1980年8月19日。

拉锁、藤器、打字机、木桶、皮件，以及修鞋等修理业；理发、洗染、
磨刀剪、蹬三轮车、印字、弹棉花、热补轮胎、废品代购等服务业；服
装加工、织毛衣、编簸箩、做绢花、做套具、制刷子、捏泥人等手工业
生产或加工，以及卖茶水、卖冰棍等。[1] 但基本上仍然没有超出手工修
理服务的限定范围。也有一些城市如上海市的政策更宽些，1979 年冬
至 1980 年春，上海市工商局在全市各区恢复了个体工商业的登记发证
工作。[2] 1979 年 11 月，武汉市也开始恢复登记发证工作，而且率先于
全国，把一条街——汉正街开放为小商贩集中经营的市场；11 月，第
一批核发小百货个体工商户营业执照 103 户。[3] 汉正街成为一时颇有影
响的小商品批发市场。

1980 年 8 月全国劳动就业工作会议以后，政策进一步放宽。这次
会议把鼓励和扶持"不剥削他人"的个体经济的适当发展，确定为解
决就业问题的 6 条渠道之一，提出"一切守法的个体劳动者应当受到社
会的尊重"。为什么发展个体工商户？主要是解决两个问题：一个是怎
样搞活市场，一个是怎样解决当前的就业问题。[4] 国务院制定了一份
《关于城镇非农业个体经济若干政策性规定》，8 月 19 日，国家工商行
政管理总局负责人以答新华社记者问题的形式，向公众阐明了中央关于
发展城镇个体经济的新政策。第一，放宽了允许个体户经营的行业。总
的原则是，只要本人具备一定条件，社会上有需要，而国营和集体又包
不下来的，都可以允许个体经营。如各种修理服务行业、服装加工业、
家庭手工业、个体客货运输、房屋修缮、饮食业、小商品、日用杂品、
干鲜果品以及鲜活商品的贩运等。第二，允许经营个体工商业的包括两
类人：一是有城镇正式户口的待业青年、社会闲散人员；二是有技术专

---

① 《北京日报》1980 年 7 月 23 日。

② 《人民日报》1980 年 7 月 24 日。

③ 彭捷：《从武汉市汉正街小商品市场的复兴看社会主义市场经济的理论与实践》，《中
共党史研究》1999 年第 4 期。

④ 梁传运口述《我国发展个体、私人经济的决策过程》，鲁利玲对梁传运的访谈，2007
年 11 月 1 日。

长的退休老工人、老艺人。第三，个体经营，可以一人经营，也可以夫妻二人或全家经营。有些技术性的项目，根据双方自愿，也可以带一两个徒弟。某些行业还可以自筹资金，合伙经营。可以按指定地点摆摊设点，也可以走街串巷，送货、送艺上门。第四，个体经营者在参军、招工、招考升学及参加社会的各种政治活动时不应有任何歧视。①

然而相对于集体经济，个体经济的恢复受到更大的观念阻碍。个体经营者虽然是"不剥削他人"的劳动者，却也是一种私有制，是"资本主义的尾巴"。重新恢复个体经济是不是倒退？会不会导致资本主义复辟？这使一些地方政府或部门对发展个体经济顾虑重重，设置了诸多限制。普通人对个体户也存有歧视心理。《人民日报》连续报道了几起打击个体户的事件。8月16日，报道了发生在长沙市的一桩"砸碗事件"，国营红星饭店的营业员砸了个体饮食摊的碗，受害者非但没有得到赔偿，反而受到工商局的指责。10月28日，又报道了浙江省黄岩县路桥镇区的党委打击迫害个体手工业户的事件，这个镇四家个体手工业户被非法抄家，扣押生产资料、家庭财物和现金。这次打击个体户的不是国营企业的职工，而是一级党委。个体工商户遇到了来自各方面的刁难。申请一个个体工商户执照起码要通过居委会、街道办事处、工商行政管理局和有关业务部门四道关口。有些行业还要经过城建、交通运输、卫生、公安等部门。许多关卡几乎都得"跳破门、找熟人"，甚至送礼行贿才能放行。开业后还得按时"烧香上供"。② 可见阻力还不小。

不过，无论是政界还是理论界，主流舆论是倾向于支持个体经济发展的。1980年10月，薛暮桥在香港"中国经济发展新趋势"研讨会上做总结发言。他提出，中国只保持全民和集体两种经济形式不行，要建立一种社会主义公有制占绝对优势的从国营经济到个体经济的多层次的经济结构。在城市中不能都是国营经济，在手工业、商业、饮食、服务

① 《国家工商总局负责人就恢复和发展城镇个体工商业问题答新华社记者问》，《人民日报》1980年8月19日。

② 孙民：《发展个体经济必须改革现行管理体制》，《经济研究参考资料》1981年第150期。

等部门，需要放手发展自负盈亏的合作社、合作小组，还可以发展一点个体经济。薛暮桥说，20 多年的实践证明，我们城市中的社会主义改造也是走过了头，需要后退一两步。我们不主张资本主义死灰复燃，但对资本主义也不必过于害怕，有一点也可以，现在还不能叫资本主义绝种。这篇讲话新华社发了通稿，全国各大报纸登载。① 这篇讲话的突破就在于不回避资本主义，甚至说"有点资本主义不可怕"。在 1980 年表达这个观点是需要勇气的。

1980 年下半年以后，各地对发展个体经济态度更加积极。如 11 月上海市政府批准市工商局关于适当发展城镇个体经济的 12 条规定，在经营资格、经营范围、货源和原材料供应、价格、税收等方面，对个体工商户特别是知青从事个体经营给予优惠。其中有一项特别的规定：允许有关文化、教育、卫生等方面的个体经营。如画师、各类医生、各类教师（如教英文、音乐、数理化、美术）、翻译等自由职业者以及个人举办的各种补习班等均可以开业。② 对个体经济限制较多的北京市也放宽了限制，特别是放宽了在经营商业和饮食业方面的限制。1981 年 4 月，北京市的《政府工作报告》提出，解决"吃饭难"、"做衣难"和"修理难"的问题要"国营、集体、个体一齐上"。③

1981 年，中央的政策进一步放宽。5 月 6 日，国家劳动总局、国家城建总局、公安部和工商行政管理总局四家联合发出通知，要求各地统筹规划、合理解决民办集体和个体工商户所需要的场地问题。④ 7 月 7 日，国务院做出《关于城镇非农业个体经济若干政策性规定》，其中一项重要政策，是关于个体工商户请帮手、带徒弟的问题。文件规定："个体经营户，一般是一人或家庭经营；必要时，经批准可以请一至二个帮手；技术性较强或有特殊技艺的，可带两三个最多不超过五个学

① 《光明日报》1980 年 11 月 2 日。

② 《文汇报》1980 年 11 月 17 日。

③ 《北京日报》1981 年 4 月 24 日。

④ 《人民日报》1981 年 5 月 14 日。

徒。请帮手、带学徒，都要订立合同，并经当地工商行政管理部门签证。"① 所谓请帮手、带徒弟，实质上触及了雇工经营这一敏感问题。因此，规定是相当谨慎的，做了一个7人的数量限定。这实际上隐含了一个界限：7人以下仍属于个体经济，8人以上就是雇工经营的私人经济了。个体工商户不是先有政策后有发展，而是先有了各种各样的形式，然后制定规范承认它并规范它。现实情况突破了原有框框，又制定新的办法再框。然而，实践是难以被框住的，个体经济的发展必然孕育出私人经济。

① 《中华人民共和国经济管理大事记》，第436页。

第三章

国门是如何打开的

1978 年决策层未经争论就达成了一个共识：中国必须实行对外开放，利用外部资源加快自己的发展。进入 1979 年，"大引进"遭遇资金瓶颈不得不进行调整，对外开放的步伐却加快了。中央批准在广东、福建两省实行特殊政策，建立深圳、珠海、汕头、厦门四个经济特区，为对外开放找到了突破口。从引进成套设备到利用外资，再到吸引外商直接投资，禁区不断被打破。虽然经历了种种争论和挑战，对外开放的地域却不断扩大。1984 年决定进一步开放沿海 14 个城市，1985 年开放珠江三角洲、长江三角洲和闽南三角地带，一种由经济特区、沿海开放城市、沿海开放区组成的开放格局初步形成。

一 "大引进"遭遇瓶颈

1978 年的"大引进"开启了中国对外开放的序幕。然而，当时从中央领导层到各部门负责人都表现出求成过急的倾向。1978 年共签署 78 亿美元引进合同，其中 31 亿美元是 12 月最后 10 天抢签的。所签项目大部分以现汇支付，1977 年整个出口外汇收入仅 76 亿美元，很快使中国的外汇存底捉襟见肘。引进项目所需国内投资 1300 亿元人民币，相当于上年全国财政收入（874 亿元人民币）的 1.5 倍，国内配套投资缺口也很大。[1]

陈云对大引进计划有相当的保留。他找有关人员说，引进这么多资金，又那么容易，但考虑过没有，就算人家借给你那么多钱，我们自己有那么多资金配套吗?[2] 1978 年 12 月 10 日，陈云在中央工作会议东北组发言，就经济问题提出五点意见。他说，实现四个现代化是我国史无前例的一次革命，必须既积极又稳重，引进项目要循序而进，不要一拥而上。基本建设都不能有材料缺口。各方面都要上，样样有缺口，实际上挤了农业、轻工业和城市建设。[3] 1979 年 1 月 1 日，李先念请华国锋、邓小平、陈云、汪东兴审阅批准《国务院关于下达 1979、1980 两年经济计划的安排（草案）》。国家计委在安排 1979 年的生产计划中留有物资供应缺口。陈云在李先念的信上批示："我认为不要留缺口，宁肯降低指标。宁可减建某些项目。"1 月 5 日，陈云又将新华社的一份材料批转给华国锋、邓小平、汪东兴。陈云指出："我认为有物资缺口的不是真正可靠的计划。"邓小平阅后批示："请计委再作考虑。"[4] 1 月 6 日，邓小平找余秋里、方毅、谷牧、康世恩四位副总理谈话，肯定陈云的意见"很重要"，"请计委再作考虑"。[5]

陈云的谨慎态度，来自他几十年的财经工作领导经验和他的经济发展思想。新中国成立以来，在经济发展的思路上，陈云历来属于稳健派，追求一种较稳定、均衡的增长方式，反对欲速则不达的高速度，特别是对"大跃进"的教训印象深刻。陈云认为，经济要合理运行，就必须做到"三大平衡"，即财政收支平衡、银行信贷平衡、物

① 《中国经济年鉴（1981）》，第Ⅳ部分第 131 页；陈锦华：《国事忆述》，中共党史出版社，2005，第 98 页。

② 李正华：《中国改革开放的酝酿与起步》，第 115 页。

③ 中共中央文献研究室编《陈云文选（1956～1985 年）》，人民出版社，1986，第 212～213 页。

④ 《陈云年谱》下卷，第 233 页。

⑤ 《邓小平年谱（1975～1997）》（上），第 466 页；《陈云年谱》下卷，第 233 页。

资供求平衡，建设规模要和国力相适应。1957 年初和 1962 年，陈云两度出任中央经济工作小组或中央财经小组组长，主持经济调整。特别是在 60 年代初，在挽救由"大跃进"造成的经济危机中，陈云发挥了重要作用。在经历了"文化大革命"之后，党内相当多的人都信服陈云的经济才能和发展思路，不少人建议陈云出山主持财经工作。如在理论务虚会上，吴江明确向中央建议：让陈云参加经济领导工作。他的建议登上简报，接着别的小组也有人表示赞成这项建议。薛暮桥的书面发言也提出："我希望在党中央作出经济决策的时候，能够多听听陈云同志的意见。还希望陈云同志在关键时刻，挺身而出，防止我们的经济工作再犯错误。"

1979 年 3 月 14 日，李先念与陈云给中央写了一封联名信，提出"要有两三年的调整时期"，并提议成立国务院财政经济委员会，以陈云为主任，李先念为副主任，姚依林为秘书长，成员有余秋里、王震、谷牧、薄一波、王任重、陈国栋、康世恩、张劲夫、金明。为了转变党内高层的思想，从 3 月到 4 月，连续召开了中央政治局会议、国务院财经委会议和中央工作会议，讨论 1979 年计划和国民经济调整问题。陈云批评 1978 年搞"洋跃进"造成国民经济比例失调。[①] 他点名批评说，冶金部要靠外国的贷款来发展钢铁工业，它不知道这件事的厉害。[②] 3 月 23 日，中央政治局会议最后一天，邓小平讲话，支持陈云的意见。他说，中心任务是三年调整，这是个大方针、大政策。[③] 华国锋最后讲话也表示同意。[④] 4 月 5 ~ 28 日，中共中央工作会议召开，正式通过

① 袁宝华说，陈云这次发言批评了"洋跃进"，但收入《陈云文选》时没有了"洋跃进"的说法（本刊特约记者：《文革结束后国民经济的恢复工作——访袁宝华同志》，《百年潮》2002 年第 7 期）。据邓力群说，"洋跃进"这个词，后来邓小平不赞成使用（1998 年 3 月 20 日，邓力群谈话）。

② 本刊特约记者：《文革结束后国民经济的恢复工作——访袁宝华同志》，《百年潮》2002 年第 7 期。

③ 《邓小平思想年谱》，第 111 页。

④ 房维中：《在风浪中前进——中国发展与改革编年纪事（1977 ~ 1989）》（1979 年卷），第 52 ~ 53 页。

"调整、改革、整顿、提高"的方针，决定从1979年起用3年时间，认真搞好调整，同时进行改革、整顿、提高工作。

1978年，中国官员初次与外界接触，许多人对利用外资的规模和条件太过乐观，1979年初落实到谈判时，发现向国外借钱并不如原来想象的那么容易。3月18日，国家计委向中央政治局提交的汇报提纲说，原计划1979年共借用外债和利用外汇存款100亿美元，实际全年可用外汇只有50亿美元，比计划少50亿美元。[①] 在1979年3月21日中央政治局会议上，李先念承认"对用贷款看得容易了。过去说借钱容易，没有那回事"。[②] 陈云批评说："出国考察的回来吹风，上面也往下吹风，要引进多少亿，要加快速度。"凭他在旧上海的经验，陈云对"借外国人那么多钱，究竟靠得住靠不住"提出疑问，他说："外国商人说借钱给你，有真有假，这件事也不要看得太简单。"他的判断是："一下子借那么多，办不到。"[③]

此后，陈云在国务院财经委会上反复讲到，对外债要分析。1979年9月18日，陈云在国务院财经委员会会议上说：外债有两种，一种是买方贷款，一种是自由外汇，目前能借到的自由外汇很少，主要是买方贷款。自由外汇只能用于见效快、速借速还的小项目。大项目的还本付息主要依靠国内可靠的出口创汇能力。对买方贷款能用多少不取决于主观愿望，而取决于还本付息的能力和国内配套资金的多少。他说，利用借外债搞建设，我们的经验还很少，需要认真研究。总之，陈云对利用国外贷款搞建设持谨慎态度，他尤其不赞成用自由外汇弥补国内财政赤字的做法。[④] 根据陈云的意见，1979年对对外引进的方针做了调整，基本精神是：控制引进规模和成套设备进口；先引进见效快、赚钱多的

① 房维中：《在风浪中前进——中国发展与改革编年纪事（1977～1989）》（1979年卷），第34页。

② 房维中：《在风浪中前进——中国发展与改革编年纪事（1977～1989）》（1979年卷），第42页。

③ 房维中：《在风浪中前进——中国发展与改革编年纪事（1977～1989）》（1979年卷），第47页。

④ 《陈云年谱》下卷，第251页。

项目以积累资金，再搞那些重工业项目；以引进技术改造老厂为主，少上新项目。[①]

相比较而言，邓小平对利用外资显得更为积极。10月4日邓小平在中央工作会议上的讲话明确地表达了他的这个意见。他说："我提议充分研究一下怎样利用外资的问题，我赞成陈云同志那个分析，外资是两种，一种是自由外汇，一种叫设备贷款。不管哪一种，我们都要利用，因为这个机会太难得了，这个条件不用太可惜了。第二次世界大战以后，一些破坏得很厉害的国家，包括欧洲、日本，都是采用贷款的方式搞起来的，不过它们主要是引进技术、专利。我们现在如果条件利用得好，外资数目可能更大一些。问题是怎样善于使用，怎样使每个项目都能够比较快地见效，包括解决好偿付能力问题。利用外资是一个很大的政策，我认为应该坚持。至于用的办法，主要的形式是合营，某些方面采取补偿贸易的方式，包括外资设厂的方式，我们都采取。我认为，现在研究财经问题，有一个立足点要放在充分利用、善于利用外资上，不利用太可惜。"[②]

从这段话看出，邓小平赞成陈云关于对外资要分析的意见，但他的基点是要想办法更多地利用外资。在他看来，这个条件不利用太可惜了。邓小平也注意到外商对中国是否有足够的偿还能力表现出担心和犹豫，但他对此抱有信心。邓小平认为，主要的问题是寻找适当的利用外资的方式。他提出，在实行财政平衡时，应当把利用外资的因素考虑进去，要把立足点放在充分利用外资上。1980年5月20日，邓小平同胡乔木、姚依林、邓力群谈话时又敦促说："利用外资要及早动手，不要再犹豫、拖延了。主要用在打基础，搞水电。拖下去，'七五'、'八五'发挥不了作用。"[③]

---

① 谷牧：《利用外资和引进技术的指导原则》，《经济研究参考资料》1980年第61期；《中国经济年鉴（1981）》，第Ⅳ部分第131页。

② 房维中：《在风浪中前进——中国发展与改革编年纪事（1977～1989）》（1979年卷），第199页。

③ 《邓小平年谱（1975～1997）》（上），第637页；房维中：《在风浪中前进——中国发展与改革编年纪事（1977～1989）》（1980年卷），第62～64页。

二 22个引进项目上马还是下马

这次调整之所以遇到困难，有一些过去没有的新情况。22个重大引进项目成为经济调整的重点和难题。汪道涵当时以八句话概括最初的引进状况："万马奔腾，不测深浅；不尽知己，不尽知彼；仓促协议，骑马难下；头寸一紧，舆论哗然。"① 各部和各省市顶着不办，"骑马难下"也是一个原因。

上海宝山钢铁总厂上马还是下马，就是一个两难选择。宝钢是22个引进项目中最大的一个，第一、二期工程计划投资301.7亿元人民币，其中包括47.8亿美元外汇资金。② 宝钢的上马，一开始就有很大争议。在中央确定调整方针以后，批评的舆论更多。但宝钢工程已经开工，且工程进度好。根据陈云的意见，宝钢一期工程继续干下去，二期工程延期。二期对外已签的合同进行赔偿，已进口的设备妥善保管。③ 1980年初，由于地质原因，宝钢基础打桩出现位移现象，批评的舆论再次激烈起来。④ 在1980年8～9月召开的五届全国人大三次会议上，宝钢问题成了争议的焦点。⑤ 1980年底，实行进一步的经济调整，中央做出决定宝钢一期工程缓建，是否继续建设须组织专家论证；二期工程停建，热轧和冷轧合同退货。其他引进项目也一直处于两难境地，对它们的处理大体分为四类。第一类，7项继续执行合同。第二类，3项被迫推迟开工的工程。第三类，9项只签订了部分合同的项目推迟其余引进设备的签约和基建进度，或调整引进方案。第四类，因建设条件不具备撤销1项。⑥

① 《经济研究参考资料》1979年第148期。
② 陈锦华：《国事忆述》，第100页。
③ 孙业礼、熊亮华：《共和国经济风云中的陈云》，中央文献出版社，1996，第303～304页。
④ 朱玉：《李先念与宝钢建设》，《当代中国史研究》2006年第2期。
⑤ 陈锦华：《国事忆述》，第120～121页。
⑥ 陈锦华：《国事忆述》，第98～102页。

这 22 个大型引进项目的调整损失重大。一批重大工程的进口设备如宝钢二期成套设备、大庆和齐鲁乙烯设备、仪征大化纤设备等已经运到了工地，有的已经开工建设。为了封存保管，有的专门修建了大仓库和铁路专用线，停缓建不仅要赔偿毁约损失，而且会造成国际影响。许多人对 22 项引进项目下马感到太可惜。国务院副总理康世恩在一次会上发言说："这批重大项目为国家急需的基础工业设施，它的建成，将大大增强我国的经济实力，不论社会效益、经济效益都是好的。对提高我国工业技术水平，填补我国工业重要产品的空白，会起到十分重要的作用。"① 在 1979 年 9 月国家计委的调整计划中，曾提出一个设想：把 12 个国外进口的成套设备项目的国内配套投资 40 亿元用外汇贷款解决，同国内财政脱钩。但是，陈云认为，在目前自由外汇不够的条件下，这样的事不可能办到。②

1981 年初，上海市副市长陈锦华给国务院领导写信，建议国家给宝钢再增加几千万元，"让工程缓中求活"。1981 年 2 月 10 日，国务院召开宝钢问题会议，听取论证会情况汇报。宝钢工程副总指挥、冶金部副部长马成德发言说："如果下马，国内投资也需要 15 亿元，继续搞下去，也只需要 25 亿元。"国务院领导问："你的意思是，多用 10 个亿救活 100 多亿（指宝钢已用的投资），少用 10 个亿，100 多亿就付之东流了。"马成德答："是这个意思。"7 月，国务院总理亲自到上海考察一番改变了态度，国务院副总理姚依林、谷牧、薄一波也先后到宝钢，表达了不同程度的支持。8 月 7 日，国务院正式批准宝钢续建。③ 宝钢续建问题的解决，启发了国务院领导对其他引进项目特别是化工项目的重新考虑。10 月 6 日，国务院总理找房维中、赵维臣、马洪谈话，④ 提出应当把 22 项引进项目中的几个石油化工项目搞起来。怎么解决启动这

① 《康世恩传》编写组：《康世恩传》，当代中国出版社，1998，第 350 页。
② 《陈云年谱》下卷，第 250 页。
③ 陈锦华：《国事忆述》，第 123 ~ 128 页。
④ 房维中、赵维臣时任国家计委副主任，马洪时任国务院经济研究中心主任、中国社会科学院副院长。

些项目的资金？国务院领导提出，可以利用一部分国内储蓄存款，也可以利用一部分外资。利用外资解决引进项目的配套资金问题，是原国家计委在1979年下半年就提出的一种思路，但当时被否决了。时隔一年半，国务院领导重新拾起了这个主意。此前已经有一个成功的资本运作范例。1981年1月，中信公司在日本证券市场发行了100亿日元（约合7000万美元）的私募债券，债券宽限期为6年，帮助1980年因调整被迫下马的仪征化纤项目重新启动。[①] 22个引进项目的工程建设多数延迟了三四年，到1983年以后陆续启动。

不过，调整没有对利用外资形成大的影响。1979年以后，利用外资的工具和渠道大大扩展了，争取国际金融组织贷款、接受外国政府贷款、采用补偿贸易、海上石油合作勘探开发和其他资源开发、租赁业务、对外加工装配业务、国际信托投资业务、发行国外债券、中外合资、办经济特区等多种利用外资的方式都在尝试使用。1979年12月，中国接受日本政府的500亿日元贷款（按当时汇率约合3.3亿元人民币，2.2亿美元），用于建设秦皇岛港、石臼所港、北京至秦皇岛铁路、兖州至石臼所铁路、衡阳至广州铁路复线、湖南五强溪水电站等项目。[②] 这是改革开放后中国内地接受的最早一笔外国政府贷款。1980～1982年，中国还从科威特、比利时、丹麦等国政府获得一些无息贷款。1980年，中国在世界银行、国际货币基金组织的合法代表权同时得到恢复，同年加入国际农业发展基金会（联合国的专门机构），国际金融组织贷款是中国初期利用外资的另一个来源。利用世界银行贷款的第一个项目，是用于人才开发及教育科研的2亿美元长期贷款，全部为国家教委所属26所高等院校使用，计划资助8000个访问学者到世界各个学院访问学习。[③] 1981～1982年，从国际农业发展基金会得到两笔共7000万美元贷款。[④] 从1979年开始同国际资本打交道，到1982年底，全国实

---

① 《历史性的果断决策》，中华人民共和国商务部网站，http：//ciecos. mofcom. gov. cn/。
② 刘向东、卢永宽、刘嘉林等：《我国利用外资概况》，第47页。
③ 《历史性的果断决策》，中华人民共和国商务部网站，http：//ciecos. mofcom. gov. cn/。
④ 刘向东、卢永宽、刘嘉林等：《我国利用外资概况》，第34～43页。

际使用外资总额 126 亿多美元，其中借款 108 亿美元，吸收国外直接投资 17.69 亿美元。此外还接受了一些无偿援助和赠送项目。①

为了迅速扩大出口和技术引进，从 1979 起，对外贸体制改革进行了初步改革。打破进出口贸易基本上由外贸部及其所属各专业进出口公司一家专营的体制，赋予一些地区和部门部分商品的进出口经营权，实行多渠道经营，提高地方出口外汇留成比例。

三 外商如何进入中国

在各种利用外资的方式中，外商直接投资更具开放性质。然而，它遇到的观念障碍也大得多。一是意识形态的障碍。中国消灭资本主义经济 30 年以后，难道还能从国外引进资本主义吗？社会主义国营企业能与外国资本家合作吗？另一个障碍是有关国家主权问题。担心中外合资，外商重新进入中国有损中国的国家主权。新中国成立之初，毛泽东不但视英美企业的存在有损于国家主权，甚至认为苏联与中国合办企业也会威胁到中国的真正独立。中苏四个联合公司成了两国外交中的一个敏感话题。最后，赫鲁晓夫把这四个公司交还给了中国，以向毛泽东示好。从这个背景不难看出，允许外商到中国来合资办企业，仍然有一个禁区要打破。

观念禁区的最初突破从引进汽车项目开始的。1978 年 6 月，国家计委等部门向国务院上报的《关于开展对外加工装配业务的报告》中提出："引进一条轿车装配线，拟安排在上海，对上海轿车工业进行改造。"不久，国务院批准了这个报告。与此同时，一机部也在同外商谈判重型汽车项目的技术引进。在洽谈中，外商建议项目以中外合资经营的形式为好。第一个来中国洽谈投资事宜的，是美国通用汽车公司（GM）。1978 年 10 月 21～28 日，通用汽车公司代表团访问中国。在谈判中谈到合作方式可以有 10 种，其中第七种是办合资企业。② 该公司的

---

① 刘向东、卢永宽、刘嘉林等：《我国利用外资概况》，第 26 页。

② 《历史性的果断决策》，中华人民共和国商务部网站，http://ciecos.mofcom.gov.cn/。

董事长汤姆斯·墨菲向中方提出："你们为什么只同我们谈技术引进，而不谈合资经营（joint venture）？"墨菲补充说："简单地说，合资经营就是把我们的钱包放在一起，合资共同办个企业，要赚一起赚，要赔一起赔，是一种互利的合作方式。若要再说得通俗一点，合资经营就好比'结婚'，建立一个共同的'家庭'。"听了这番介绍，中方代表的反应是：虽然感到新鲜有趣，但"实际上是不可能的"。中方谈判代表李岚清回忆说：当时对搞中外合资经营"一是不懂，二是不敢"。"当时我想：你们是资本家，我们是共产党，怎么能同你们搞合资经营呢？特别是他提到，合资经营就好比是'结婚'、'建立共同家庭'，就更不可思议。你是大资本家，我是共产党员，我能同你'结婚'吗？"李岚清按照程序把汤姆斯·墨菲的这个建议写进了给国务院引进办公室的简报。没有料到，这份简报引起中共中央、国务院的重视。分管副总理谷牧看到简报后，立即批请中央政治局和国务院各位领导人传阅。其他领导同志都一一圈阅，邓小平同志不但画了圈，还批上"合资经营可以办"。① 11月初，国家计委副主任顾明请示轿车项目可不可以搞中外合资，邓小平明确答复："可以，不但轿车可以，重型汽车也可以嘛。"②

从上面的故事看出，高层领导人都意识到，突破中外合资的禁区势在必行，因为中外合资具有其他利用外资方式不可替代的优点。1979年7月7日，邓小平在第五次驻外使节会议上作报告时说："现在比较合适的是合资经营，比补偿贸易好，因为合资经营风险是双方承担。搞补偿贸易，我们得不到先进的东西。搞合资经营，对方就要经济核算，它要拿出先进的技术来。尽管它对某些技术有保留权和拥有权，但不管怎么样，总在这里用了，用了我们总会学会一点。"③ 9月17日，邓小平对英国前首相爱德华·希思说："对每一项贷款，我们都要守信用，

---

① 李岚清：《"合资经营"是我国对外开放的重大战略举措——纪念邓小平同志诞辰100周年》，《求是》2004年第16期。

② 《邓小平年谱（1975～1997）》（上），第418页。

③ 《邓小平年谱（1975～1997）》（上），第533页。

要能偿付。考虑到这个问题，所以我们更欢迎合资经营的方式。"① 10月4日，在全国省市委书记会议上，邓小平向党内高级干部算了一笔账，他说："我到新加坡去，了解他们利用外资的一些情况。外国人在新加坡设厂，新加坡得到几个好处，一个是外资企业利润的百分之三十五要用来交税，这一部分国家得了；一个是劳务收入，工人得了；还有一个是带动了它的服务行业，这都是收入。我们要下这么个决心，权衡利弊、算清账，略微吃点亏也干，总归是在中国形成了生产能力，还会带动我们一些企业。"②

要尽快吸引外商投资，亟须法律先行。国际资本看重的是法律保障，谁都不会到一个没有法律保障的国家冒险投资。1978年10月，美国通用汽车公司在来中国谈判时，提出的唯一要求是，希望中国有一部政府法律，公布后投资双方可依法办事。③ 这引起高层的重视，中外合资法很快列入立法议程，1979年初开始起草。起草中讨论较多的有两个问题：一是企业所得税税率定多少，要给外商投资者以优惠大家认识是一致的，但究竟优惠到什么程度合适？几经研究，定为30%，加上地方所得税3%，共33%，略低于东南亚国家和地区。另一个问题是外商投资比例问题。起初参照印度等国的做法，拟限定外商投资比例不超过49%，荣毅仁给中央写信提出：规定"中外合资经营企业外资投资比例不超过百分之四十九"和"决定重大问题要三分之二多数通过"两条原则，并非国际惯例，我们亦达不到大量吸收外资从事建设的目的。他建议在不丧失主权的前提下，以平等互利为原则，争取更多的外资。6月13日，邓小平批示："我看很有道理，四十九和三分之二都可不写。"陈云批示："我同意荣毅仁的意见，只要外资愿意来中国，我们总有办法对付。"④ 最后确定，不仅不设上限，而且设了下限。法律中规定："在合营企业的注册资本中，外国合营者的投资比例一般不低

---

① 《邓小平年谱（1975～1997）》（上），第556页。
② 《邓小平文选》第2卷，第198～199页。
③ 《历史性的果断决策》，中华人民共和国商务部网站，http://ciecos.mofcom.gov.cn/。
④ 《邓小平年谱（1975～1997）》（上），第525页。

于百分之二十五。"① 7 月 1 日五届全国人大二次会议通过《中外合资经营企业法》，7 月 8 日即付实行。从起草到通过再到实施，相当迅速，足见中国高层对吸引外国投资的迫切心情，其意图在于宣示中国政策的连续性和坚定性。邓小平多次向外宾解释说："我们准备搞一个投资法。这个立法本身就表明中国的政策没有变。""与其说是法，不如说是我们政治意向的声明。"②

《中外合资经营企业法》相当简约，需要制定相应细则。1980 年 7 月 26 日，国务院公布《中外合资经营企业登记管理办法》、《中外合资经营企业劳动管理规定》和《关于中外合营企业建设用地的暂行规定》，9 月 10 日，五届全国人大三次会议通过《中华人民共和国中外合资经营企业所得税法》，具体规定给予中外合营企业在土地使用费、税率等方面的优惠政策：场地使用费"每年每平方米最低不少于五元，最高不超过三百元"。③ 所得税率为 30%，另按应纳所得税额附征 10% 的地方所得税，合计税率 33%；分得利润在中国境内再投资享受部分退税优惠，汇出国外按汇出额缴纳 10% 的所得税；新办合营企业合营期在十年以上的，第一年免税，第二、三年减半。④

率先进来投资的多是香港和海外华商。中国是世界上侨民最多的国家之一，移居世界各地的华侨华人有 3000 万之众，各地华人经济的崛起为世人瞩目。中国政府十分重视海外华人、华侨资本的作用。1979 年 1 月 17 日，邓小平邀集胡厥文、胡子昂、荣毅仁、古耕虞、周叔弢 5 位原工商联代表共商对外开放大计。邓小平希望这些老工商业者在引进海外资金特别是华侨、华裔资金方面做些事情。邓小平说："现在搞建设，门路要多一点，可以利用外国的资金和技术，华侨、华裔也可以回来办工厂。"邓小平特别提出希望荣毅仁出来办实业，叶剑英、谷牧、

① 《中华人民共和国中外合资经营企业法》，《人民日报》1979 年 7 月 9 日。
② 《邓小平年谱（1975～1997）》（上），第 520、529 页。
③ 《中华人民共和国经济管理大事记》，第 394 页。
④ 《中华人民共和国经济管理大事记》，第 399 页。

王震等也当面表示过希望荣毅仁出山。荣氏家族有 400 多位亲属分布在世界各地，其中大多是工商界及科技界知名人士，这正是邓小平、叶剑英特别看重的资源。10 月 4 日，中国国际信托投资公司正式成立，董事会由 44 人组成，荣毅仁为董事长兼总经理，雷任民为副董事长。① 值得注意的是，除了内地官员和原工商界人士外，中信公司董事会还吸收了港澳商界巨子马万祺、李嘉诚、霍英东等。② 中信公司成为中国招商引资的一个重要窗口。

海外华人、华侨和港澳同胞与内地有千丝万缕的联系，很多人都有亲属在内地，不少人怀有报效乡梓、参与祖国建设的愿望。如 1979 年春节，许多回广东探亲旅游的港澳同胞纷纷表示愿意为建设家乡贡献力量。③ 还在《中外合资经营企业法》颁布之前，他们中的一些人就看准了内地投资的机会，已经有港商自己做起来了，首先做的是"三来一补"。所谓"三来一补"，即来料加工、来件加工、来样加工和补偿贸易。1978 年初，香港"宁波帮"商人曹光彪在珠海成立第一家外资私人企业——香洲毛纺厂。从 1978 年春末开始，广东省的宝安、东莞和顺德等县先后开办了"三来一补"企业。到 9 月底，广东省签订的协议合同近 100 个，合同金额 3350 万美元。④ 到 1979 年 3 月，广东全省与外商签订协议 350 多个，约 3 亿美元。⑤ 1979 年后，"三来一补"业务从广东、福建两省扩展到其他地区。在中国对外开放初期，"三来一补"方式受到香港等地中小企业的青睐，正是这些中小华商的开拓，后来在闽粤地区形成了许多家电城、鞋城、服装城，激活了地方经济。1979 年国家外资委批准的第一批三家合资项目

① 《人民日报》1979 年 10 月 5 日。

② 《人民日报》1979 年 10 月 5 日。

③ 孙观华、邱靖基：《广东省国外来料加工工业情况和问题》，《经济研究参考资料》1979 年第 140 期。

④ 芦狄：《广东的对外开放与经济体制改革》，中共中央党史研究室第三部编《邓小平与改革开放的起步》，中共党史出版社，2005，第 442 页。

⑤ 孙观华、邱靖基：《广东省国外来料加工工业情况和问题》，《经济研究参考资料》1979 年第 140 期。

的外方合作者都是华人：北京建国饭店是由美籍华人陈宣远设计并投资建设起来的，① 北京长城饭店的外方合作者是美籍华人沈坚白，北京航空食品有限公司的外方合作者是香港商人伍沾德、伍淑清父女。截至1981年底，经批准开办的中外合资经营企业有48家（不包括经济特区开办的35家）。② 这48家企业，属于华侨、华裔、港澳商人投资的共28家，约占60%。可见在率先进入中国的投资者中，华人资本占据重要地位。③ 1981年，国家进出口委外资局调查了12个中外合资企业后发现，"与华侨、港澳同胞作到相互信任、搞好合作容易，他们疑虑比较少，提出的条件比较宽容；而一些外国大公司则疑虑较多，条件比较苛刻。因此，前者应作为当前优先选择的合资对象"。④

华人资本相继进入中国，并取得成功，在国际上引起了相当的注意。其实，1979年以后，国外大财团来中国谈判合作的不少。7月19日汪道涵在国务院财政经济委员会召集的关于经济问题调查研究工作会议上介绍说："开始来谈的都是跨国公司。"⑤ 除了华人资本，日商进入中国最早，第一家中日合资经营企业是1980年12月13日创办的福建—日立电视机有限公司（简称福日公司）。⑥ 汽车行业，联邦德国大众汽车公司率先进入了中国。1982年11月29日在上海签署协议书，合资生产"桑塔纳"轿车，5个月后，第一批"桑塔纳"轿车就在上海汽车厂出厂，开始了中国轿车生产的新阶段。然而总体上说，在最初几年，跨国公司多数是来摸中国的情况，谈的多，谈成的很少。外国大公

---

① 《人民日报》1999年10月1日。

② 汪一鹤、许锷、周鉴平：《中外合资经营企业》，上海社会科学院出版社，1984，第93~94页。

③ 初保泰、董薇园：《关于中国当前举办中外合资企业的情况》，《经济研究参考资料》1982年第24期。

④ 《十二个中外合资企业的初步调查》，《进出口工作情况》1981年第63期。

⑤ 《经济研究参考资料》1979年第148期。

⑥ 顾铭、张铭清、张玉书：《一家颇有成效的中外合资企业——福日电视机有限公司访问记》，《人民日报》1983年5月7日。

司有进入中国的愿望，又心存顾虑。一是担心中国的偿付能力，二是担心政策是否具有连续性。① 部分原因是中国实行经济调整，特别是在1980年底，中国决定大规模压缩基本建设投资，停建、缓建一部分利用外资项目，在国际上引起了很大反响。②

四 经济特区的决策与筹建

广东、福建两省率先对外开放，来自中央与地方两方面的积极性。由于地理上的原因，广东、福建面临的压力比内地更大，对发展机遇的感受也更敏锐。特别是广东省，毗邻香港与澳门，历来是重要对外贸易口岸，在20世纪50～70年代处于封闭状态的中国，广东毕竟是一个向外敞开的窗口，香港知名人士也与广东省党政领导人保持往来。从1957年起，中国出口商品交易会在广州每年举办春秋两届。每年有大批香港同胞和海外华侨回来探亲。与内地相比，广东的官员和民众对香港及海外的情况和动向并不陌生。对广东省官员触动最大的，莫过于持续不断地出现边民偷渡逃港的事件，自1951年封锁边界以后，粤港边界上的偷渡逃港事件就没有停止过。1957年、1962年、1972年、1978年形成了四次偷渡高潮，来得最为猛烈的是1978～1979年。根本原因是境内外巨大的经济差距。与香港仅一河之隔的深圳农民人均年收入只有134元人民币，而河对岸的香港新界农民同期收入为13000元港币。这对边境农民具有强大诱惑力。"文革"结束，国门初开，进出境旅客大增，大批华侨和港澳同胞回来探亲观光，同内地亲友和群众广泛接触，并带进大批内地紧缺的商品和生活用品，在当地，家族中有无华侨或港澳关系，生活条件对比十分明显。有昔日偷渡客在境外获得成功，回乡探亲时被奉为上宾，在民众中产生强烈的示范，于是许多人不惜冒

---

① 《邓小平年谱（1975～1997）》（上），第495页。
② 《经济研究参考资料》1981年第118期。

死逃港。① 1977 年 11 月 11 日，广东省委将"逃港"事件向正在广州的邓小平做了汇报。邓小平听后说："这是我们的政策有问题"，"不是部队能够管得了的"。对此，广东省的领导人也是心知肚明。

1978 年 3 月，国家计委、外贸部工作组到宝安、珠海就建立出口生产基地问题进行调查研究，与宝安、珠海共同制定了生产和出口的年度计划和三年计划、五年规划。5 月 6 日，国家计委副主任段云率领的赴港澳考察组经与广东省委习仲勋、刘田夫等人共同商议，回京后向中央提出把靠近港澳的广东宝安、珠海划为出口基地的意见，获得同意。② 1979 年 3 月 5 日，国务院批复同意将宝安县改为深圳市，珠海县改为珠海市。此时的出发点是扩大出口增加外汇，还没有建特区的思想。不过在国务院的批复中有一句话："吸收港澳同胞和华侨的资金，合建工厂、农场和其他事业，也可试办。"③

与广东省不谋而合的，还有香港招商局提出的建立蛇口工业区的方案。招商局是清朝北洋大臣李鸿章于 1872 年创办的，已有一百多年的历史。1950 年 1 月 15 日，招商局香港分公司的 13 条轮船起义，从此成为交通部驻香港的代表机构。几十年来，香港迅速崛起，香港招商局却经营困难。1978 年 10 月 18 日，袁庚被派往香港主持招商局工作。鉴于香港地价太贵，仅次于日本东京银座的情况，袁庚产生了一个想法：在广东边境地区建设一个招商局工业区，利用广东的土地和劳力，加上香港和国外的资金、技术和全套设备，将会同时拥有内地和香港两方面的有利因素。招商局先同广东省委交换意见，双方一拍即合，共同起草了《关于我驻香港招商局在广东宝安建立工业区的报告》报送李先念并国务院。1979 年 1 月 31 日，李先念在召见交通部副部长彭德清和袁庚时当即表示赞同，随即用铅笔在地图上南山半岛划了一条横线，笑着说："就给你们这个半岛吧。"南山半岛足有 20～30 平方公里，大大超出袁

---

① 《邓小平与改革开放的起步》，第 439 页。

② 中共中央党史研究室第三部编《中国改革开放史》，辽宁人民出版社，2002，第 92～93 页。

③ 卢荻：《习仲勋主政南粤》，《百年潮》2002 年第 9 期。

庚的意料。袁庚没敢要，只要了其中 2.14 平方公里。7 月 20 日，蛇口工业区破土动工，成为中国第一个出口加工区。①

此时，广东省考虑跨出更大的步伐。1979 年 1 月，时任广东省委第一书记的习仲勋召集省委常委扩大会议，传达中共十一届三中全会精神。在十一届三中全会上，大会给与会者印发了欧日、亚洲"四小龙"利用外资和外国先进技术加快发展的材料，引起热议，这给了广东省领导以重大激励。在省委常委会上达成一个共识，要利用广东毗邻港澳的有利条件，利用外资，引进先进技术设备，搞补偿贸易，搞加工装配，搞合作经营。1978 年底 1979 年初，时任广东省委书记吴南生从香港请来很多工商界朋友咨询发展之策。有人提议搞自由港。这启发了吴南生，他在 3 月 3 日省委常委会议上提出在汕头划出一块地方搞试验。常委们都表示赞成，习仲勋当即表态：先起草意见，4 月中央工作会议时我带去北京。② 4 月 1 日和 2 日，中共广东省委常委会议确认，根本的出路是希望中央给广东放权，让广东先行一步。提出在深圳、珠海、汕头根据国际惯例划出一块地方单独进行管理，名称初步定为"贸易合作区"，因为叫"出口加工区"怕与台湾的名称一样，叫"自由贸易区"又怕被认为是搞资本主义。③

4 月 3 日，习仲勋赴京参加中央工作会议。4 月下旬，习仲勋、杨尚昆④向中央政治局常委汇报，习仲勋对华国锋说："我们省委讨论过，这次来开会，希望中央给权，让广东先走一步，放手干。"要求允许在深圳市、珠海市、汕头市划出一块地方，仿效外国加工区的形式，单独进行管理。华国锋表示同意给点权力。⑤ 在会上，福建省也提出在厦门建立出口加工区的要求。⑥ 当时中央的精神是开放，究竟怎么开放不知

---

① 杨继绳：《筚路蓝缕第一步》，《南风窗》2005 年 3 月 31 日。

② 卢荻：《广东经济特区的拓荒者吴南生》，《百年潮》2001 年第 1 期。

③ 卢荻：《广东经济特区的拓荒者吴南生》，《百年潮》2001 年第 1 期；《邓小平与改革开放的起步》，第 444 页。

④ 杨尚昆时任中共广东省委第二书记、中共广州市委第一书记。

⑤ 卢荻：《习仲勋主政南粤》，《百年潮》2002 年第 9 期。

⑥ 《邓小平与改革开放的起步》，第 410 页。

道，同意给予广东、福建"特殊政策和灵活措施"，让两省在对外开放方面先行一步。其中包括在广东的深圳、珠海、汕头，福建的厦门等地试办出口加工区，作为华侨和港澳商人的投资场所。华国锋还对习仲勋说："要进行体制改革，广东可以搞一个新的体制，试验进行大的改革。"（见5月3日习仲勋在省委常委会上的传达）① 已经有了让广东在体制改革方面也先走一步的想法。

出口加工区对负责对外开放的副总理谷牧来说并不陌生，1978年6月他向中央政治局汇报时，就提到了国外利用"加工区"、"自由贸易区"等形式引进外资的情况。当时世界上有80多个国家和地区设立了500多个出口加工区、自由贸易区或自由港。② 不过，加工区的名称一时定不下来。会后谷牧向邓小平汇报，邓小平说："还是叫特区好，陕甘宁开始就叫特区嘛！"邓小平又说："中央没有钱，可以给些政策，你们自己去搞，杀出一条血路来！"③ 在这次会议印发的文件中，提出搞特区的还有上海崇明岛，见诸1979年8月3日国务院下发的国发〔1979〕202号文件。④ 但后来没有批准。此后，时任辽宁省委书记的任仲夷曾向华国锋提议将大连建设成北方的经济特区，谷牧受华国锋委派到大连考察后，提到中央书记处会议上讨论，但因发生意见冲突而被搁置。⑤

5月11日至6月6日，谷牧受中央委托带领国务院进出口办、国家计委、国家建委、外贸部、财政部、物资部的10多位负责干部，前往粤、闽两省进行考察，帮助两省分别起草了《关于发挥广东优越条件，扩大对外贸易，加快经济发展的报告》和《关于利用侨资、外资，发展对外贸易，加速福建社会主义建设的请示报告》。7月15日，中共中

---

① 广东省政协文史资料委员会编《经济特区的由来》，广东人民出版社，2002，第192页。

② 《谷牧回忆录》，第321页；张根生：《听谷牧谈亲历的几件大事》，《炎黄春秋》2004年第1期。

③ 谷牧：《中国对外开放的风风雨雨》，《半月谈》1998年第15期。

④ 《经济特区的由来》，第34页。

⑤ 张根生：《听谷牧谈亲历的几件大事》，《炎黄春秋》2004年第1期。

央、国务院批转广东、福建的两个报告（即中发〔1979〕50 号文件）。两省政策有三项重要内容：第一，对两省的财政实行大包干。广东省上缴中央 10 个亿，多收的钱归自己。福建省每年中央补助两个亿，多花了中央不给，多创收了也不减少补助，一包四五年。这对当时统筹统支的财政体制是一个很大突破，对广东省来说意义重大。第二，给两省对外交往的方便，即给予外商投资项目审批权、人才交流审批权。第三，办出口特区。

兴办特区是对外开放最重大的举措。不过最初只是作为广东、福建两省特殊政策的一部分提出来的，开始并不特别引人注意。后来逐步单列出来，由国家进出口管理委员会归口管理。1979 年 9 月下旬、1980年 3 月下旬，谷牧两次在广州再主持召开广东、福建两省会议。后一次会议提出了特区发展的 5 条建议：第一，特区主要吸收外资和侨资进行建设；第二，特区建设要做好总体规划，分批分期铺开，先搞好基础设施，创造好的投资环境；第三，先上投资少、周转快、收效大的加工工业生产项目，根据条件逐步发展房地产和旅游业；第四，为鼓励外商来特区投资，可适当降低企业所得税税率和土地使用费收取标准；第五，特区的管理，在坚持四项基本原则和不损害国家主权的前提下，采取不同于内地的体制和办法，特区的经济活动要充分发挥市场调节的作用。[①] 这次会议采纳了广东提出的建议，将"出口特区"改为"经济特区"。5 月 16 日，中共中央、国务院批准《广东、福建两省会议纪要》。

搞特区必须有法可依。1979 年底，谷牧着手组织起草特区条例。先委托广东省起草，后责成国家进出口管委会组织论证。[②] 1980 年 4月，《广东省经济特区条例》由省人大通过后，8 月 26 日，五届全国人大常委会会议审议批准，8 月 27 日公布。条例仅有 2000 多字，从起草到公布，前后花了一年的时间，先后 13 易其稿，可谓字斟句酌。起草中借鉴了海外法规，但没有照搬，例如"地租"一词国际上通用，但

① 曹普：《谷牧与 1978～1988 年的中国对外开放》，《百年潮》2001 年第 11 期。
② 《谷牧回忆录》，第 326 页。

在国内是一个敏感词，容易与旧中国的"租界"联系起来，经斟酌改称为"土地使用费"。条例决定广东省设立经济特区管理委员会，代表省政府对各特区实行统一管理。其职权包括审核投资项目，办理工商登记和土地核配，兼有举办教育、文化、卫生和各项公益事业等。1981年11月26日，全国人大常委会又授予广东、福建两省制定所属经济特区单项经济法规的权力。①

经济特区条例及随后制定的各项具体法规，向到特区投资的外商给予优惠政策，如在土地使用年限、使用费额方面给予优惠。土地使用年限为：工业用地30年，商业用地20年，商品住宅用地50年。土地使用费（每年每平方米）为：工业用地10～30元，商业用地70～200元，商业住宅用地30～60元，旅游建筑用地60～100元。每三年调整一次，调整幅度不超过30%。② 外商可以独立经营，可雇用外籍人员；进口所需的生产资料免征进口税；企业所得税率定为15%；对条例公布后两年内投资兴办的企业，或投资额达500万美元以上的企业，或技术性较高、资金周转期较长的企业给予特别优惠待遇；所得合法利润和收入缴纳所得税后可自由汇出；所得利润在特区内再投资可申请减免所得税；经同意，客商可自行招聘中国职员和工人，必要时可以解雇；简化外籍及港澳人员出入境手续等。这些规定比《中外合资经营企业法》赋予到内地投资的外商更加优惠的待遇。例如，内地只能办合资企业，在特区外商可办独资企业；内地外商所得税税率为33%，特区则仅为15%，比香港税率低两个百分点。条例原拟土地平整和供水、排水、供电、道路、码头、通信、仓储等公共设施的建设由投资者自行负责，后采纳海外人士的建议，改为由特区管理委员会负责。但在产品销售方面比《中外合资经营企业法》的限制更严格些，规定特区产品主要供国际市场销售，若向国内销售，须经有关部门批准，并办理海关补税手续。③ 特区

---

① 《经济特区的由来》，第 121 页。

② 《经济特区的由来》，第 134～135 页。

③ 《中华人民共和国经济管理大事记》，第 397 页。

条例的公布，标志经济特区的建设正式启动。条例的公布在外商中反响积极，除了对各项优惠政策感兴趣，外商尤其看重特区管理委员会的设立及其全权管理，这意味着可以绕开现行体制衙门林立、程序繁复的官僚主义，提高办事效率。[1] 条例的公布也稳定了边境，持续不断的逃港潮至此戛然停止，甚至出现逃港人员回流的现象。[2]

随后，国务院批准4个特区的区域范围。深圳经济特区面积327.5平方公里。此前经国务院批准交通部香港招商局投资兴办的蛇口工业区，也划为深圳经济特区的一部分。珠海经济特区面积6.81平方公里，汕头经济特区面积1.6平方公里，厦门经济特区面积2.5平方公里。四个特区最初批准划定的面积共338.41平方公里。以后，珠海、汕头、厦门经济特区的区域范围有所扩大，到1990年底，四个特区的面积扩大到632.1平方公里。[3] 在特区与非特区的分界线架设铁丝网，修建巡逻公路，设置哨卡和检查站，实行封闭式管理。

特区开发之初，资金筹集是一大难题。用国家财政拨款搞基础设施建设是不可能的，国家只给予税收优惠和信贷倾斜。经争取中央给了深圳3000万元开办费，很快用完。特区开发走了一条"多方筹资，负债开发"的新路子，从三个方面解决了筹集资金的难题：一是使用国家银行信贷；二是收取土地使用费，以地生财，以财养地；三是吸收利用外资，包括从国际金融市场筹借贷款，中外合资、合作经营建设基础设施等形式。[4] 四个经济特区从1980年下半年起相继投入开发建设。首先搞平整土地、通水、通电、通道路、通电信、通排污管道、通煤气、通排洪，即"七通一平"。接着兴建工业厂房、商业楼宇、居民住宅和生活服务设施，为吸收外商投资和企业生产经营创造条件。[5] 从1980年起，一批投资先行者开始进入特区。到1983年，累计批准外

① 《经济特区的由来》，第151页。

② 卢荻、刘坤仪：《任仲夷主政广东》，《百年潮》2000年第4期。

③ 陈肇斌：《中国经济特区》，南开大学出版社，1986，第7页。

④ 陈肇斌：《中国经济特区》，第38~40页。

⑤ 陈肇斌：《中国经济特区》，第10~12页。

商直接投资项目 522 个，协议外商投资金额 29.1 亿美元，外商实际投入 3.99 亿美元。其中深圳特区实绩较大，累计实际吸收外资 2.85 亿美元，批准各种外商投资企业 420 多家，不过大多是周转快的小项目。①

五　充满挑战和争议的试验

对于广东、福建两省实行特殊政策和灵活措施以及兴办四个经济特区，党内始终存在不同声音。不过邓小平的态度很明确，他希望两省先行一步，为全国的改革开放闯出一条新路来。叶剑英、胡耀邦、赵紫阳、万里等也很热心。1980 年冬，中央调辽宁省委第一书记任仲夷接任广东省委第一书记，轻工业部部长梁灵光为第二书记；调项南出任福建省委常务书记。任仲夷和梁灵光赴任前，叶剑英、邓小平、李先念、胡耀邦、赵紫阳、万里、韦国清、姚依林、谷牧等先后接见他们，给予明确支持。当时在邓小平心目中，特区不只是深圳等四个地方，而是广东、福建全省。邓小平对任、梁二人说："特区不是仅仅指深圳、珠海那几块地方，是指广东、福建两个省。单搞那一点地方不行，中央讲的是两个省。你们要充分发挥这个有利条件。对于搞特区，你们要摸出规律，搞出个样子来。"胡耀邦将成都武侯祠一副对联改动一字相赠："能攻心，则反侧自消，从古知兵非好战；不审势，即宽严皆误，后来治粤要深思。"万里对任仲夷说："各部的规定不符合广东情况的，你们可以不执行。"② 按照任仲夷的理解，中央给广东、福建特殊政策，灵活措施，就是允许两省在执行中央政策时有灵活"变通"的权力。强调要想迈出改革开放的脚步，必须善于变通。

然而，两省的特殊政策肇始，就遇到经济调整的考验。1980 年 12

---

① 陈肇斌：《中国经济特区》，第 50～54 页。
② 卢荻、刘坤仪：《任仲夷主政广东》，《百年潮》2000 年第 4 期。

月，中央工作会议确定对经济实行进一步调整。会上，陈云等四常委讲话都没有明确两省执行调整方针可不可以"特殊"。在闭幕会上邓小平表态："在广东、福建两省设置几个经济特区的决定，要继续实行下去。但步骤和办法要服从于调整，步子可以走慢一点。"① 随后，胡耀邦主持召开广东、福建座谈会，确定调整时期广东、福建两省实行特殊政策、灵活措施的步子要稍慢一点，但中央的方针是不动摇的。② 然而，中央和国务院一些部门生怕广东越轨，不少文件都加上一句："广东、福建不例外。"广东和福建两省都感到，中央还没有给我们真特殊、真灵活、真先走的东西，难以放手大干，希望中央进一步明确政策。③

1981 年 5 月 27 日至 6 月 14 日，中共中央、国务院在北京召开广东、福建两省和经济特区工作会议，会议由谷牧主持。为了开好这次会议，事前做了充分准备。1980 年 9 ~ 10 月，江泽民（时任国家进出口管理委员会副主任）带领国务院有关部门和广东、福建两省，深圳和厦门两个特区负责干部组成的 9 人小组，到斯里兰卡、马来西亚、新加坡、菲律宾、墨西哥、爱尔兰 6 国的 9 个出口加工区、自由贸易区进行考察。途经日内瓦时，还邀请联合国组织 10 多位专家举行了两天讨论，归国后向中央做了汇报。④ 会议提出经济特区建设 10 项政策，其中包括：在特区内实行与内地不同的经济和行政管理体制，外商投资企业所占比重可以大于内地；充分发挥市场调节的作用；给予来特区投资的外商比内地更优惠的待遇；特区建设所需的资金由国家给予财政和信贷支持；允许特区银行吸收的存款全部用作贷款；深圳、珠海两市的财政收入 1985 年以前不上缴（期满后又延长 5 年）；特区的外汇收入单列，增收部分 5 年内不上缴（期满后又延长 5 年）；特区的对外贸易自主

---

① 《邓小平年谱（1975 ~ 1997）》（上），第 700 页。
② 谭宗级、叶心瑜主编《中华人民共和国实录》第 4 卷，第 388 页；《邓小平与改革开放的起步》，第 448 页。
③ 卢荻、刘坤仪：《任仲夷主政广东》，《百年潮》2000 年第 4 期。
④ 陈肇斌：《中国经济特区》，第 7 页。

经营，并且可代理各省、自治区、直辖市委托的进出口业务等。7月19日，中共中央和国务院批转了《广东、福建两省和经济特区工作会议纪要》。①

随着特区引进外资工作的展开，不少人对特区日益担心起来。一怕滑上资本主义道路，二怕乱了国民经济全局，三怕犯错误。有人认为特区"香港化"了，"特区就是租界"，一位大理论家深圳考察回京后说："特区除国旗是红色的以外，已经没有社会主义的味道了。"② 有老革命参观深圳后放声痛哭，认为他们打下的社会主义江山正在变色。③ 还有一种不满来自内地省份，主要基于地区利益冲突。广东在全国率先进行价格和购销体制改革，先是广州市放开蔬菜、塘鱼、水果等农副产品价格，不久全省农副产品价格也几乎全部放开，原126种统购统销产品广东取消了85种。广东省的价格一放开，市场活跃起来，邻省的商品大量流入，加剧了这些省份的供应紧张；广东外汇多了，可以用较高的价格收购出口商品，外省的出口货源也大量流进广东，引起了周围省份的强烈不满。④

两省政策和经济特区遇到的更大挑战是走私狂潮。当时，国内市场商品匮乏，电视机、录音机、计算器、优质布料等是可望不可及的紧俏商品，国门一开，走私潮就开始泛滥，主要集中在广东、福建、浙江等沿海省份。在广东，有些沿海地区出现了渔民不打渔、工人不做工、农民不种地、学生不上学，一窝蜂似的在公路沿线、街头巷尾兜售走私货的现象。中央先后下达打击走私的文件，如1980年7月17日，国务院、中央军委批转工商行政管理总局等部门《关于加强对华侨、港澳、台湾同胞进口物品管理和打击走私、投机倒把活动的报告》，这份文件由国务院和中央军委联署，可见军队参与走私的情况相当严重。文件透露，"参与走私、投机倒把活动的，有华侨和港澳、台湾同胞，有外国

---

① 《中华人民共和国经济管理大事记》，第438页。
② 卢荻、刘坤仪：《任仲夷主政广东》，《百年潮》2000年第4期。
③ 向明：《改革开放中的任仲夷》，广东教育出版社，2000，第299页。
④ 杨继绳：《筚路蓝缕第一步》，《南风窗》2005年3月31日。

人，国内有工人、干部、农民、现役军人，其中有些是党团员、高干子弟。他们组成集团，有收购、转运的，有窝赃、销售的。走私与投机倒把相勾结，沿海与内地相勾结，连成一线，遍及各省"。① 走私愈演愈烈，与一些地方政府的默许有关。这些地方领导人不是没有把走私看作发展地方经济第一桶金的想法。有人以"为了集体，没装腰包"为由，为一些地方组织参与走私做辩护。② 1981 年海丰走私猖獗之时，政府廉价买下走私货物再卖出去，所得利润交给地方财政，这种做法使广东省背上了走私贩私的名声。这引起中共高层的深度忧虑，不只是经济上的，更是政治上的。担心大批干部参与走私，一些地方党组织和军队卷进走私狂潮，暴利之下，趋之若鹜，这样下去共产党真的要"改变颜色"了。

1981 年底，中纪委的王从吾带中纪委工作组到广东调查走私情况，回京后写了一份《信访简报》，披露广东省一些干部包括某些担负一定领导职务的干部极端严重的走私贩私的犯罪活动，引起高层严重关注。胡耀邦、邓小平、赵紫阳、陈云、李先念等人都做出批示。中央纪委副书记王鹤寿到广东当面传达。1 月 11 日，中共中央就广东省一些干部中存在走私贩私、贪污受贿等经济问题发出紧急通知。随后，中共中央派出习仲勋、余秋里、彭冲、王鹤寿等人到广东、福建、浙江、云南等地督促。谷牧到广东一见任仲夷，就不无忧虑地说："仲夷同志，现在人家对广东议论纷纷啊！"③ 事实上，谷牧本人也承受着很大压力。

2 月 11～13 日，中共中央书记处在北京专门召开广东、福建两省座谈会，两省省委常委、党政领导悉数到会，广东被叫到北京的有 18 人，这在广东历史上前所未有，凸显问题的严重性。会上，任仲夷、刘田夫如实汇报了广东走私贩私、贪污受贿等情况和省委所采取的措施，广东在上一年 3 月和 8 月组织了两次全省性大规模的反走私行动，走私

---

① 《中华人民共和国经济管理大事记》，第 393 页。

② 《中共中央批转广东、福建两省座谈会纪要》（1982 年 3 月 1 日），《三中全会以来重要文献选编》下册，第 1555 页。

③ 李次岩：《任仲夷在 1982》，《侨时代》2015 年第 12 期。

贩私活动已在减少，而不是发展。希望中央不要收回给予广东的特殊政策。胡耀邦等先后讲话，书记处谷牧、余秋里、韦国清、姚依林、彭冲、王鹤寿等人都发了言。会场气氛严肃，有人说广东对走私贩私"放羊了"，有人说"广东这样发展下去，不出3个月就得垮台"。也有人说，走私贩私不是孤立现象，反走私斗争是当前政治上、经济上、文化上反资本主义思想腐蚀的严重斗争的重要环节，他把走私贩私定性为一种"阶级斗争"。任仲夷和刘田夫不同意广东"放羊了"的说法，提出应当划清因经验不足而造成工作失误和违法犯罪的界限；走私贩私、投机倒把同实行特殊政策、灵活措施的界限；在处理罪责时，应划清个人贪污与非个人贪污的界限。不过中央明确表示，对两省的政策只有总结经验，继续前进，不会改变，这是任仲夷最为关心的事。事实上，这次会议并没有让中央常委放心，会后胡耀邦向常委汇报，有常委认为，广东的工作不是"活"得不够，而是"活"过头了。广东的同志思想还不通，有些问题没讲清楚。2月19日把任仲夷、刘田夫再度召到北京，胡耀邦等传达中央政治局常委的重要指示，并与他们长谈。为了帮任仲夷过关，胡耀邦要任仲夷递交一份检讨书。3月1日，中共中央将两会纪要和胡耀邦等的讲话批转全党，并附有中央书记处研究室编写的《旧中国租界的由来》，矛头直指深圳特区。邓小平反走私的态度也是明确的。他在4月10日中央政治局讨论《关于打击经济领域中严重犯罪活动的决定》时说，开放搞活以来"不过一两年时间，就有相当多的干部被腐蚀了"，"犯罪的严重情况，不是过去'三反'、'五反'那个时候能比的"。这股风来得很猛，如果不刹住这股风，党和国家确实要发生"改变颜色"的问题。他说，我们说不搞运动，但一定要说，这是一个长期的经常的斗争，至少伴随到实现四个现代化的那一天。[①]

任仲夷面临一个难题，既要贯彻中央会议精神，又要稳定广东局势。他对有些话如"这是资产阶级又一次向我们的猖狂进攻"、"宁可让业务受损失，也要把这场斗争进行到底"等感到忧虑，如果照本宣科

_____

① 《邓小平文选》第2卷，第402～403页。

传达会引起港澳和海外的疑虑，内地也会怀疑我们的政策变了。回广东前，任仲夷问胡耀邦怎么传达，胡耀邦回答得很干脆："哪些话可以传达，哪些话不可以传达，由你自己定。"这给了任仲夷一定灵活性。①据雷宇回忆，任仲夷从北京回来后曾询问过他"这个报告怎么做？"雷宇答："上头下头，两头都很重要，但根本还是下头。如果两头不能兼顾的话，就要保住下头，如果下面搞乱了，最后要负责任的还是你。"②3月20日至4月3日省、地（市）、县三级干部会议召开，会议开了15天，许多干部抱着挨批受处罚的心情到会，任仲夷的讲话打消了他们的顾虑。任仲夷强调，中央让广东实行先走一步的决策是正确的，提出两个"坚定不移"："打击经济犯罪活动坚定不移，对外开放和对内搞活经济坚定不移"，任仲夷代表省委承担责任。任仲夷的方针是既要严厉打击走私和经济犯罪，又要保护大批干部，界限是只要不往自己口袋里装，不过分追究个人的责任，主要是吸取教训。工作上还是允许犯错误的，对干劲足、闯劲大的干部应予鼓励。其间，他三次到深圳给深圳市委书记梁湘撑腰打气。③经过这场风雨，广东的干部都非常感激任仲夷。④两省会议后，中纪委副书记章蕴专门到广东住了半个多月，给中央写了一份调查报告，基本肯定广东和任仲夷的工作。邓小平批给中央常委传阅，此事基本过关。

走私狂潮的出现使陈云对办特区更趋谨慎。1981年12月22日，陈云在中央召开的省、市、自治区党委第一书记座谈会上讲话明确提出：试办经济特区限于深圳、珠海、汕头、厦门四个市的部分地区。广东不是全省特区，福建也不是全省特区。现在只能有这几个，不能增多。陈云提出，既要看到特区的有利方面，也要估计到特区带来的副作用。现在第一位的任务是认真总结经验。陈云特别提到，"像江苏这样的省不能搞特区，江浙一带历史上是投机活动有名的地区，坏分子的活动熟门

---

① 李次岩：《任仲夷在1982》，《侨时代》2015年第12期。

② 杨继绳、萧冬连对雷宇（原广东省委办公厅副主任）的访谈，2007年10月18日。

③ 李次岩：《任仲夷在1982》，《侨时代》2015年第12期。

④ 杨继绳、萧冬连对雷宇（原广东省委办公厅副主任）的访谈，2007年10月18日。

熟路"。李先念插话说:"其他地方也比较容易学,无产阶级的作风不容易学,资产阶级的东西比较容易学,但赚钱的东西很不容易学。"1982年10月30日,陈云在广东关于特区工作的报告上批示再次强调:"特区要办,必须不断总结经验,力求把特区办好。"① 从中可以看出陈云对特区政策的基本态度。他不否定可以试办经济特区,但他坚决不主张扩大特区的范围,特别不赞成在中国的经济心脏——江浙地区办经济特区。

在几个经济特区中,深圳是最受关注的。随着深圳的名气越来越大,来深圳考察的人越来越多。中央领导人来深圳考察的先后有王震(1982年2月、1983年1月)、廖承志(1982年2月)、赛福鼎(1982年2月)、谷牧(1982年3~4月、1983年4月)、胡乔木(1982年12月)、王昆仑(1983年2月)、杨得志(1983年2月)、胡耀邦(1983年2月)、薄一波(1983年4月)等。特区怎么搞,谁也不清楚,特区建设的路子只能靠摸索。深圳市委书记兼市长梁湘提出一个"蚂蚁理论":只有让第一批蚂蚁尝到甜头,才会引来更多的蚂蚁。1982年1月1日,深圳市政府出台了一份法规,与外商合资开发土地。② 11月,梁湘主持制定《深圳经济特区社会经济发展规划大纲》,确定以工业为重点,兼营商业、农牧、旅游、住宅、科研等多种行业的综合性社会主义经济特区。③ 来深圳考察的中央领导人对深圳的发展路子有赞成的,有怀疑的。内地舆论对深圳的议论很多,一则深圳市政府允许与外商合资开发土地,一时间舆论哗然,有人骂"姓梁的把国土主权卖给了外国人,是卖国贼!"④ 二则有人批评深圳生产型企业太少,酒店太多。三则批评深圳靠国家输血。1983年,一位中央领导在蛇口说:"深圳经济特

① 房维中:《在风浪中前进——中国发展与改革编年纪事(1977~1989)》(1981年卷),第251~252页。
② 李次岩:《任仲夷在1982》,《侨时代》2015年第12期。
③ 《习仲勋评"孺子牛"梁湘:深圳改革中功劳最大》,凤凰卫视《我们一起走过》节目,2016年3月19日。
④ 李次岩:《任仲夷在1982》,《侨时代》2015年第12期。

区是靠国家输血活命的，如一旦把输血针头拔掉，它就不行了。"当时，深圳的开发确实吸引了中央、国务院许多部、委来深圳投资。据原珠海市委书记梁广大回忆："当时一个副总理就带了十多个部、委、办到深圳参与成片开发，如：蛇口是招商局，南头区40平方公里是石油部，世界之窗是国务院侨办搞，罗湖这一片是经贸部，南山大道两旁是电子工业部，笔架山是机械工业部，小梅沙是共青团中央。"①

胡耀邦等对梁湘给予了明确支持。1982年11月5日，胡耀邦主持中央书记处，讨论特区政策，会后以中发〔1982〕50号文件印了会议纪要。新的50号文件，进一步明确了经济特区政策，规定轻工业3000万元以下，重工业5000万元以下项目由特区政府自行审批；外商银行经批准可在深圳开业；允许特区从内地招聘人才等。这个文件发下去，给特区以很大鼓舞，据说深圳有人放鞭炮庆贺。② 1983年，胡耀邦来到深圳考察，鼓励梁湘"特事特办，新事新办，立场不变，方法全新"。③

六　对外开放再起热潮

1984年，中国的对外开放兴起第二波高潮，它来自邓小平的直接推动。邓小平注意到，几个特区发展比内地快得多，但反对的声音也相当多，他决定亲自到几个经济特区看一看。1984年1月24日至2月16日，邓小平先后视察了深圳、珠海、厦门三个经济特区，听取了当地省市领导同志的汇报。亲眼看到经济特区的发展速度，他非常高兴。在珠海，邓小平对港澳人士说："办特区是我倡议的，看来路子走对了。"在厦门，项南汇报说，厦门特区太小，只有2.5平方公里，要求扩大到全岛131平方公里，邓小平明确表示赞同，并提出厦门特区可以实行某种自由港的政策。邓小平为三个经济特区都题了词。为珠海的题词是：

① 杨继绳、萧冬连对梁广大（原珠海市委书记）的访谈，2007年10月16日。

② 《谷牧回忆录》，第339~341页。

③ 胡德平：《"特事特办，新事新办；立场不变，方法全新"》，《学习时报》2011年4月25日。

"珠海经济特区好。"为深圳的题词是："深圳的发展和经验证明，我们建立特区的政策是正确的。"为厦门的题词是："把经济特区办得更快些，更好些。"① 从三个题词中看出邓小平的思想：特区不是建不建，而是怎样建设得更快更好；对外开放不是开放不开放，而是怎样进一步扩大开放。

回到北京，2月20日，邓小平专门找胡耀邦、赵紫阳、万里、杨尚昆、姚依林、胡启立、宋平谈话。他说："我们建立特区，实行开放政策，有个指导思想要明确，就是不是收，而是放。"他把特区定位为四个窗口，即"技术的窗口，管理的窗口，知识的窗口，对外开放的窗口"。邓小平提出，"除现在的特区之外，可以考虑再开放几个港口城市，如大连、青岛。这些城市不叫特区，但可以实行特区的某些政策"。邓小平提出，要把整个厦门岛搞成经济特区；同时提出，要开发海南岛。②

根据邓小平的谈话精神，3月26日至4月6日，中央书记处和国务院在北京召开了沿海部分城市座谈会，重点研究进一步开放一批港口城市的问题。到会的有上海等8市，4个特区，海南行政区和辽宁、山东、浙江、福建、广东和广西的负责人。最初议定开放8个城市，即上海、天津、大连、烟台、青岛、宁波、温州、北海。江苏省没有参会，省长顾秀莲闻讯赶到北京，找了胡耀邦等人，要求增加江苏省的南通市和连云港市，得到同意。其他沿海省领导人也有这样的要求，这样进一步开放的沿海港口城市增加到14个，即上海、天津、大连、秦皇岛、烟台、青岛、连云港、南通、宁波、温州、福州、广州、湛江、北海。③ 5月4日，党中央、国务院转发了《沿海部分城市座谈会纪要》（中发〔1984〕13号）。随后，在谷牧率队考察各开放城市后，国务院逐个批准14个城市进一步对外开放。

---

① 《邓小平年谱（1975～1997）》（下），第956～958页。
② 《邓小平年谱（1975～1997）》（下），第962～963页。
③ 《谷牧回忆录》，第349～350页。

　　给予 14 个沿海城市的政策，核心是扩大其对外开放的自主权。具体政策主要有：放宽利用外资建设项目的审批权限，增加外汇使用额度和外汇贷款，积极支持利用外资，引进先进技术改造老企业，对外资企业给予适当优惠等。① 沿海开放城市与经济特区的区别有四点：一是经济特区是全国的经济特区，起到全国对外开放窗口和经济体制改革试验基地的作用；沿海开放城市主要是发展本市经济。二是经济特区有严格的管理范围，只有在这个范围内才能实行特区的优惠政策；沿海开放城市的优惠政策在老市区内都可以享受。三是经济特区被赋予相当于省级的审批权，沿海开放城市除天津、上海外，只能由省赋予它们审批权限。四是经济特区企业一律按 15% 的税率缴纳企业所得税，沿海开放城市只有知识密集、技术密集型项目或能源、交通、港口项目才能享受15% 的税率，一般工业生产性项目按 24% 的税率，非生产性项目不享受优惠。沿海城市开放政策有一项主要内容，是兴办经济技术开发区，并授予开发区实行类似经济特区的政策，开发区设在老城区附近，尽量不占用农田。设立开发区的好处在于摆脱老城区的发展局限，尽快形成有利的投资环境。开发区设在老城区附近，则可以利用老城区的生产服务条件，以节省这方面的投资。②

　　继经济特区、沿海开放城市之后，第三个重大步骤是开放珠江三角洲、长江三角洲和闽南三角地区。1985 年 1 月 25～31 日，受中央委托，谷牧在北京主持召开长江三角洲、珠江三角洲和闽南厦漳泉三角地区座

---

① 外资投资项目，天津、上海 3000 万美元，大连 1500 万美元，其他 500 万美元以下自行审批。外汇使用额度和外汇贷款，天津 2.6 亿美元，上海 3 亿美元，大连 1 亿美元，其他城市也适当增加。企业所得税税率，凡是技术密集、知识密集型项目，投资额在 3000 万美元以上的，或属于能源、交通、港口建设项目的，按 15% 的税率征收；投资机械制造、电子工业、冶金、化学建材、轻工纺织、食品、医疗器械、制药、农、林、养殖及其加工业、建筑业的项目按税法八折优惠即按 24% 征收；外资企业进口本企业自用设备、建筑材料、交通工具和办公用品，免征关税和工商统一税；其出口产品免征生产环节的工商统一税。

② 萧冬连、鲁利玲对林其辉（原国务院特区办公室综合司司长）的访谈，2007 年 8 月17 日。

谈会，到会的有江苏、上海、浙江、福建、广东等有关地区和中央党、政、军有关部门负责同志。会上气氛很活跃，没有争论，大家很高兴，都希望把开放地区扩大一些。① 2 月 13 日，党中央、国务院以中发〔1985〕5 号文件转发了《长江、珠江三角洲和闽南厦漳泉三角地区座谈会纪要》。三个地区进一步开放的步骤是：由小到大，由点到面。"点"就是苏州、无锡、常州、嘉兴、湖州、泉州、漳州、佛山、江门等市的市区和重点县的城关区，"面"就是上述市县的农村。这次会议列出了长江、珠江、闽南三角地区经济开放区的市县名单，其中江苏省16 个，浙江 6 个，广东 17 个，福建 11 个，上海 10 个，共 60 个市县。② 沿海开放区与 14 个沿海开放城市的主要区别，是从城市延伸到农村。在这些地区，按贸工农模式调整农业结构，发展创汇农业、轻纺工业、加工工业，增加外贸出口，把农业、出口提到很重要的位置。

至此，一种由经济特区、沿海开放城市、沿海开放区组成的开放格局初步形成。这是一种非均衡的梯度发展模式，体现了邓小平"让一部分地区先发展起来"的总体思路。我们看到，扩大对外开放既是高层的决策，也有来自地方的动力。在每一步扩大开放的决策中，各地都希望能挤进开放地区。其动力在于，开放政策实际上是一种特惠政策，纳入开放的城市和地区政府，不仅可获取更大的自主权，而且在税率、外汇留成等方面享受优惠政策。当然，这也引起内陆省份的抱怨。他们提出，沿海本来条件就好，还要给他们优惠条件，我们内地的条件本来就差，还不给优惠条件，提出内地也要开放。国务院领导人解释说，事情只能一步步走，中国的事情要是大家都挤在一起，就搞不成了。沿海是全国的沿海，沿海经济繁荣，通过横向经济联合必然带动内地发展。

---

① 萧冬连、鲁利玲对林其辉（原国务院特区办公室综合司司长）的访谈，2007 年 8 月 17 日。

② 1988 年以后，纳入沿海经济开放区的县市不断增加。到 1993 年初，沿海经济开放区包括广东、江苏、浙江、辽宁、福建、山东、海南、广西所辖的 304 个市县，达 2 亿多人口。萧冬连、鲁利玲对林其辉（原国务院特区办公室综合司司长）的访谈，2007 年 8 月 17 日。

第四章
农村改革率先突破

　　著名经济学家薛暮桥回忆说：改革的起步阶段有两件事做得很成功，第一是最初几年把改革的重点放在农村，这一改革打破了农业长期停滞的局面，对整个经济改革起了重要推动作用；第二是加快集体经济的发展，并允许个体经济、私营经济和三资企业的适当成长，很快形成了多种经济成分并存的新格局。① 这两件事的成功，使中国改革在国有部门受阻时，却在非国有部门取得了出人意料的突破，由此形成了被称为"体制外先行"的基本路径。然而，从历史过程看，农村改革并不是预先选择的突破口，它是在较为宽松的政治环境下，农民对政策底线的冲击与地方上开明的领导人相互推动，一步一步获得共识形成全国性政策的过程。而80年代前期农业超常规增长、农村商品经济的发展和随后乡镇企业的异军突起，对中国市场化改革具有全局性意义。

一　包产到户在争论中兴起

　　1978年底中共十一届三中全会出台的农村新政，基本属于调整的

---

① 《薛暮桥回忆录》，第351～352页。

范畴，并没有把人民公社体制的改革提上日程。它把政策底线画在维护人民公社"三级所有、队为基础"之上，明确规定"不许分田单干，不许包产到户"。然而，政治环境变了。农村新政使农民获得了过去所没有的自主权和选择权，大幅度提高农产品价格又使农民获得了利益刺激。随着为"地富"摘帽，"右派"改正回城，"农业学大寨"运动销声匿迹，这些信号明白地告诉农民：阶级斗争的时代确实过去，政治上的紧箍咒松动了。虽然农民选择包产到户还心有余悸，但实际承受的压力远不如从前。正是在这种政治环境下，农民敢于不断地冲击政策底线。

包产到组是对旧体制的第一波冲击。1979 年春耕之前，全国有多少社队实行了包产到组，没有准确的统计。有的省估计有 50%，有的省估计有 20%。还有一些地方搞了包干到组，如安徽凤阳县湖马公社的 10 个生产队。包产到组保留了生产队的统一分配，而包干到组取消了生产队的统一分配，更带有"分队"色彩，"三级所有"实际上变成了"四级所有"，因而引起的争议更大。县委书记陈庭元得到地委书记王郁昭的支持和省委书记万里的默许，在凤阳县全面推行包干到组，在 1979 年最初的几个月里，凤阳就有 2556 个生产队分成了 9074 个小组，实行包干到组，还有 202 个单干户。① 这个县的小岗村农民秘密搞起了包干到户，由于集体秘密按手印的传奇色彩，小岗村后来成了农村改革的明星，不过当时并没有暴露。

少数贫困县开始搞包产到户。1978 年夏天，安徽省遭遇大旱，秋种无法进行。万里做出决定：凡是集体无法耕种的土地可以借给社员种麦、种油菜，谁种谁收谁有，国家不征公粮，不派统购任务。② 肥西县山南公社首先进行了这种试验，大大加快了种麦进度，邻近生产队相继仿效。1978 年底，肥西县有 800 个生产队实行了包产到户。③ 1979 年 2

---

① 凌志军：《历史不再徘徊——人民公社在中国的兴起和失败》，人民出版社，1997，第 213～214 页。

② 杨勋、刘家瑞：《中国农村改革的道路》，北京大学出版社，1987，第 100 页。

③ 萧冬连：《崛起与徘徊——十年农村的回顾与前瞻》，第 65 页。

月 6 日，安徽省委召开常委会讨论如何处置山南区的问题，正式决定把山南公社作为包产到户的试点。① 在中央明令"两个不许"的情况下，以省委的名义把一个公社定为包产到户的试点，是需要很大勇气和胆识的。万里所依据的思想武器是"实践是检验真理的唯一标准"。他给出的理由有两条：一是包产到户是好是坏要经过实验，一是小范围内试验风险不大。② 当然，他也在向上寻求支持。1979 年 6 月 18 日，五届全国人大二次会议举行开幕式，会议休息时，万里到大会主席团对陈云说，安徽一些农村已经搞起了包产到户，怎么办？陈云答复："我双手赞成。"之后，万里又找到邓小平。邓小平答复："不要争论，你就这么干下去就完了，就实事求是干下去。"③ 在这里，邓小平是默许试点，陈云的态度则更加明确。1962 年，他直接向毛泽东陈言，主张在一些地方实行包产到户甚至分田单干以渡过难关，遭到毛泽东的严厉批评。因此，三中全会以后陈云赞成包产到户并不奇怪。

其实，除了安徽外，贵州、四川、甘肃、内蒙古、河北、河南、广东等省、自治区的一些贫困社队的农民，或明或暗地搞了包产到户或类似的包干到户，地方党委也并非完全不清楚。1978 年 6 月，中共黔南州委给贵州省委的一个报告中就说："5 月底统计，发现分田单干和包产到户、包产到组、按产计酬的生产队共 1886 个，占生产队总数10.3%。"④ 广东省海康县北和公社谭葛大队南五生产队 1978 年就进行了包产到户的试点，取得丰产。受此鼓舞，1979 年谭葛大队全队悄悄地搞起了包产到户。"像北和公社这么早就实行'包产到户'的地方，后来发现各地都有。"1978 年，广东省还采取借冬闲地给社员耕种的办

① 吴象：《农村第一步改革的曲折历程》，杜润生主编《中国农村改革决策纪事》，第223 页。
② 《万里文选》，人民出版社，1999，第 121～122 页。
③ 中共中央文献研究室编《陈云年谱》（修订本）下卷，中央文献出版社，2015，第280 页。
④ 池必卿等：《贵州全省实行"包干到户"的前前后后》，杜润生主编《中国农村改革决策纪事》，第 269 页。

法，鼓励社员发展家庭副业。全省借地达 80 万亩以上。① 1979 年 3 月 26 日，四川省委办公厅的一份《情况反映》登载，丰都县有 10% 左右的生产队，有的公社有 20%～30% 的生产队搞了包产到户。② 1979 年上半年发现，甘肃省宕昌县哈达铺公社、武威县的一些社队，内蒙古托克托县中滩公社等地，也在搞包产到户，多数秘而不宣。③ 在河北大名县，万北一队则早在 1977 年夏收后就试行包产到户。④ 农村问题学者卢迈分析认为："上述事例都因为得到了地方干部的支持而得以记录下来，实际上，全国各地都有实行分田单干、包任务、包上交的生产队。"⑤

　　各地农村不同形式的责任制在干部中引起很大争议。首先引起公开争论的，还不是包产到户，而是包产到组即所谓"分队"问题，因为包产到户多数还保守着秘密。1979 年 3 月 15 日，《人民日报》发表甘肃读者张浩来信并加编者按语，反对包产到组，认为这是解散了集体经济。其背景是前一天，国家农委主任王任重给《人民日报》总编辑胡绩伟写了一封信，指出要稳定三级所有、队为基础，绝不能倒退回去，要求《人民日报》要站出来说话。⑥ "张浩来信"在安徽、甘肃、河南等地农村引起波动，肥西县山南区的试验不敢搞了，在安徽省委领导人出面支持下才又稳定下来。报社收到 500 多封来信，大多是批评"张浩来信"和按语的，也有少数表示支持。⑦ 3 月 30 日，《人民日报》不得

---

① 林若：《回忆八十年代初期湛江地区的农村改革》，杜润生主编《中国农村改革决策纪事》，第 310、330 页。

② 赵文欣：《振兴农业的良方——四川农村改革初期的回顾》，杜润生主编《中国农村改革决策纪事》，第 379 页。

③ 《农业经济丛刊》1981 年第 4 期。

④ 杨泽江：《谈谈河北农村的"大包干"》，杜润生主编《中国农村改革决策纪事》，第 412～413 页。

⑤ 卢迈：《中国农村改革的决策过程》，（香港）《二十一世纪》1998 年 12 月号，第 50 期。

⑥ 李克林：《为有源头活水来——农村改革初期回忆片断》，杜润生主编《中国农村改革决策纪事》，第 123 页。

⑦ 刘堪：《回顾 1979 年七省农口干部座谈会》，杜润生主编《中国农村改革决策纪事》，第 89 页。

不发表观点相反的读者来信和本报记者调查记，力陈包产制的好处，以平息纷争。①

　　3月12～24日，国家农委召开农村工作座谈会，专门讨论建立健全农业生产责任制问题，围绕联产计酬问题进行了热烈讨论。邀请广东、湖南、四川、江苏、安徽、河北、吉林七省农村工作部门和安徽全椒、广东博罗、四川广汉三县的负责人参加（称为"七省三县座谈会"）。会议由国家农委副主任杜润生主持。会上的争论集中在两个问题上，一是包产到组实行什么制度安排，一是对包产到户应采取什么态度。对允许包产到组比较容易地达成了共识，争论大的是包产到户。来自地方的与会者赞成包产到户的占多数，而国家农委主任王任重强调集体经济特别是统一调配劳动力的优越性。20日，华国锋到会讲话，他以洞庭湖区农业生产的经验，证明分工协作的必要性和集体经济的优越性，出发点在于巩固集体经济制度。② 然而，华国锋的语气是和缓的，他的论证也是经验性的，并未强调意识形态。这就有了讨论的余地，既然可以拿经验证明集体化的优越性，也可以拿出更多的经验事实证明包产到组之类责任制的优越性。与会者达成妥协，对于群众搞了包产到户"不要勉强去纠正，更不能搞批判斗争"。最后，华国锋同意"深山、偏僻地区的独门独户，实行包产到户，也应当许可"。③ 4月3日，中共中央批转了农委党组上报的会议纪要。一方面指出，包产到户"本质上和分田单干没有多少差别，所以是一种倒退。搞了包产到户、分田单干的地方，要积极引导农民重新组织起来"；另一方面把"不勉强纠正""独门独户"的话写进了会议纪要。会后，各地没有硬性"纠偏"，没有人受到批判，一些地方是"你说你的，我做我的"。这个文件并没有阻止包产到户的扩展。1979年下半年，包产到户和包干到户发展很快，党内党外争论不断，许多地方出现农民与政府"顶牛"的现象。9月，

<hr>

① 《人民日报》1979年3月30日。

② 杜润生主编《中国农村改革决策纪事》，第87～88页。

③ 杜润生：《杜润生自述——中国农村体制变革重大决策纪实》，人民出版社，2005，第106页。

中共十一届四中全会正式通过《中共中央关于加快农业发展若干问题的决定》，文件的基本精神仍然是不要搞包产到户，但把"不许包产到户"改成了"不要包产到户"，口吻温和了。文件规定："除某些副业生产的特殊需要和边远山区、交通不便的单家独户外也不要包产到户。"① 这实际上对包产到户开了一个小口子，一是特殊的副业生产可以搞，二是单家独户可以搞。

　　1980年初，包产到户和包干到户露出水面。于是从年初开始，全国上下争论的焦点从包产到组转到包产到户，争论远远越出了实行包产到户的农村地区，从农村到城市，从地方到军队，从基层到领导机关，从理论界、新闻媒体到社会舆论，都在争论。反对者的理由有两类：一类来自意识形态，指摘包产到户姓"资"不姓"社"，或担心它会冲毁集体经济、滑向资本主义。另一类基于现实的考虑，担心单家独户无法使用大型机械，实现规模经营，将阻碍农业现代化。与以往不同，在各级党委第一把手中都有包产到户的支持者，省委书记以安徽万里为代表，还有贵州池必卿、内蒙古周惠、甘肃宋平等，地委书记有王郁昭（安徽滁县）、林若（广东湛江）等，县委书记有陈庭元（安徽凤阳县）、陈光宝（广东海康县）等，公社书记有汤茂林（安徽肥西山南公社）等，还可以列出一长串名字。

　　1980年1月11日至2月2日，国家农委在北京召开了全国人民公社经营管理会议。王任重重申集体经济的优越性。杜润生安排安徽周曰礼在会上做了两个小时的发言，介绍安徽包产到户的情况，引起激烈争论。一部分人把主张包产到户斥为刮单干风，另一部分人则热情支持农民包产到户，两种意见争持不下。1月31日，杜润生向中央政治局汇报，华国锋在听取汇报后讲话，重申了他在七省三县座谈会的意见，强调集体经济的优势，要求对搞了包产到户的"要认真总结经验，提高群众觉悟，逐步引导他们组织起来"。李先念也插话说："总是要坚持集体方向嘛！不管怎样，把树砍了，把拖拉机卖了，这是什么方向道路？"

---

① 《农业集体化重要文件汇编》下册，第992页。

最后邓小平讲话，他说，对于包产到户这样的大问题，事先没有通气，思想毫无准备，不好回答。① 可见，决策层的主导意见仍然是不赞成包产到户，但并没有压制不同意见。由于两种意见相距甚远，中央书记处没有批转这次会议的纪要，3月6日以国家农委名义印发。纪要对包产到户问题讲了两句话，一是从全局说"不要包产到户"；二是搞了包产到户的也"不要硬性扭转"，"更不可搞批判斗争"。② 国家农委希望遏制住包产到户的蔓延之势。《农村工作通讯》3月号发表国家农委副主任杜润生的文章，提醒大家包产到户有瓦解集体经济滑向单干的危险。文章指出："包产到户不应作为方向提倡，只要领导稍微放松点，背后的经济力量就会使它滑向单干的道路上去，最后非冲破集体经济不可。"当然包产到户也能增产，但这是多年来集体的积极性没有发挥的缘故。文章规劝大家把希望放在充分发挥集体经济积极性上，如果包产到户，"人心一散，各奔前程，集体经济没有了，基本建设也不搞了，科学种田也搞不起来了，农村的社会主义阵地就被破坏了"。③ 这是杜润生在会上讲话的修改稿。《农村工作通讯》是国家农委主办的内部刊物，有相当的官方色彩，而杜润生本人又是公认的农业权威，因此被理解为主管部门很强的信号。不过，知情者说，这并不反映杜润生的真实态度。④ 比较准确的判断可能是，杜润生不希望大面积蔓延，但主张允许地方试验。对于包产到户的看法，此时杜润生还没有定型。

面对难以遏制的包产到户的趋势，地方党委的态度各不相同。有些

---

① 杜润生主编《中国农村改革决策纪事》，第 259～260、327 页。
② 中共中央党史研究室等编《中国新时期农村的变革·中央卷》（上），中共党史出版社，1998，第 86 页。
③ 《农村工作通讯》1980 年第 3 期。
④ 原国务院农村发展研究中心副主任吴象说，杜润生屡受挫折，是王任重把他弄到农委当副主任的，对王任重比较有好感，"他那两句话是王任重后来审改时加的，改了以后没有给他看"（萧冬连对吴象的访谈，2008 年 5 月 9 日、5 月 21 日、7 月 16 日）。杜润生在自述中说：王任重修改稿中把李先念所讲"几千年来都是小农经济，已经试验过了还要试验什么？"的话加到了杜的讲话中，把原稿中"准许地方试验"的话删去了，修改稿未经他校正就拿去发表了（杜润生：《杜润生自述——中国农村体制变革重大决策纪实》，第 108 页）。

率先支持包产到户试点的省份出现了反复，如安徽省。1980 年 2 月，万里调离安徽赴京任职，新任省委书记张劲夫坚决不主张搞包产到户，提出"要坚决刹车"，"对越轨的，必要时要采取行政手段"，要以"破坏三个秩序论处"。由于"纠偏"的风是从省委刮下去的，结果造成了很大的思想混乱，许多地方形成农民与干部"顶牛"。1980 年安徽粮食减产共 31 亿斤，减产主要发生在包产到户动荡不定的地区。①

有些省份在与农民激烈的"顶牛"中由反对、犹豫转向支持、领导，如贵州省。1980 年 1 月，贵州省委通知各地、州、市、县，再次强调"三不许"。随后省委派工作组下基层去"纠偏"，各级也纷纷派出工作组。由于认识不一致，有的"纠偏"认真，甚至采取压制的办法；有的则"睁一只眼闭一只眼"。农民要求包产到户越来越强烈，有的生产大队农民"罢耕"、上访，出现僵局。为了稳定农村，保证春耕，省委不得不让步。3 月 17 日省委决定："立即停止纠偏"，不要再跟群众"顶牛"。这一次"顶牛"对省委第一书记池必卿震动很大。他到黔东南州调查了六个县，感到农村生产关系需要调整。正在这时，得到消息：在国务院召开的全国长期规划会议上，有四位副总理都提到一些地方可以包产到户，其中包括了贵州。5 月 12～21 日，省委召开了为期 9 天的常委扩大会议，讨论农业政策。7 月 15 日，省委正式发出《关于放宽农业政策的指示》（省委 38 号文件），其中有这样的规定：居住分散、生产落后、生活贫困的生产队可以实行包产到户，少数连包产到户也困难的生产队可以包干到户。一个省委做出明文指示，领导包产到户和包干到户，在全国还是首家。

有的地区更带有农民的自发性特点，如广东省。在广东省，农村包产到户是在省、地、县政府一次次"纠正单干风"中扩大的。② 当时的省委主要领导人坚持反对包产到户，1980 年 5 月 27 日在省农村工作会议上提出，要教育引导农民回到社会主义的正轨上来，首先要把分田单

---

① 杜润生主编《中国农村改革决策纪事》，第 263 页。

② 杜润生主编《中国农村改革决策纪事》，第 308～372 页。

干和变相单干的纠正过来。随后，省委从省直机关调了 230 名干部，组成调查组分赴惠阳、湛江、梅县、汕头、海南五个地区的 16 个县，帮助解决所谓分田单干和变相单干的问题。这些调查组发现，广东一些地区实行所谓分田单干和变相单干的生产队已经不少，甚至比反映到上面的数字还要大，"单干风"纠一次扩大一次。原因在于最先实行包产到户的生产队普遍增产，产生了强大的示范效应。当然，也有少数地、县领导干部违背省委的指示，支持和同情农民包产到户，如湛江地委书记林若、海康县委书记陈光宝等。其实，其他县也有这种情况，但多数不敢声张，怕受到上级批评。湛江地区包产到户或分田单干的，1979 年已有 2 万多户，1980 年上半年增加到 6 万多户。按林若的说法，到 1980 年上半年，包产到户在全区"即成燎原之势，到处冒烟"。[①]

二　政策是怎么被突破的

值得注意的是，在地方官员和公开媒体在包产到户问题上激烈争论的时候，支持包产到户的声音开始在最高决策层增强了。1980 年 2 月，在中共十一届五中全会上，增选了胡耀邦、赵紫阳为中央政治局常委，新设立了以胡耀邦为总书记的中央书记处，万里进中央书记处并调任国务院副总理兼国家农委主任。这个人事变动加强了支持包产到户的力量。

春夏之交，中央一些领导人分别到云南、青海、宁夏、陕西、内蒙古、黑龙江、吉林、辽宁等省区和北京市郊区农村做调查，听取农村干部和农民的意见。[②] 地方的材料也不断反映到中央。在春耕夏种的大忙季节，一些县社在包产到户问题上仍在变动，有的在继续扩大，有的布置立即纠正，致使这些地方人心不稳。中央决策层不能不有一个明确的态度和统一的说法，以尽快稳定人心，稳定农村的混乱局面。[③]

---

① 杜润生主编《中国农村改革决策纪事》，第 372 页。
② 萧冬连：《崛起与徘徊——十年农村的回顾与前瞻》，第 71 页。
③ 赵紫阳：《关于当前农村政策问题的一封信》，《中国新时期农村的变革·中央卷》（上），第 93 页。

　　1980 年 4 月 2 日，邓小平找胡耀邦、万里、姚依林、邓力群谈长期规划问题。姚依林提出，工业、农业都要甩掉一些包袱。拿农业来说，有些省区，中央调给他们的粮食很多，如甘肃、内蒙古、贵州、云南，这是国家很大的负担。可不可以考虑，对这些调进粮多的地区，减少国家调入，逐步做到自给。地广人稀、经济落后、生活穷困的地区，政策要更放宽一些，索性实行包产到户之类的办法……让他们多想办法，减轻国家背得很重的包袱。① 姚依林是从甩掉国家财政包袱出发，提出索性让贫困地区农民包产到户自谋生计的想法的，邓小平赞成姚依林的意见。他说：地广人稀、经济落后、生活穷困的地区，政策要放宽，要使每家每户都自己想办法，多找门路，增加生产，增加收入。有的可包给组，有的可包给个人。这个不用怕，这不会影响我们制度的社会主义性质。农业问题不一定要那么多投资，还是多从政策上考虑问题。② 这是邓小平就包产到户问题做的第一次表态。在邓小平看来，农业问题的解决主要不能靠国家投资，而是靠放宽政策，包括可以包产到户，让农民自己"找门路"。

　　5 月 31 日，邓小平与胡乔木、邓力群谈话，他说：

　　　　农村政策放宽以后，一些适宜搞包产到户的地方搞了包产到户，效果很好，变化很快。安徽肥西县绝大多数生产队搞了包产到户，增产幅度很大。"凤阳花鼓"中唱的那个凤阳县，绝大多数生产队搞了大包干，也是一年翻身，改变面貌。有的同志担心，这样搞会不会影响集体经济。我看这种担心是不必要的。我们的总方向是发展集体经济。实行包产到户的地方，经济的主体现在也还是生产队。这些地方将来会怎么样呢？可以肯定，只要生产发展了，农村的社会分工和商品经济发展了，低水平的集体化就会发展到高水平的集体化，集体经济不巩固的也会巩固起来。关键是发展生产力。要在这方面为集体化的进一步发展创造条件。……总的来说，

---

① 杜润生主编《中国农村改革决策纪事》，第281页。

② 杜润生主编《中国农村改革决策纪事》，第281页。

现在农村工作中的主要问题还是思想不够解放。①

从这段话可以看出，促使邓小平对包产到户明确表态的，最主要是这样一个不容置疑的事实：包产到户收到了普遍增产增收的效果。不过这时邓小平还是把包产到户当作一种局部地区短期内的权宜之计，没有想到包产到户将是农村普遍长期实行的政策体制。

邓小平的表态，使本来就已有包产到户的安徽、云南、贵州、甘肃、内蒙古等省区更加放开了胆子。到夏天，安徽包产到户的生产队已发展到30%，贵州发展到50%，甘肃和内蒙古至少有20%，②云南也占到1/3。③有些犹豫迟疑的省区如陕西、四川、江西、新疆、河南等也纷纷开了口子。

然而，邓小平的谈话并没有"一锤定音"，有些省仍然坚持反对开口子，如吉林、黑龙江和江苏等。不过反对的理由不是意识形态上的，而是现实上的。吉林省人口2100万，面积却有18万平方公里，人均耕地达4～5亩，有的县高达7～8亩（全国仅为1.8亩），人均有粮850斤，温饱问题已经解决。因此，吉林省委领导人把发展农业的希望寄托在发展集体经济和实现农业机械化上。黑龙江省的农业机械化有较大发展。114个大型国营农牧场已经实现了机械化，农村人民公社的田间作业50%实现了机械化。黑龙江省寄希望于机械化大生产，反对划小耕地、包产到户。江苏省社队企业较发达，1978年江苏省社队企业的收入已占人民公社三级经济总收入的43%。④因此江苏省担心集体土地和生产资料的分散会导致社队企业财产损失。⑤

6月19日，即将出任国务院总理的赵紫阳就农村政策问题给万里和胡耀邦写了一封信，随即发到各省、市、自治区党委常委。他谈了自

---

① 《邓小平文选》第2卷，第315～316页。

② 凌志军：《历史不再徘徊——人民公社在中国的兴起和失败》，第231页。

③ 《中国新时期农村的变革·中央卷》（上），第295～296页。

④ 《人民日报》1979年10月11日。

⑤ 卢迈：《中国农村改革的决策过程》，（香港）《二十一世纪》1998年12月号，第50期。

己的三点看法：第一，在那些困难、落后的地方，可以包产到户；第二，在那些生产比较正常、集体经济搞得比较好的地区，原则上不搞包产到户；第三，已经搞了的，允许进行试验，经过一段实践看看结果如何。① 开的口子是可以在10%的贫困地区实行包产到户。7～8月，根据国务院领导的提议，国家农委组织调查组分赴西北、西南、中南和内蒙古等十几个省进行调查，调查的中心问题是包产到户。大量调查来的材料使大家得到一个公认的事实：在长期落后贫困的社队，包产到户经济效果最显著，可以迅速改变面貌。② 胡耀邦在7月11～12日召开的全国宣传工作会议上说：

> 中央不反对包产到户……我们不要把包产到户同单干混为一谈，即使是单干，也不能把它同资本主义等同起来，不要一提到单干就认为是走资本主义道路。说单干就等于走资本主义道路，这在理论上是错误的。在我国目前条件下，单干户，也就是个体所有制农民，已不同于旧社会的小农经济，它同社会主义公有制是密切联系着的，他本身没有剥削，在一般情况下，不会发展到资本主义。不要自己吓自己。③

9月14～22日，胡耀邦主持召开各省、市、自治区党委第一书记座谈会，专门讨论包产到户问题。据吴象说，这个会是万里建议胡耀邦开的，"中国的事情特别是农村的事情，省委一把手不赞成的话，不好办，办不了"。④

会议开始时，国家农委副主任杜润生受中央委托，做了一个专题报告，对国家农委起草的代拟稿做说明。胡耀邦、赵紫阳、万里、习仲勋有一个一致的意见，就是不搞"一刀切"，不给政治压力。在会上，仍

---

① 《三中全会以来重要文献选编》上册，第612～613页。

② 吴象：《阳关道与独木桥——试谈包产到户的由来、利弊、性质和前景》，《人民日报》1979年10月11日。

③ 吴象：《胡耀邦与万里在农村改革中》，《炎黄春秋》2001年第7期。

④ 吴象：《我亲历的中国农村改革》，2008年访谈记录，萧冬连整理。

然争论很大，表态反对的占多数，明确支持的有贵州池必卿、广东任仲夷、内蒙古周惠。最有名的故事是贵州省委书记池必卿与黑龙江省委书记杨易辰的"口头协定"。杨易辰会上插话说，反正这个东西在黑龙江行不通，至于贵州等地怎么样，那我们管不了。休会时，池必卿找杨易辰个别谈话，说我们可否达成协议：你走你的阳关道，我过我的独木桥，互不干预？杨易辰答道：好的，可以。池必卿在第二天的会上发言，谈到了他同杨易辰达成的口头协定，并上了会议简报，因而"你走你的阳关道，我过我的独木桥"传为佳话。① 会议通过了题为《关于进一步加强和完善农业生产责任制几个问题》的会议纪要，9 月 27 日印发全党（中发〔1980 年〕第 75 号）。"75 号文件"充满了两种对立意见折中的痕迹。国务院领导说：文件修改得各派都拥护，很不容易，因为对各派都没有限制。②

75 号文件最重要的突破，是承认了少数地区包产到户和包干到户的合法性。文件指出："在那些边远山区和贫困落后地区，长期'吃粮靠返销，生产靠贷款，生活靠救济'的生产队，群众对集体丧失信心，因而要求包产到户的，应当支持群众的要求，可以包产到户，也可以包干到户，并在一个较长的时间内保持稳定。"指出这是解决温饱问题的一种必要的措施，"不会脱离社会主义轨道，没有什么复辟资本主义的危险，因而并不可怕"。75 号文件提出"因地制宜、分类指导"的方针：在边远山区和贫困落后地区，长期"三靠"的生产队，群众要求包产到户和包干到户，应当支持群众的要求，并在一个较长时间内保持稳定；在一般地区，集体经济比较稳定，生产有所发展，就不要包产到户；已经实行包产到户的，群众不要求改变，应该允许继续实行。文件特别强调要做好约占 50% 以上的"属于中间状态的社队"的稳定工作。会议纪要特别推荐一种联产计酬责任制，就是专业承包。当时的指导思

① 杜润生主编《中国农村改革决策纪事》，第 295～296 页；《人民日报》1980 年 11 月 5 日。

② 国家农委负责人 1980 年 10 月 17 日讲话记录，《形势教育参考材料》1980 年第 9 期。

想就是既要充分发挥个人承包的积极性，又不至于回到小而全的一家一户的小农自然经济。但这个想法并没有实现，因为脱离了实际，多数农村并没有明显的分工分业。

三　覆盖全国的农村大变革

75号文件虽然做了一些松动，但并不认为包产到户或包干到户是全国普遍适用的形式，希望把双包到户控制在占生产队总数20%左右的范围内，对于包产到户的性质也没有做明确的规定。此后，中央工作的着眼点放在如何稳住占50%～60%的中间社队。对于这部分地区，中央特别推荐了"统一经营，联产到劳"的生产责任制，认为这种形式"既保持了集体经济统一经营的优势，又吸收了包产到户发挥个人积极性的好处"。而占生产队25%左右的先进社队，则适用于"专业承包，联产计酬"的责任制。[①]　多数地方领导者都在做着两方面的工作：一方面是解释少数地区包产到户的合法性，以稳定人心；另一方面是努力将包产到户限定在这20%多的"贫困地区"，稳住占70%以上的一般地区。

1981年，各种形式的联产承包制都有发展，但发展最快的是包产到户。一是突破了原来只在边远山区和长期贫困落后地区实行的设想，几乎不可阻挡地向更大范围发展。二是包产到户本身大部分又发展成为包干到户，就是"交够国家的，留足集体的，剩下都是自己的"大包干。农民也没有接受中央推荐的专业承包责任制，而是普遍采取按人口平均分配土地的办法。为了进一步解决不同地区农村的生产责任制问题，1981年1月1～8日，赵紫阳到鄂、豫、鲁三省的宜昌、荆州（重灾区）、南阳、开封和菏泽考察农村情况，杜润生等随行。一路听到的都是好消息：农村情况比城市好，原来困难落后的地区尤其好。农民普遍要求，允许再搞三年包产到户，他当即表示可以答应。他虽然没有改

---

① 杜润生：《关于农村经济政策问题的一些意见》，《农业集体化重要文件汇编》下册，第1082页。

变把包产到户作为权宜之计的看法，但内心感到对这个问题要重新加以认识。回到北京后，他对国务院官员们说，群众的呼声要好好听一听。① 他把这次的所见所闻告诉了邓小平、胡耀邦等人，并以杜润生的名义写了一份《关于农村经济政策问题的一些意见》。关于农民为什么要求包产到户，杜润生在给中央的报告中解释说，除了能增产吃饱肚子外，包产到户对农民的吸引力还有两条：一是可以自己做主了，二是自由了。农民说："过去愁着没饭吃，现在愁着粮食没处放，再不用出门要饭了。""联产联住心，一年大翻身。红薯换蒸馍，光棍娶老婆。"他们说"20多年了，可熬到自己当家了"。现在"既有自由，又能使上劲"。"戏没少看，集没少赶，亲戚没少串，活没少干，粮没少收。"② 1981年3月27日，中共中央办公厅将杜润生的报告转发全国。中央领导人的考虑是：既要对各地实践有所指导和规范，又要保持政策有较多弹性。中央办公厅的批语，也只是要求各地"作为处理当前出现的一些农村经济政策问题的参考"。③

赵紫阳总结沿途所见所闻，提出了全国三类不同地区可以采取三种不同的形式：好的地区实行"专业承包、联产计酬"；中间状态地区实行"统一经营、联产到劳"；困难落后地区搞包产到户、包干到户。然而在实践中，这种"切三刀"的办法也没有阻挡住包产到户向中心地区发展。只要不是硬性"纠偏"，与农民"顶牛"，农民的选择总是一步到位——包产到户和包干到户。山西是一个起步较晚却发展迅速的省份。1981年初，山西省委组织各级领导干部到农村做调查，了解民情民意。全省组织了1万多名干部下乡调查，写出调查报告3000多份，省委常委平均下乡58天。在机关争论不休的问题，下乡调查后很快达成了共识。④ 7

---

① 《国家农委负责人朱荣在政治学院的报告》，《形势教育参考材料》1981年第3期。
② 杜润生：《关于农村经济政策问题的一些意见》，《农业集体化重要文件汇编》下册，第1079页。
③ 《农业集体化重要文件汇编》下册，第1078页。
④ 王庭栋：《回忆农村改革的初期》，杜润生主编《中国农村改革决策纪事》，第385页。

月 7 日，山西省委召开地、市、县委书记会议，肯定包产到户和包干到户增产效果显著。会后，山西境内包产到户和包干到户就像打开了闸门，一发而不可收。时任山西省副省长的霍泛回忆说，当时的形势"如水之就下，来势之（迅）猛，如狂风骤雨，势不可挡"。速度之快，完全没有遵守省委"分批展开，稳步前进"的方针。到 1981 年底，包干到户已占到全省 12.6 万个核算单位的 69%。霍泛回忆说，"农民积极性一触即发，全省沸腾，成为一次真实的发自群众内心的自觉的运动"。①

1981 年下半年，全国各地包产到户的队已占 32%，② 到 1981 年底已占 50% 左右。③ 面对迅猛发展的形势，国务院领导做了一个原则性指示："让群众自愿选择，领导上不要硬堵了。"④ 这基本上等于放手。5 月，杜润生受中央委托专程到河北邯郸、邢台、石家庄、衡水、沧州、保定等地考察，态度更加明朗。5 月 22 日，他在省直机关讲话，告诫大家"不要和群众顶牛"，"有利有害都由他们自己承担，我们无权强制，当然也不能放弃领导"。⑤ 6 月 29 日，杜润生对中共中央党校的学员说："包产到户的发展是一个信号，代表生产力而行动的农民，已经提出了经济改革的愿望。这是不可违背的社会潮流。"⑥ 当时，国家农委的领导层不支持包产到户的占多数。为转变观念，万里推动农口各部门领导到农村调查，这次下农村调查的有国家农委、农业部、农垦部等农口各部门领导 140 多人，组成了 17 个调查组，分赴 15 个省区，调查了不同类型的地区，各调查组共写出上百篇的调查报告，说他们看到和感受到的，与在北京想的不一样。据说过去反对最坚决的也改变了看法。万里授意把汇报会情况写成内参发到县级，并在 8 月 4 日的《人民

---

① 霍泛：《从农业合作化到家庭承包责任制》，杜润生主编《中国农村改革决策纪事》，第 72～73 页。

② 黄道霞：《五个"中央一号文件"诞生的经过》，《农村研究》1999 年第 1 期。

③ 中国农村发展问题研究组：《中国农村经济的系统考察》，中国社会科学出版社，1984，第 36 页。

④ 杜润生：《中国农村经济改革》，中国社会科学出版社，1985，第 77 页。

⑤ 杜润生：《中国农村经济改革》，第 43、44、413 页。

⑥ 杜润生：《中国农村经济改革》，第 66 页。

日报》公开发表，① 这对全国是一次有力度的推动。

胡耀邦、赵紫阳、万里都主张制定新的文件，进一步放宽政策限制。1981 年 6 月，中共十一届六中全会召开。新任中共中央主席胡耀邦改革热情极高，称农村改革是"一马当先，方兴未艾"。② 7 月 31 日，胡耀邦在批给万里的一份《国内动态清样》上提出"今年九、十月要再产生个农业问题的指示"。此前，万里也提出："1980 年中央 75 号文件已被群众实践突破，要考虑制订新的文件。" 8 月 4 日，胡耀邦找杜润生谈话，布置文件起草工作，提出文件要写继续放宽政策问题。9 月上旬，国家农委召开座谈会，讨论文件的起草问题，安徽、浙江、黑龙江、贵州等省农口负责人和滁县、嘉兴等地区主要负责人参加。③ 10 月 4～21 日，中共中央召开中央农村工作会议，讨论修改由国家农委主持起草的农村工作新文件。12 月 21 日，中央政治局讨论通过《全国农村工作会议纪要》。杜润生向胡耀邦等建议，将文件安排在新年元旦发出，成为新年第一号文件，以引起全党、全国重视。胡、赵当即表示赞成。④

与"75 号文件"相比，"一号文件"进一步放宽了政策。文件高度评价农村正在出现的大变动，说这是"反映了亿万农民要求按照中国农村的实际状况来发展社会主义农业的强烈愿望"，"是一场牵动亿万群众的深刻而复杂的变革"。"一号文件"肯定了双包到户是社会主义的生产责任制，是社会主义农业经济的组成部分，提出了两个"长期不变"的方针：我国农业必须走社会主义集体化的道路，土地等基本生产资料公有制长期不变；集体经济要建立生产责任制也长期不变。双包到户社会主义性质明确和两个"长期不变"方针的提出，基本结束了持

---

① 张广友：《改革风云中的万里》，人民出版社，1995，第 279～287 页。

② 《中国新时期农村的变革·中央卷》（上），第 161 页。

③ 黄道霞：《五个"中央一号文件"诞生的经过》，杜润生主编《中国农村改革决策纪事》，第 133～135 页。

④ 从 1982 年至 1986 年，中共中央连发 5 个"一号文件"，以指导农村改革的深入。这是第一个"一号文件"。

续两年之久的双包到户姓"社"姓"资"的争论。至此，包产到户和包干到户几乎完全放开了，到1982年夏季，双包到户的比例发展到78.2%。[①]

双包到户的最后发展阶段是向全国20%左右的富裕地区发展。从不能包产到户到少数贫困地区可以包产到户，再到承认广大中间地区包产到户的合法性，这是实践推动观念和政策变化的三个阶段。最后的疑虑是，在那些机械化程度较高，农民生活较富裕的地区能不能实行双包到户？1983年中共中央"一号文件"取消了这最后限制，指出联产承包制"具有广泛的适应性"，要求林业、收业、渔业、开发荒山荒水以及其他多种经营方面，都要抓紧建立联产承包责任制。1月23日，《人民日报》发表社论《对大包干不要再堵》。在中央精神的鼓舞下，1983年包干到户形式向更广阔的领域发展。一是在分工分业较细和机械化程度较高的地区普遍建立，其主要形式是联产到劳或联产到机组。最具有阶段性标志意义的是，等待了4年之久的黑龙江省，终于在1983年春在全省全面掀开，85%的生产队落实了家庭联产承包制。二是双包到户责任制从农田扩展到林牧副渔业，从农业扩展到工业、商业、服务业等领域。三是双包制发展到国营农场，产生了大批家庭农场。1983年底，全国农村双包到户的比例已占到生产队总数的97%以上。[②]一场覆盖全国的农村大变动即告完成，包干到户取代其他各种形式，成为中国农村主要的经营模式。

包产到户从根本上动摇了人民公社的基本制度，政社分开的行政改革提上日程。早在十一届三中全会上，就有人提出"政社合一"利少弊多，需要改变。此后党内对"政社合一"和"三级所有、队为基础"体制的否定意见日益强烈，指出人民公社既是经济组织，又是基层政权组织，容易发生用行政手段干预经济，产生强迫命令、瞎指挥和"一平二调"、"共产"风，集体经济所有权不可能得到很好的保护。1979年

---

① 《人民日报》1983年5月8日。

② 《中国农村经济》1985年第1期。

8 月以后，在部分地区设了改革"政社合一"、"三级所有"体制的试点。试点地区先后有：四川省广汉、邛崃、新都等县，吉林省榆树、怀德、农安县，甘肃省古浪县、文县石坊公社，河北省来城县都马公社，浙江省黄岩县店头公社，广东省开平县金鸡公社，辽宁省铁岭县熊官公社，安徽省凤阳县考城公社等。1982 年 11 月，五届全国人大五次会议通过的宪法做出相应修改，规定设立乡、镇一级人民政府。1983 年 1 月，中共中央"一号文件"正式把实行政社分设作为一项重大改革步骤提出，11 月，中共中央、国务院又专门发出通知，要求各地农村政社分设的工作，争取在 1984 年底以前大体完成。改革的步子加快，到 1983 年底，全国已有 1188 个县的 14636 个公社实行了政社分设，占原公社总数的 27%。1985 年 6 月，全国各地全部完成了政社分设的工作。建乡前全国共有 5.6 万多个人民公社，政社分开后，建立了 9.2 万多个乡、镇人民政府。实行了 26 年的人民公社体制模式终于被抛弃了。

杜润生说："农村改革并没有一幅事先描绘好的蓝图，它是在农民、基层干部、地方政府和中央领导各个层次、各个方面的互动过程中完成的。"① 农村改革是在一定的政治气候下农民的自我选择。然而单有农民的选择，没有一批官员的同情、默许、支持和政策的跟进，农村改革也不可能在短期内取得全国性的突破。从中央文件看，从"不许分田单干，不许包产到户"（三中全会决定）到允许少数地区包产到户（1980 年 9 月中央 75 号文件）再到承认包产到户是社会主义集体经济的生产责任制（1982 年 1 月中央一号文件），既可看作"改革政策步步深入"，也可看作"政府立场步步后退"。② 在农村改革中争论不断，反对的声音很多，但支持者也不在少数，包括中央和地方许多官员。农村改革对增产的显著效果为自己开辟着道路，既给农民带来好处，又丰富了城市居民的餐桌，同时满足了政府足额收购的要求。相对于城市工业，农业

---

① 杜润生主编《中国农村改革决策纪事》，第 1 页。
② 卢迈：《中国农村改革的决策过程》，（香港）《二十一世纪》1998 年 12 月号，第 50 期。

是计划控制较为薄弱的部门。因此，从意识形态上提出的反对意见不足以阻止改革的进程。

四 农村经济超常增长的诸因素

农村改革赢得广泛认同，主要原因还在于农业和农村经济出现了超出预期的增长。1979~1984年，农业总产值平均每年递增8.98%，其中种植业每年平均递增6.61%，超过新中国成立后30余年任何一个时期。1952~1978年的26年间，农业总产值平均每年增长3.25%，其中种植业每年平均增长2.59%。[①] 60年代带有恢复性质，农业的年增长率也只达到5.6%，种植业只有4.86%，远低于这6年。粮食产量持续快速增长尤其令人鼓舞，1978年，粮食产量为30477万吨，1984年增长到40731万吨，平均每年增长1709万吨，单产提高40%。人均占有粮食也打破了20多年的徘徊局面，从637斤增加到近800斤。这次粮食总产量的大幅度增加，并不是沿袭过去"以粮为纲"，扩展耕地和挤占其他农作物的播种面积的办法实现的，相反，是在粮食种植面积大量减少的情况下获得的。1979~1984年，粮食种植面积由18亿余亩减少到16.9亿亩，减少了1.15亿亩，平均每年减少近2000万亩。粮食亩产由337斤提高到481斤，平均每年增长24斤。这就支持了种植业结构的调整。棉花、油料及其他经济作物都大幅度增长。棉花总产量从1978年的2163吨增加到6253吨，6年间增长2倍，每年增加1300万担。油料产量结束了11年的徘徊，增长了1倍多。其他经济作物增长幅度也在50%~300%。[②]

农村几年内涌出那么大的活力，出乎所有人的预料。多年来大家感到无法解决的问题，几年时间就转过来了，过去粮食那么紧张，到了1984年竟然发生了农民有粮卖不出去的问题，国家收购的粮食压在仓

---

① 周其仁：《发展的主题》，四川人民出版社，1987，第11页。

② 萧冬连：《崛起与徘徊——十年农村的回顾与前瞻》，第106~107页；《周少华工作笔记》，未刊稿，第2043页。

库里很多。农业的超常增长，家庭承包制的普遍实行无疑起了主要作用。从年度增长速度变化也可以看出实行家庭承包制对农业增长的作用。这 6 年间，前三年增长幅度小，后三年增长幅度大。1979 ~ 1981 年，全国粮食平均每年增长仅为 135 亿斤，1982 年普遍实行家庭承包制以后，粮食增产幅度扩大，3 年平均增长达 548 亿斤。然而，把农业增长全部归因于家庭承包制，也是认识上的误区，其他因素同样不能忽视。首先是农副产品大幅度提价。相比 1978 年，1984 年农副产品收购价格总水平提高 53.6%，同期农村工业品零售价格只上升 4.4%，① 这不仅使农民获得了直接的经济利益，更是一种刺激，调动了农民增加农业投入和提高农副产品商品率的积极性。其次，减少了统购、派购的数量，不从农民嘴里夺粮。过去多少年来农民吃不饱肚子，每年粮食一收下来就交公粮、余粮，这种状况持续了 20 多年。第三，国家下决心连续几年进口 1300 亿 ~ 1500 亿斤粮食，这意味着城市基本上不吃农村粮。这才有可能减少粮食征购，给农民一个休养生息的机会。这三条一配套，加上家庭承包制改革，农村一下子就搞活了。还有一种因素，即科技和物质投入。70 年代兴建的 17 个大型化肥工厂，在 1979 年以后陆续投产，每年增产化肥 1000 多万吨；杂交水稻、玉米以及棉花良种的普遍推广；过去长期的农田水利建设，到 1979 年，全国共修筑大中小型水库 8.4 万余座，灌溉面积由新中国成立之初的 2 亿亩增加到 7 亿亩，排灌动力机械 7122 万马力，化肥施用量 1086 万吨，农村建小型水电站 8.3 万余座，农村用电量 282 亿度。② 这让农民不用担心单干会发生生产方面的困难。1984 年世界银行报告指出："从长期扩展农业生产来看，给予农民适当的鼓励（这是改革的实质），仍将是一个关键的环节。然而鼓励是否有效，则取决于耕地、灌溉用水、肥料和良种等关键性的投入物的供应能达到何种程度。"③ 这个分析是中肯的。改革的推

---

① 中国经济年鉴编辑委员会编《中国经济年鉴（1985）》，经济管理杂志社，1986，第 V 部分第 2 ~ 15 页。

② 《中国经济年鉴（1981）》，第 VI 部分第 10 ~ 13 页。

③ 世界银行：《中国长期发展的问题和方案的报告》，中国财政经济出版社，1985，第 63 页。

动力是巨大的，但是改革不是点金术，经济关系的变动不能代替物质投入。

五 农村改革释放出市场能量

农村改革更具意义的，是随着商品经济的发展释放出巨大的市场能量。联产承包后释放出大量剩余劳动力，据1981年初调查，全国农村剩余劳动力占农村总劳动力的30%～40%，约1.3亿人。[①] 随着收入的增长也出现了剩余资金，1983年底农民储蓄存款已达228亿元。[②] 这为农民发展多种经营提供了需要和可能。国家统购派购的品种逐步减少，仍然统购派购的农产品采取定基数的方法，在品种和数量两方面为农村市场的发育留下了空间。只要给农民以经济自由，农民自然要搞商品经济，不管你喜欢不喜欢。从这个意义说，农民天然具有"自发倾向"。1983～1984年，农村开始出现许多新的经济现象，如承包大户、雇工、长途贩运、个人购置农机和农副产品加工机具、私人开办工商业、农民外出打工等。专业户除了从事农林牧渔业，还有专事工矿业、运输业、建筑业、商业服务等非农产业，据一份调查，后者占到61.9%。[③] 到1983年底，农村个体工商业发展到419.5万户，538万人。[④] 在个体经济中发展出雇工经营的大户。据调查，1984年底，雇工经营的户占专业户的15.7%，平均每户雇工4.1个。[⑤] 一些专业大户雇工人数大大超出平均数。这就触碰到一个核心价值：社会主义是否允许"剥削"。中央的政策是：允许带两个徒弟、请五个帮手，但现实很快突破了这个限制，引起很大争论。

---

① 《人民日报》1984年8月22日。

② 《中国社队企业报》1984年2月3日。

③ 中共中央书记处农村政策研究室资料室：《中国农村社会经济典型调查（1985）》，中国社会科学出版社，1985，第21页。

④ 《中国经济年鉴（1984）》，第Ⅳ部分第52页。

⑤ 《中国农村社会经济典型调查（1985）》，第23页。

1981 年 4 月，广东有一个叫陈志雄的人，承包了 400 多亩鱼塘，雇用了 5 个固定工，1000 多临时工。这个承包大户得到广东省农委和省领导的支持，这件事在全国引发一场允不允许专业户雇工及雇工多少、是否"资本主义剥削"的激烈争论。5 月 29 日，《人民日报》发表《关于一场承包鱼塘的争论》，并开辟了专栏展开讨论，讨论历时三个月，基调是肯定的。然而，这件事在广东省内部也争议很大，有人向中央写信反映，登在 1982 年 1 月 17 日新华社《国内动态清样》上，引起中央领导人的重视。胡耀邦、万里、杜润生都做了批示，没有明确表态，只是要求调查酌处。万里见到这封信加了一句话："此事请调查研究，对农民发展商品经济的积极性要珍惜和保护，不可轻易用老框框来套。"①

包产到户后出现的一些新经济现象，再次引起激烈争论。受到攻击的主要有两个东西，一是长途贩运，二是雇工。1982 年 4 月，根据国务院领导的意见，国务院农村政策研究室派出七个由杜润生等农口主要负责人率领的调查组，分赴山东、安徽、江苏、四川、广东、广西、河北、山西、辽宁、吉林等地调查，随后召开了五次农村经济政策研讨会，主要研究包产到户后出现的新情况、新问题，起草新的农村文件。会上争论热烈，重点在于如何对待雇工和长途贩运，实质是允不允许农民私营经济的发展。杜润生先后向胡耀邦和国务院领导汇报了调查和研讨会的情况，提出进一步放宽政策，得到他们的共同支持。②

包产到户以后，农副产品大幅增长，却面临卖不出去的问题，现行的统购统销政策和国营渠道逐级批发的体制已经完全不能适应农村的发展，农民长途贩运应运而生。按照过去的政策，这就是投机倒把。胡耀邦明确支持农民的行为，针对长途贩运是"二道贩子"的说法，他在 1982 年 8 月 10 日批示中说："不对，是二郎神（解决农村流通困难的

---

① 萧冬连对吴象的访谈，2008 年 5 月 9 日、5 月 21 日、7 月 16 日。

② 黄道霞：《五个"中央一号文件"诞生的经过》，《农村研究》1999 年第 1 期。

'神')。"① 争议更大的问题为是否允许雇工。1981年12月，中央书记处研究室的成员写了一篇《到处出现雇工剥削引起的思考》，反对以雇工为特征的私人企业。对于这份报告，研究室内部产生分歧，林子力、吴象将报告送万里，万里批调查材料是"左"，胡耀邦说，这是从概念出发。陈云说，党内有不同意见，是党兴旺发达的标志。邓力群想召开一次省市委研究室主任会议讨论雇工问题，被胡耀邦制止。胡耀邦认为，这样做会使下面的人感到中央的政策变了。② 12月31日，在中央政治局讨论1983年"一号文件"时，陈云针对雇工问题的争论时说："过去国务院规定最多不超过七个，现在实际上多了一些，究竟限不限，限几个合适，还要看一看。但对这一类问题，报纸上不要大张旗鼓地宣传。"③ 1983年1月12日，邓小平找胡耀邦、万里、姚依林、胡启立、张劲夫、宋平、杜润生、朱荣等人谈农业问题指出：农村个别户雇工，不怕，冲击不了我们；有什么问题，我们来得及解决，十年八年解决也来得及；农业搞承包大户我赞成，现在是放得还不够；农业文章很多，我们还没有破题。④ 陈云、邓小平对待雇工的态度都是不急于取缔，看两三年再说。安徽芜湖有个年广久，在街边以炒卖瓜子谋生，1980年注册了"傻子瓜子"商标。瓜子生意很火，小作坊很快发展成"大工厂"，雇工100多人。按照传统的观点，这就是剥削。1983年底，有人把年广久雇工的问题反映到上面，安徽省委派专人到芜湖调查，并写了一个报告上报中央，惊动了邓小平。1984年10月22日，邓小平说："前些时候那个雇工问题，相当震动呀，大家担心得不得了。我的意见是放两年再看。那个能影响到我们的大局吗？如果你一动，群众就说政策变了，人心就不安了。你解决了一个'傻子瓜子'，会牵动人心不安，没有益处。让'傻子瓜子'经营一段，怕什么？伤害了社会主义

---

① 黄道霞：《五个"中央一号文件"诞生的经过》，《农村研究》1999年第1期。

② 《邓力群自述：十二个春秋》，第498～501页；萧冬连对吴象的访谈，2008年5月9日、5月21日、7月16日。

③ 《陈云年谱》下卷，第364页。

④ 转见黄道霞《五个"中央一号文件"诞生的经过》，《农村研究》1999年第1期。

吗?"① "看几年再说",反映了邓小平和陈云都抱着试验的心态,也许是一个策略,以便绕过意识形态障碍。不管哪种情况,都在事实上默认了私人经济的存在,开启了私人经济发展的窗口。

一个有趣的事实是,尽管在计划与市场问题上在意识形态方面争论不休,农村政策文件的制定者却高声呼唤农村商品化时代的到来。究其原因,中央政策必须回应农民的要求,跟进农村的现实。1983年中央"一号文件"明确提出农村经济必须实现两个转化:从自给半自给经济向较大规模的商品生产转化,从传统农业向现代农业转化。不过,回避了商品"经济"两个字,代之以"商品生产和商品交换"的说法。为促进农村商品生产的发展,进一步放宽了政策,其中包括:承认、支持专业户(承包专业户和自营专业户);允许资金、技术、劳动力一定程度的流动和多种方式的结合;允许农村个体工商户和种养业的能手,请帮手、带徒弟和雇用一定数量的雇工;允许农民个人购置大型和中小型拖拉机、汽车、农副产品加工机具和小型机动船;允许农民个人从事商业和运输业;允许农民个人或合伙进行长途贩运;允许农民个人或合股集资兴办农村仓库、公路、小水电等基础设施;允许林区适当扩大自留山,扶持育苗造林的专业户,宣布林木谁种谁有,农民个人所造林木有继承权。② 1984~1986年的三个中央"一号文件",③ 使政策进一步放宽:允许土地转包;允许农村社会资金自由流动,鼓励加入股份制合作,入股分红;允许农民购买大型生产资料;允许农民自理口粮进城镇做工、经商、办企业;鼓励农户个体和联合办企业,对雇工经营不急于

---

① 《邓小平文选》第3卷,人民出版社,1993,第91页。
② 《中共中央关于印发〈当前农村经济政策的若干问题〉的通知》(1983年1月2日),中共中央文献研究室编《十二大以来重要文献选编》(上),人民出版社,1986,第270~280页。
③ 《中共中央关于一九八四年农村工作的通知》(1983年1月2日),《十二大以来重要文献选编》(上),第424~438页;《中共中央、国务院关于进一步活跃农村经济的十项政策》(1985年1月1日),《中共中央、国务院关于一九八六年农村工作的部署》(1986年1月1日),《十二大以来重要文献选编》(中),第610~619、868~881页。

限制。所有这些，目标就是放活商品和要素流通，推动农村经济向大规模商品化生产转化。

六 乡镇企业的蓬勃兴起

乡镇企业的蓬勃兴起，是农村改革引出的最积极的成果。乡镇企业原叫社队企业，作为农村早期分工的产物，是在计划经济的夹缝中生长出来的，在一定程度上成为对城乡分割、限制农民进城的一种补偿。农村办工业始于1958年"大跃进"。当年毛泽东提出大办工业"几个并举"的方针，其中就包括农村工业化。1959年高峰时，全国农村办起工业企业70万个。这种用行政手段一哄而起办起来的农村工业，随着"大跃进"的失败绝大部分都下马了。1961年全国只剩下社队企业4.5万个，产值19.8亿元。① 不过，农村剩余劳动力寻找出路的压力和农民脱贫致富的冲动，仍然推动着少数社队自发兴办企业。1966年，毛泽东发表"五七指示"，号召有条件的社队可以办工业，社队企业重新取得合法身份。1970年10月，国务院召开北方地区农业会议，要求加快农业机械化，社队企业获得新的发展机会。"文革"期间城市工业停工半停工，一些地区利用这个时机借用城里的技术力量发展社队企业。到1978年底，全国已办起社队企业152.4万个，企业总收入431.4亿元，占人民公社三级经济总收入的29.7%，安置农村劳动力2826.5万人。江苏发展最快，全省社队企业的收入已占人民公社三级经济总收入的43%。②"文革"结束以后，有一种看法，认为社队企业在"文革"中的发展是钻了城市工业混乱的空子，因而是畸形的。一旦城市工业得以恢复，社队企业就难以发展了。对于社队企业的发展，始终存在赞扬和质疑两种声音：赞扬者将其视为农村现代化的可喜趋势；质疑者将其看

① 马杰三主编《当代中国的乡镇企业》，当代中国出版社，1991，第41～42页。
② 马杰三主编《当代中国的乡镇企业》，第58页；《人民日报》1979年10月11日；《邓小平与改革开放的起步》，第388页。

作"冲击计划经济","挖社会主义墙脚"。质疑的声音主要来自城市和国有部门，具有相当的影响力。各地政府的态度各不相同，中央政策也是有扶持，有限制。然而，无论褒贬，社队企业在80年代出人意料地得到大发展。

1979年进入经济调整阶段，对社队企业也提出了调整要求。3月，陈云在中共中央政治局会议讲话中说："地方工业、社办企业如果同大工业争原料、争电力，也要下来。"① 7月3日，国务院颁发《关于发展社队企业问题的规定（试行草案）》，要求社队企业必须因地制宜，根据当地资源条件和社会需要组织生产，不搞生产能力过剩的加工业，不与先进的大工业争原料和动力等。但主导思想还是扶持的，对社队新创办企业给予三到五年减免税收的政策。② 1980年底，国民经济进一步调整，关于社队企业的争论随之再起。主要的批评是说社队企业"三挤"（以小挤大，以新厂挤老厂，以落后挤先进）。非议直达国务院决策层。从一些数据看，所谓"三挤"的问题是存在的。1980年，江苏社队机械总产值占到了全省机械工业产值的24%。许多国营大厂"吃不饱"，甚至面临下马的困境，江苏社队机械工业却"风景这边独好"。③ 社队企业确实出现一哄而起，重复建设，环境污染严重的现象。在1980年11月国务院召开的全国计划会议上，有些部门提出要砍掉社队企业十几个行业。④

然而，这次中央领导人把砝码加在农民一边。1981年1月20日，在谈到对一些社队企业要不要关停并转时，赵紫阳说：社队小厂"不要轻易关停。只要它能生产，商品有销路，能养活自己就叫它搞，不要关它、停它。由市场去检验，有销路，有市场的，就能存在下去；商品没

---

① 《陈云年谱》下卷，第240页。

② 社论：《认真整顿和发展社队企业》，《人民日报》1979年9月10日；《中华人民共和国经济管理大事记》，第344页；马杰三主编《当代中国的乡镇企业》，第70页。

③ 张衡：《江苏省乡镇企业的异军突起与苏南模式的出现》，《邓小平与改革开放的起步》，第387页。

④ 马杰三主编《当代中国的乡镇企业》，第90~91页。

有销路的，自然就进行并转"。① 2 月，薄一波责成国家机械委，组织一机部、农机部、四机部和农业部组成工作组，前往江苏省进行调查。薄一波还亲赴南京听取汇报。最后得出的结论是，"总起来说，社队机械工厂的产品，对国家大厂有挤有补。目前补的多一些，挤的少一些，补大于挤"，要"疏其不通，导其滥流，使其健康发展"。② 5 月 4 日，国务院颁发《关于社队企业贯彻国民经济调整方针的若干规定》，没有下达关停并转之类的硬性指令。③

1983 年，邓小平考察江苏，当地乡镇企业蓬勃发展的势头令他十分鼓舞，从中看到了实现小康目标的希望。在此之后，政策转趋积极。1984 年 3 月，中共中央转发农牧渔业部《关于开创社队企业新局面的报告》（中央 4 号文件），要求各地党委和政府"对乡镇企业要像对国有企业一样，一视同仁，给予必要的扶持"。同时突破了只能由集体办企业的限制，为农民户办或联户办企业开了绿灯，将其与集体企业统称为"乡镇企业"。解除了"三就地"（就地取材、就地加工、就地销售）的限制，允许乡镇企业面向全国市场。在户籍制度上也做了一些松动，允许务工、经商、办服务业的农民自带口粮到集镇落户。由此，社队企业的称谓被乡镇企业取代。乡镇企业是一个集合概念，包括乡村办企业、社员联营合作企业、其他形式的合作企业和个体企业。1985 年推行"价格双轨制"，目的之一就是为乡镇企业获取原材料开一条生路，决策者还寄望于乡镇企业对难有突破的国有企业形成竞争。

1984 年以后，乡镇企业出现了突破性的发展势头，1979～1983 年年均增加产值 145 亿元，1984 年比上年增加 400 亿元，增长率为 41%。其中增长最快的是交通运输业和建筑业，分别增长 45.1% 和 59%，其次是工业，为 36.8%。1984 年，全国乡镇企业已达 606 万个，职工人

---

① 马杰三主编《当代中国的乡镇企业》，第 91 页。

② 江苏省地方志编纂委员会编《江苏省志·乡镇企业志》，江苏人民出版社，2002，第449 页；马杰三主编《当代中国的乡镇企业》，第 92 页。

③ 马杰三主编《当代中国的乡镇企业》，第 93 页。

数 5208 万人，总产值为 1709 亿元。① 其次，突破了乡村两级办企业的框框，形成了乡办、村办、组办、联户办和个体办企业"五个轮子一齐转"的态势。社员联户合作企业、其他合作企业和个体企业产值在 1984 年乡镇企业总产值中占到了 16.1%，数量 441 万，占 72.8%，从业人员 1358 万人，占 26.1%。② 这些联户和个体企业绝大多数是中共中央 4 号文件下发后发展起来的。再次，突破了就地采购、就地加工、就地销售的"三就地"封闭式办企业的框框，越来越多的企业实行跨地区、跨部门联合办企业。从资金来源看，除了国家支援周转资金和农业银行贷款外，各地出现了农民集资和合股的形式。

乡镇企业发展较快的地区，主要集中在沿海地区和城市郊区。各地走的路子不尽相同。苏南地区是乡镇（社队）企业发展最早、基础最好的地区之一。由于集体经济力量较强，苏南地区的乡镇企业以乡、村两级集体企业为主体，同时注意发挥个体经济和家庭经营的积极性。在苏南乡镇企业总产值中，乡村两级集体工业企业产值占 90% 以上。依靠集体经济发展乡镇企业，具有较大规模投资的能力，形成了一大批固定资产在 50 万元以上的大厂，甚至有亿元产值的企业。当然，苏南乡镇企业也没有完全沿袭过去社队企业的管理体制。他们实行了"统分结合，厂为基础"的经营体制，实行承包经营责任制。

浙江温州地区乡镇企业的发展，走的完全是另一条路子，即以家庭工商业的兴起为突破口。到 1985 年，温州已有 13.3 万多个家庭和联户工业企业，1985 年，家庭工业总产值达 11 亿多元，占全市工业总产值的 33% 以上。家庭工业雇工较普遍，全市雇工在 30 人以上的大户有 100 多家。家庭工业的出现向联户和合股工业发展的趋势，出现了几十个拥有 100 万元以上固定资产的企业，解决了 80 万农村剩余劳动力的出路问题。③ 先后有 10 多万农民去外地经商，足迹遍及全国。在当地，

① 《中国经济年鉴（1985）》，第 V 部分第 19~20 页。

② 《中国经济年鉴（1985）》，第 V 部分第 20 页。

③ 《内部参考》1986 年 6 月 6 日，第 44 页。

前屋设店，后屋办厂，门前摆摊，形成了 390 个各类市场。闻名全国的十大专业市场，年经营额大都在 1 亿元左右，触角伸向全国各地，桥头纽扣市场的产品销到 26 个省市，① 形成了以"小商品，大市场"为特征的温州模式。其他沿海省份也有类似情形，只是规模不如浙江。

据调查，当时坚持不分田到户，利用原有集体在土地、人力以及政治资源上的优势兴办乡镇企业而富裕起来的，全国有几千家，有名的如河南南街村、北京窦店村、江苏华西村等，中央政策也不是强求一致。1983 年 1 月 27 日，国务院领导表态说，北京市海淀区四季青已搞专业化，没有剩余劳动力。这种类型，专业分工与责任制如何结合起来，如果要四季青实行凤阳的办法，那肯定是倒退。杨易辰讲，责任制要与东北特点相结合，东北机械化程度高，杨易辰是对的。

① 《邓小平改革开放的起步》，第 341～382 页。

第五章

"商品经济"：第一个重大突破

中国的改革不是依据理论预设，而是诉诸实践和试验，从局部开始，渐进式推进。但这并不意味可以忽视观念和理论突破的意义，理论观念一旦取得突破，必会形成新的思想力量，为改革打开更大空间。中国经济改革从最初的在计划经济中引入市场机制，到确立"有计划的商品经济"的改革方向，经历了重大的观念和理论的突破，包括激烈的争论。国际交往的扩大拓展了人们的视野，为反思中国体制弊端，探寻改革之道提供了多样的参照物和丰富的思想资源。改革理论得以突破，更在于实践推动。尽管意识形态上争论不已，实践却始终朝着市场化的方向在演进。而市场机制一旦被引进，如果不人为遏制，就会产生自我扩张的力量，对摆脱旧体制的束缚提出进一步要求。特别是农村改革释放出强大的市场能量，迫使决策层在政策上跟进，也有力地支持了寻求观念突破的努力。当然，"有计划的商品经济"最终能写进中共十二届三中全会决定，离不开改革派学者的持续推动和高层共识的达成。

一 计划与市场：最初模板及其讨论

最初设想的经济改革，基本上沿袭了过去放权让利、调动积极性的思路，但与毛泽东时代几次改革尝试有一个很大的不同，就是对市场力量的估计。在 1978 年国务院务虚会上，许多经济学家批评了要求消灭商品货币关系的"左"倾观点，提出应更多地发挥价值规律的作用。例如，孙冶方重提"千规律，万规律，价值规律第一条"，薛暮桥提出应当为长途贩运平反，要利用市场活跃流通，等等。① 李先念在国务院务虚会做总结时最早提出"计划经济与市场经济相结合"的说法。1979 年 3 月 8 日，陈云撰写了一份《计划与市场问题》的讲话提纲，提纲指出：

> 过去苏联和中国实行计划经济体制的一个缺点，是只有有计划按比例这一条，没有在社会主义制度下还必须有市场调节这一条。现在的计划太死，包括的东西太多，结果必然出现缺少市场自动调节的部分。计划又时常脱节，计划机构忙于日常调度。因为市场调节受到限制，而计划又只能对大路货、主要品种作出计划数字，因此生产不能丰富多彩，人民所需日用品十分单调。
>
> 整个社会主义时期经济必须有两个部分：（1）计划经济部分（有计划按比例的部分）；（2）市场调节部分（即不作计划，让它根据市场供求的变化进行生产，即带有"盲目"调节的部分）。第一部分是基本的主要的，第二部分是从属的次要的，但又是必需的。
>
> 问题的关键是，直到现在我们还不是有意识地认识到这两部分经济同时并存的必然性和必要性，还没有弄清这两部分经济在不同部门应占有不同的比例。……在今后经济的调整和体制的改革中，计划经济和市场调节这两个部分的比例的调整，将占很大的比重，不一定计划经济部分愈增加，市场调节部分所占绝对数额就愈缩小，可能是相应地增加。
>
> 忽视了市场调节部分的另一后果是，同志们对价值规律的忽视，即思想上没有"利润"这个概念。这是大少爷办经济，不是

---

① 吴敬琏：《二十年来中国的经济改革和经济发展》，《百年潮》1999 年第 11 期。

企业家办经济。①

陈云提出的计划经济与市场调节结合的观点，与他 1956 年提出的"三为主，三为辅"的思想是一脉相承的。② 陈云不赞成清一色的公有制和完全排斥市场调节的经济体制，主张允许非公有制经济成分和市场调节发挥补充作用。1979 年重新提出这一思想，强调的重点是发挥市场的调节作用，这对突破单一计划体制是一个推动，可以被视为经济体制改革的最初模板。薛暮桥回忆说，在当时，理论工作者和实际工作者差不多都是拥护这一主张的。此后的探索大都是沿着引入市场调节作用的思路发展的。③

陈云这份提纲当时并没有发表，但与李先念是有过交流的。2 月 22 日，李先念在一次会议上说："我同陈云同志谈，他同意，在计划经济的前提下，搞点市场经济作为补充。计划经济和市场经济结合，以计划经济为主。市场经济是补充，不是小补充，而是大补充。国内要竞争一下。"④ 在 4 月中央工作会议上，李先念代表国务院财政经济委员会的讲话体现了这种思路。⑤ 讲话列举了现行经济管理体制的种种弊病，认

---

① 《三中全会以来重要文献选编》上册，第 68 ~ 71 页。

② 陈云在 1956 年中共八大会议上的发言曾指出："我们的社会主义经济的情况将是这样：在工商业经营方面，国家经营和集体经营是工商业的主体，但是附有一定数量的个体经营。这种个体经营是国家经营和集体经营的补充。至于在生产计划方面，全国工农业产品的主要部分是按照计划进行生产的，但是同时有一部分产品是按照市场变化而在国家计划许可范围内自由生产的，计划生产是工农业生产的主体，按照市场变化而在国家计划许可范围内的自由生产是计划生产的补充。因此，我国的市场，决不会是资本主义的自由市场，而是社会主义的统一市场。在社会主义的统一市场里，国家市场是它的主体，但是附有一定范围内国家领导的自由市场。这种自由市场是在国家领导之下，作为国家市场的补充，因此它是社会主义统一市场的组成部分。"陈云：《社会主义改造基本完成以后的新问题》，《陈云文选（1956 ~ 1985）》，人民出版社，1986，第 13 页。

③ 《薛暮桥回忆录》，第 346 ~ 347 页。

④ 《陈云年谱》下卷，第 236 页。

⑤ 1979 年 3 月 14 日，由李先念与陈云提出成立国务院财政经济委员会，委员会由陈云、李先念、姚依林、余秋里、王震、谷牧、薄一波、王任重、陈国栋、康世恩、张劲夫、金明 12 人组成，以陈云为主任，李先念为副主任，姚依林为秘书长。

为"总的来看是集中过多，计划搞得过死，财政上统收统支，物资上统购包销，外贸上统进统出，'吃大锅饭'的思想盛行，不讲经济效果"。讲话提出四点改革原则：第一，在整个经济中以计划经济为主，同时充分重视市场调节的辅助作用；第二，扩大企业自主权，并把企业经营好坏与职工物资利益挂起钩来；第三，按照统一领导、分级管理的原则，明确中央和地方的管理权限；第四，精简行政机构，更好地运用经济手段管理经济。在计划与市场问题上，着重强调了市场调节的作用。提出非关系国计民生的产品企业可以自产自销，允许价格在一定范围内浮动，企业之间可以进行竞争。国家计划也要"自觉运用价值规律"，国家运用立法、政策和税收、信贷和价格等经济手段对市场进行调节。[①]在这份讲话稿中，李先念没有再用"计划经济与市场经济相结合"的提法，而是使用了"计划调节与市场调节相结合"的提法。

当时对于市场经济和市场调节这两个概念往往是混用的。陈云讲的整个社会主义时期都必须有计划和市场"两种经济"的观点以及李先念提出的"以计划调节为主，同时充分重视市场调节的辅助作用"的口号，其含义是相同的。1979年11月26日，邓小平在接见美国不列颠百科全书出版公司副总裁吉布尼等人时说："市场经济不能说只是资本主义的。市场经济，在封建社会时期就有萌芽。社会主义也可以搞市场经济。"邓小平还有另一句话："我们是计划经济为主，也结合市场经济，这是社会主义的市场经济。"[②] 这与陈云讲"两种经济"的意思大体相同，都是讲要在计划经济中引入市场调节和竞争。当然，邓小平对市场经济的看法更具开放性。

经济学界对现行体制的批评性讨论更加深入。从1978年11月起，由薛暮桥带领国家计委委派的写作班子在杭州开始撰写《中国社会主义经济问题研究》一书，参加撰写的有苏星、吴凯泰、何建章、余学本等人。该书1979年12月由人民出版社出版后，在国内外引起强烈反响，

---

① 《三中全会以来重要文献选编》上册，第164～165页。
② 《邓小平思想年谱》，第139页。

一时洛阳纸贵。人民出版社翻印 300 万册仍供不应求，各省份翻印 650 万册，到 1983 年，三年时间内总销量接近 1000 万册，成为中国经济体制改革的启蒙教材。① 这本书从经济发展战略和经济体制两个方面总结了 30 年来的历史经验教训。薛暮桥大胆地提出，劳动力的交换"同样具有商品交换的性质"；生产资料也要像商业部门那样"采取商品交换的办法"；消费品供应应当增加流通渠道，减少流通环节，允许企业自销，允许小商贩长途贩运；价值规律应当通过价格波动来实现。

1979 年 4 月 16～29 日，中国社会科学院经济研究所、国家计委经济研究所和江苏省哲学社会科学研究所在江苏无锡联合召开关于价值规律问题讨论会，这是经济学界首次深入讨论中国经济体制改革的理论问题的一次重要会议，参加会议的达 330 多人。会议一开始就触及中国经济体制的核心：计划与市场的关系。刘国光、赵人伟提交的《论社会主义经济中计划与市场的关系》文章指出，长期以来有一种看法，社会主义经济是计划经济，资本主义经济是市场经济，因此社会主义经济与市场不相容。由此带来了一系列消极后果：生产与需要脱节，计划价格脱离实际，资金分配上的供给制，企业结构上的自给自足倾向。文章从物质、财力、劳动力资源的安排和使用以及价格问题，讨论了如何利用市场的问题，主张"要逐步缩小指令性计划的范围，最终废弃国家向企业硬性规定必须完成的生产建设指标"。这篇文章当时被胡耀邦称为"标兵文章"，其修改稿于 1979 年 12 月在美国《大西洋经济评论》上全文发表，引起美国经济学界的关注。② 这次会议的最大突破是在社会主义经济是商品经济、生产资料也是商品等方面达成了基本共识，从而承认了竞争机制和竞争规律。有学者认为，这次讨论"起到了市场取向改革号角的作用"。③ 令人感兴趣的是，在会上有人提出"社会主义经济也

---

① 《薛暮桥回忆录》，第 322～330 页。

② 刘国光：《计划与市场关系变革的 30 年及我在此过程中的一些经历》，中国社会科学院经济学部编《学部委员与荣誉学部委员文集》，经济管理出版社，2009，第 46～47 页。

③ 王梦奎主编《中国经济转轨二十年》，外文出版社，1999，第 197 页。

是市场经济"，"中国其实也存在市场经济，如社队企业"。① 不过没有引起太多回应。当时一般认为，"市场经济"是资本主义经济的代名词，"市场调节"是一种经济调节手段，可用来为社会主义经济服务。对计划与市场关系的认识也限于"制度"和"工具"的结合方式上。②

1979年4月中央工作会议后，国务院财经委开始组织力量研究改革的具体问题。中共中央办公厅研究室、中国社会科学院的五个经济研究所、国家经济机关的研究机构共同承担调查研究的任务。6月27日，姚依林主持会议，成立四个调查研究小组，指定各组负责人：体制组由张劲夫、房维中负责（后由薛暮桥负责）；结构组由马洪、孙友余负责；引进组由汪道涵负责；理论方法组由于光远负责。姚依林要求，通过广泛、深入的调查、研究和试点，对经济如何改革，搞出一个大体的眉目来。先就经济体制、经济结构和引进技术设备资金这三个题目进行调查研究。每个题目调查研究的范围都包括现状、历史和国外经验三方面。姚依林特别强调，要调查外国的发展道路，了解它们有什么经验教训，有什么可取之处。他要求各部、委、局抽一位副职带一批人参加这项工作，做理论工作的要全力以赴。③ 这是中国经济决策引入咨询机制的开始。

几个小组都非常活跃，侧重点有所不同，但都是从经济体制与经济结构两方面来总结历史经验教训，分析现行体制的弊端。马洪领头的结构组组织了400多人的综合调研队，分赴广东、海南、江苏、浙江等10多个省市，进行了为期10个月的经济结构调查。这是新中国

---

① 《经济研究参考资料》1979年第94期。在此前，国家经委访日代表团向国务院提交的考察报告中，也引述了来华访问的恩格斯侄孙的话说："中国也不是完全的计划经济，也有市场经济，只是比例比较小。计划经济不是社会主义所固有的，市场经济也不是资本主义所固有的。"张彦宁：《日本工业企业管理情况》，《经济研究参考资料》1979年第85期。

② 王梦奎主编《中国经济转轨二十年》，第198页。

③ 姚依林：《同心协力做好经济改革的调查研究》，《经济研究参考资料》1979年第144期。

成立以来最大规模的经济调研活动，调研成果陆续上报国务院，并写成《中国经济结构问题研究》一书，由马洪、孙尚清主编，周叔莲、张卓元、吴敬琏等数十位学者参加写作。这部用数据说话的著作，揭示了中国优先发展重工业导致的经济结构严重失衡的现状，而结构与体制互为因果，集中计划体制来源于优先发展重工业的路线，反过来又加强了这一路线，这是中国发展速度并不慢却仍然很穷的重要原因。[①] 于光远领衔的理论方法组得到胡耀邦支持，组织了"关于社会主义生产目的"讨论，也得出相同的结论。许多人指出，新中国成立以来实施的是一种高速度、高积累、低消费、优先发展重工业的发展模式。长期、持续地把大部分积累资金投向重工业，轻工业和农业被忽视，产业结构重型化。大量积累沉淀在生产领域，生产出来的产品，供人们消费的最终产品少，消耗在生产过程的中间产品多，尤其是重工业很大部分是自我循环、自我服务，事实上形成了"为生产而生产"，背离了满足人们日益增长的物质文化需要的社会主义生产目的。[②] 这些讨论支持了经济结构性调整，1979 年开始执行的经济调整方针，其实质就是适当降低积累率以偿还长期积累的生活欠账，适当降低重工业比重以加快轻工业和农业的发展，逐步改变长期优先发展重工业形成的重型经济结构。

体制组每星期召开两次座谈会，研究确定改革的总体设想，包括近两年调整时期的小改方案和以后的大改方案。12 月 3 日形成《关于经济体制改革总体设想的初步意见》，因感到尚不成熟，没有打算提交全国计划会议审议。邓小平听到有这么一个素材性的稿子，说"可以披头散发和大家见面嘛！"于是拿到全国计划会议上讨论。12 月 15 日，张劲夫在会上做了说明，明确提出"建立在根本利益一致又存在经济利益

① 参见柳红《80 年代：中国经济学人的光荣与梦想》，广西师范大学出版社，2010，第 105～114 页。

② 参见冯兰瑞《关于社会主义生产目的的讨论》，《二十一世纪》网络版，2004 年 1 月号，总第 22 期；特约评论员：《要真正弄清社会主义生产目的》，《人民日报》1979 年 10 月 20 日；《经济研究参考资料》1982 年第 179 期。

差别基础上的社会主义经济仍然是一种商品经济","社会主义的商品
经济是计划指导下的商品经济"。① 全国计划会议与会者认为，基本思
路对头，但还不成熟，因此未定下来。据体制改革组成员徐景安回忆，
1980 年初在中南海，由李先念主持召开国务院财经委会议讨论了这个
稿子。李先念说："这个稿子我看了两遍，都没有看懂。……他们是中
国共产党党员，我相信他们是对党负责的。所以，我建议，这个文件还
是先发下去试行。"②"初步意见"回顾了 1958 年以来经济体制改革不
成功的历史，认为现行体制的主要问题有三个不适应：一是按行政系
统管理经济与生产的社会化要求不适应；二是过多的自上而下的指令性计
划与复杂多变的国民经济不适应；三是统收统支、大包大揽、吃大锅饭
的办法与用最小消耗取得最大效果的要求不适应。总体设想主要希望解
决的主要问题是，改革应当选择什么样的经济体制模式。文件说，关于
改革方向大体有三种设想：第一种设想，是以中央各部为主集中管理，
适当扩大地方和企业的权限，并在一定的范围内采取一些经济办法；第
二种设想，是在中央统一领导下，以省、市、自治区为主分散管理；第
三种设想，是根据社会化大生产的要求，主要采取经济办法，通过经济
组织管理经济，实行计划调节与市场调节相结合，在国家计划指导下扩
大企业自主权。文件明确表示："改革以采取上述第三个方案为宜。"③
从中可以看出，在经济中引入市场机制的改革方向，在参与决策者中间
一开始就是明确的。

二　在中外交流中开拓思路

20 世纪 70 年代末，决策层和学术界都认识到必须改革，但对改革

---

① 房维中：《在风浪中前进——中国发展与改革编年纪事（1977～1989）》（1979 年
卷），第 221 页。

② 徐景安：《我所经历的经济体制改革决策过程》，《经理人内参》2007 年第 21
期。

③ 彭森、郑宁铨主编《中国改革 20 年规划总集：构筑社会主义市场经济的蓝图》，改
革出版社，1999，第 6～8 页。

的目标和步骤却还相当陌生，因而从上到下都急切想了解外国经验。
1979 年以后派出的各类考察团不胜枚举，考察的目的性和专业性比
1978 年更强。最有意义的是，国务院领导人、财经高官和经济学家们
对日本、美国、德国、匈牙利等国的经济管理体制进行综合考察，① 各
级各类专业性参观考察团，诸如农业、林业、机械、银行、交通运输、
冶金等方面的考察团更不计其数，以至于出现许多重复考察的现象。②
对西方的考察涉及经济管理体制的各个方面。如 1980 年 4 月 2～16
日，国务院副总理余秋里率团访问日本，同日本政界、财界交换意
见，实地考察了十几个工商企业。日本外务省组织了十几位负责官员
和经济专家，全面地介绍战后日本经济发展的情况和经验，有些官员
和专家还详细提供了书面资料。这些资料几乎涵盖日本经济的各个方
面，包括计划的制定，产业政策，经济发展与资金积累，科学技术的
发展，企业、商社、银行在经济发展中的作用，商社的金融活动，第
三产业对就业的作用等领域。其中许多问题如有效利用能源、发展教
育、培养人才、引进技术、企业竞争等问题，正是中国急于寻找解决
之道的紧迫问题，对中国有直接的借鉴意义。③

　　出国考察的亲见亲闻，推动了对当代资本主义和西方现代经济学的

---

① 1979～1980 年，中国十几位领导人先后分别出访法国、西德、英国、意大利、美国、
　　日本等 30 多个国家。1979 年初邓小平出访美国；10～11 月，华国锋访问法国、西
　　德、英国和意大利。1980 年 3 月陈慕华访问澳大利亚、新西兰等国；4 月，余秋里访
　　问日本；5～6 月，康世恩访问巴西和美国；9 月，谷牧访问日本。这些访问都具有经
　　济考察的性质，或者专做经济考察。重要的经济学家组成的考察团有：1979 年 10～
　　11 月，薛暮桥与马洪率中国社会科学院和国家计委联合组成中国工商管理考察团访
　　问美国；11～12 月，袁宝华为团长，邓力群、孙尚清等参加的国家经委代表团应美
　　中贸易全国委员会邀请访问美国；11～12 月，于光远、刘国光、黄海、陈国焱等人
　　在匈牙利进行经济体制考察。1980 年 4～6 月，国家经委代表团访问西德、瑞士、奥
　　地利等；11 月 12 日至 12 月 12 日，以许涤新为团长的 11 人经济学家代表团访问美
　　国；等等。
② 例如，四、五、六机部与海军先后都派人到西德一家电池厂考察，日本名古屋某厂接
　　待中国参观考察团达 92 批之多（《经济研究参考资料》1980 年第 188 期）。
③ 《经济研究参考资料》1980 年第 159 期。

重新认识。许多人看到，社会主义与资本主义并非只有对立，也有某些相通的地方，如对计划和市场手段的运用上。计划手段并非社会主义独享，日本和欧美等发达资本主义国家都在运用计划；而西方企业在市场竞争中带来的活力，正是社会主义可以借鉴的。薛暮桥回忆说，他与马洪率团访问美国时，一位获诺贝尔奖的经济学家对他说："中国地大人多，资源丰富，也已经有一定数量的技术设备，最落后的是管理"，"这话对我的印象很深"。[①] 马洪在访美报告中也感慨地说："同美国相比，我国的管理水平和经济管理教育差距甚大。"[②] 袁宝华率领的国家经委访美团向国务院提交《美国经济管理考察报告》，根据了解到的美国经验，就中国改革提出如下建议：计划必须考虑市场的需要，除主要产品由国家定价外，应实行浮动价格和自由定价，有利竞争，搞活企业；企业的一切经营活动都必须围绕市场这个中心；应逐步改变国家下达指令性指标的做法，企业应有更大的产品自销权和定价权，有更大的财权以加强企业的革新改造；等等。[③] 余秋里率领的访日团回国后，在《访日汇报要点》中写道：我国的经济制度和日本不同，是公有制基础上的计划经济，这是我国制度优越的地方。但是，我们从苏联搬来的经济管理体制，不允许企业之间展开正当的竞争，限制了企业和职工的积极性、主动性。"实践证明，没有竞争，企业以至整个经济就缺乏活力，缺乏弹性，缺乏灵活性。"我们的经济体制改革，要在坚持公有制、计划经济的前提下允许和保护正当的竞争。[④]

西方现代经济学各种学派的思想也开始系统地介绍到国内。1979年1月，在中国社会科学院《世界经济》编辑部组织的一次座谈会上，有学者明确提出：当代资产阶级经济学一方面是为资产阶级辩护的理论，充满庸俗观点；另一方面"在某些局部的具体问题的分析上，在一定程度上也反映了客观实际状况"。会上提出了资产阶级经济学 15 个

---

① 《薛暮桥回忆录》，第 332 页。

② 《经济研究参考资料》1980 年第 84 期。

③ 《美国经济管理考察报告》，《经济研究参考资料》1980 年第 52 期。

④ 《访日汇报要点》，《经济研究参考资料》1980 年第 159 期。

"具体的理论"值得借鉴。与会者提出，要突破禁区，解放思想，大力加强对西方资产阶级经济学的研究，批判其辩护性；研究其对经济政策的影响；借鉴其有用的东西为四化服务。[1] 中国学术界向借鉴西方经济学的方向迈出了谨慎的一步。

1979 年 11 月，国务院财经委员会理论和方法组采取了一个更大的步骤，就是在北京开设"外国经济学讲座"。这个系列讲座从 1979 年 11 月开始到 1981 年，一共开设 60 次，所有讲座内容全部刊登在《经济研究参考资料》上，[2] 并集结成书出版。讲座内容涵盖了当代西方经济学的各个领域和主要经济学家的理论。[3] 这些讲座对西方资产阶级经济学有一些批判性评语，但基调是客观评介，着眼于借鉴。[4] 与此同时，国外经济专家和经济学家也应邀频繁来华讲学，或为各类训练班上课。应邀来访的有：恩格斯的侄孙、西德法兰克福大学的沃尔夫明·恩格斯（1979 年初），日本大来佐武郎（时任外相）、向坂正男、小林实等（1979 年 1~2 月、1979 年 10 月、1980 年 4 月），波兰经济学家布鲁斯（Wlodzimierz Brus，1979 年 12 月），捷克斯洛伐克经济学家奥塔·锡克（Ota Sik，1981 年 3~4 月），等等。应邀来华办班授课的有：1980 年 3 月，邀请 6 位日本专家来天津做为期 16 天讲学；1980 年 8 月，中美两国合作举办的"中国工业科技管理大连培训中心"研究班在大连开学，此后该培训中心定期举办；1980 年夏，在北京颐和园举办经济计量学讲习班，邀请 7 位美国经济学教授讲课；

---

① 杨德明整理《当代资产阶级经济学的评价问题》，《经济研究参考资料》1979 年第 122 期。

② 见《经济研究参考资料》1979 年第 185 期，1980 年第 3、25、42、68、69、81、114、119、154、155、169、170、181、184、185、186、191 期，1981 年第 9、10、11 期。

③ 包括当代资产阶级经济学的基础知识、经济增长和经济发展理论、比较经济学、经济计量学和数学在经济学中的应用、国际经济核算、部门经济学、国际经济学、经济法、创新理论、现代决策理论、企业管理理论、跨国公司理论、财政理论、投入产出分析原理等广泛领域，以及后凯恩斯主流经济学、新剑桥经济学、货币主义、新自由主义、社会市场经济等当代资产阶级经济主要流派。

④ 萧冬连：《中国改革初期对各国经验的系统考察和借鉴》，《中共党史研究》2006 年第 4 期。

1981 年 7~8 月，邀请美国 9 位经济学家在北京举办发展经济学讲习班；等等。

开放之初，引起学术界更多注意的，还是东欧国家的改革实践及改革理论。这是很自然的，因为从思想观念到体制，中国与苏联、东欧国家的情况相近，所遇到的问题也相似。借鉴东欧经验更为直接，也没有太多观念和制度上的障碍。1979 年 6 月 27 日，姚依林在国务院财经委经济理论和财经政策研究工作座谈会上，特别强调要详细了解苏、南、罗、匈等国的改革情况和经验教训，他说："人家经济体制改革搞了八年、十年，改革过程中遇到什么问题，碰到什么钉子，怎么解决的？都要了解清楚，特别是要有过程分析。"① 从 70 年代末到 80 年代初，中国与苏联、东欧国家经济交流活动频繁，其中包括孙冶方 1978 年访问南斯拉夫和罗马尼亚，刘国光和柳随年 1982 年访问苏联，廖季立 1983 年访问匈牙利。1979 年以后，东欧经济学家频繁受邀访华，首位来访者是南斯拉夫经济学家马克西莫维奇（Maksimovich）。影响最大的是波兰经济学家布鲁斯②和捷克斯洛伐克经济学家奥塔·锡克③，他们先后应邀来华讲学。④

---

① 《经济研究参考资料》1979 年第 144 期。

② 布鲁斯（1921~2007），波兰经济学家。曾任华沙大学经济学教授、波兰计划委员会经济调查司司长。1955 年担任政府经济改革顾问委员会副主席，参与起草了 1956 年波兰经济改革方案。1972 年流亡英国，后担任牛津大学沃尔夫森学院和圣安东尼学院客座教授和研究员。1980 年世界银行开始中国业务后不久，聘请布鲁斯作为顾问。以后的十年间，布鲁斯扮演了一个重要顾问的角色。林重庚：《中国改革开放过程中的对外思想开放》，《比较》第 38 辑，2008 年 12 月。

③ 奥塔·锡克是捷克斯洛伐克著名的改革经济学家和政治人物，因"新经济模式"而闻名，该模式被释为"在苏维埃计划体制框架下减少中央指令，扩大市场经济的作用"，一种被看作介于共产主义和资本主义之间的"第三条道路"。锡克的经济理论在 1965 年及 1968 年 4 月被捷克斯洛伐克政府采纳。"布拉格之春"期间，锡克被任命为捷克斯洛伐克副总理兼经济部部长。1968 年 8 月苏军入侵布拉格，锡克流亡瑞士。

④ 参见柳红《吴敬琏传》，陕西师范大学出版社，2002；吴敬琏：《当代中国经济改革》，上海远东出版社，2004；赵人伟：《布鲁斯教授谈经济管理体制的改革》，《经济研究参考资料》总第 259 期；章玉贵：《比较经济学对中国经济改革的影响》，上海三联书店，2006。

1979 年 7 月，刘国光在体制改革研究组的座谈会上，首次介绍了布鲁斯关于社会主义经济模式的理论。① 12 月，布鲁斯应邀来华，在经济研究所连续讲课两天，介绍他的经济改革理论及东欧经济改革的经验教训，听众中有学者，也有国务院决策部门的官员。布鲁斯关于社会主义经济制度可以划分为集权模式、市场社会主义模式、分权模式三种不同模式的理论，给听讲者留下深刻印象。讲课报告经赵人伟整理，以简报形式送到中央领导人手中，反响积极，国务院副总理薄一波接待了他。在当时，由副总理出面接见一位流亡英国的波兰人非同寻常。

继布鲁斯访华后，1981 年 3 ~ 4 月，奥塔·锡克应邀来华讲学。他在北京、上海、苏州做了七场学术报告，介绍捷克斯洛伐克的经济改革和"布拉格之春"的始末，并同薛暮桥、廖季立、马洪、白美清等人进行座谈。② 奥塔·锡克特别强调价格改革的重要性，介绍了匈牙利"先调后放"的做法。薛暮桥提出价格是很难计算的，奥塔·锡克说，可以用投入产出表，经过多次迭代算出各种产品的生产价格或者资金、劳动"双渠价格"，再根据计算出来的价格做一次全面调整，就可以保证第二年放开时震动比较小。大概因为在指导经济改革方面经验丰富，锡克更加受到中国领导人的重视。他的每场报告都整理出简报送马洪，并转达国务院总理。总理做出批示："请奥塔·锡克以后每年到中国来一次，给中国的改革工作提出意见和建议。"并决定建立国务院价格问题研究中心，由薛暮桥、马洪负责，研究制定调整价格和进一步放开价格的方案。③

在改革的最初阶段，苏联、东欧国家的改革理论对中国经济学界和中央决策层起了直接的启示性作用。对于现实存在的社会主义经济

① 房维中：《在风浪中前进——中国发展与改革编年纪事（1977 ~ 1989）》（1979 年卷），第 87 ~ 118 页。
② 《经济研究参考资料》1980 年第 181 期。
③ 柳红：《80 年代：中国经济学人的光荣与梦想》，第 289 ~ 293 页；张曙光：《中国经济学风云史：经济研究所 60 年》上卷（1），香港，世纪科技出版公司，2016，第 307 页。

体制的三种模式，即苏联的集权模式、南斯拉夫的分权模式以及介于二者之间的匈牙利模式，中国领导人和理论界对匈牙利模式表现出更大的兴趣，但并不认为那种模式已经完美无缺，并未考虑过照搬哪一些模式。1980 年 1 月 15 日，薄一波在全国党校工作座谈会上的一段话，反映了高层在借鉴苏联、东欧国家经济模式上的基本态度。薄一波说：

> 现在，我们有许多同志出国考察，有的从南斯拉夫回来，说南斯拉夫的管理体制好；有的从匈牙利回来，说匈牙利的好；有的从罗马尼亚回来，说罗马尼亚的好。我没有考察过，看过一点材料，我想可能是各有所长，是不是可以说包括对今天的苏联经济管理体制，也应当这样看。有一种看法，认为关于社会主义的经济体制，目前基本上有三种模式：一种是苏联模式，就是中央集权制；一种是南斯拉夫模式，就是地方分权、企业自主型；一种是匈牙利那样的模式，介乎前两者之间，是 1956 年以后从苏联模式演变的。就是苏联也早已不是五十年代初那个样子了。苏联和东欧各国的体制，可能都有值得借鉴的地方。前不久，英国牛津大学教授布鲁斯来中国访问。他同我谈了一次话。我过去认识，他是波兰人，曾经在波兰的经济委员会工作过。后来跑到英国去了。他主张分成三种模式，比较称赞匈牙利模式。但他同时认为，当今世界上没有一种有利无弊、绝对理想的社会主义经济模式。我觉得他的这个意见是有道理的。[①]

三　计划取向与市场取向的争论

1980 年 3 月 17 日，中央财经领导小组成立，作为中央经济决策机构，原国务院财政经济委员会相应撤销。中央财经领导小组成员从原财

[①]　薄一波：《关于经济工作的几个问题》，《经济研究参考资料》1980 年第 111 期。

经委的 12 人减少到 6 人，赵紫阳任组长，余秋里、方毅、万里、姚依林、谷牧为成员。4 月，中共中央财经领导小组和国务院聘请薛暮桥、马洪、许涤新、于光远等 10 人担任制定"六五"计划的顾问。为了使这种咨询机制常设化，8 月，中共中央财经领导小组和国务院批准建立国务院经济研究中心，同时设立国务院体制改革办公室（简称"体改办"），与经济研究中心一套人马两块牌子。[①] 通过这两个机构把国务院有关部委所属和其他在京中央级综合性经济研究院所共 18 个单位组织起来，从事经济决策咨询研究。[②] 随后，又成立了技术经济研究中心、经济法规研究中心和价格研究中心。体改办和三个研究中心的成立，为经济学直接服务于决策咨询提供了常设管道。

这时，在中央财经领导小组周围，逐步形成了中国的商品经济改革学派，代表人物是薛暮桥、杜润生、于光远、马洪、廖季立等人。其中首推薛暮桥，他既是国务院经济研究中心总干事，又是国务院体制改革办公室顾问。还有一大批在新中国成立后接受经济学教育的经济学家。这些学者开始形成以建立"社会主义商品经济"体制为核心的整套观点和政策主张。

1980 年初夏，薛暮桥在为国务院体制改革办公室起草的《关于经济体制改革的初步意见》中明确指出："我国现阶段的社会主义经济，是生产资料公有制占优势，多种经济成分并存的商品经济。""我国经济改革的原则和方向应当是，在坚持生产资料公有制占优势的条件下，按照发展商品经济的要求，自觉运用价值规律，把单一的计划调节改为在计划指导下，充分发挥市场调节的作用。"[③] 总的设想是：把企业从部门和地方行政机构的附属物，改为相对独立的经济单位；把分散的

---

① 《薛暮桥回忆录》，第 361 ~ 362 页。

② 薛暮桥任经济研究中心总干事，马洪、廖季立、周太和任副总干事，薛暮桥、马洪、孙冶方、许涤新、钱俊瑞、廖季立、梅行、刘国光等 11 人担任常务干事，柳随年任办公室主任。

③ 彭森、郑宁铨主编《中国改革 20 年规划总集：构筑社会主义市场经济的蓝图》，第 16 ~ 18 页。

"大而全"、"小而全"的经济单位，改为按专业化协作和经济合理的原则组织起来的经济联合体；把受行政系统分割的封闭的产品分配调拨体系，改为统一领导的开放的商品市场；把按条条、块块组织经济活动，改为通过经济中心来组织经济活动；把自上而下的指令性计划制度，改为自下而上、上下结合的指令性和指导性结合的计划制度；把主要依靠行政办法管理经济，改为主要运用经济手段调节经济；把忽视法治，改为严格法纪，加强经济立法、司法和监督等。这份文件提交到9月中央召开的省、市、区第一书记会议上，以与关心改革总体方向的与会者通气。这次会议的主要议题是讨论农业改革政策，对这份文件没有讨论，也没有引起什么争论，因为当时党的高级干部谁都不知道改革怎么改。薛暮桥在会上做了一个说明，他说："在我们起草这个文件的时候，深深感到所谓经济体制的改革，是要解决在中国这块土地上，应当建立什么形式的社会主义经济的问题，这是社会主义建设的根本方向。将来起草的经济管理体制改革规划，是一部'经济宪法'。"薛暮桥意见的实质是建立以市场为基础的经济体系。他的话给国务院主要领导人以重大影响，但是，这一改革思路在决策层未能成为共识，未能确定为政府的决策。①

1980年的经济形势出现了两种相反的现象：从一方面看，是新中国成立以来少有的很好的经济形势。放权让利式改革搞活了经济，保持持续较快增长，农村政策的调整和农产品购销体制松动，城乡农贸市场恢复了很久没有过的繁荣和热闹。一些城市如广州等地率先放开蔬菜和鱼类等鲜活产品的价格，市场供应很快丰富起来。城乡人民收入均有增加，人民生活的改善幅度多年未有。以放权让利、调动积极性为目的的改革，却从多方面引入了市场因素。扩大企业自主权的改革使试点企业开始关注市场，在同行业中引起了竞争；企业获得产品自销权，使一部分生产资料开始作为商品进入市场。

而从另一方面看，又出现了严重的困难。最显著的标志是1979、

---

① 《薛暮桥回忆录》，第375～376页。

1980 年两年连续出现巨额财政赤字，1979 年赤字 170 余亿元，1980年 120 余亿元，到 1980 年物价稳不住了，商品价格上涨 6%，其中城市上涨 8.1%，农村上涨 4.4%。① 中国几十年来一直实行冻结物价的政策，人们对物价上涨极为敏感，决策层把它视作危机的信号，这不难理解。出现这种困难既有历史遗留因素，也有新的因素。新因素包括 1979 年开始的以还生活欠账为内容的经济调整，步子迈得太大，农产品提价、职工提薪、奖金发放、安置就业、政策退赔、扩大企业和地方财权，以及国防战备费增加等，使财政支出大幅增加；② 与此同时，1979 年确定的调整方针没有得到很好贯彻，基建规模压不下来，主要是预算外投资增加，这显示出经济调整与放权让利改革之间存在某种张力。放权让利改革本身也遇到了新问题。一方面，放权仍然有限，在企业留利、原材料供应、劳动管理体制、工资制度、计划外生产等方面企业权力还很小，对搞活企业的作用有限。另一方面，集中管理的价格体制和不合理比价，各工业部门利润水平相差悬殊，最为典型的是，成本利润率石油行业比煤炭行业高出 100 倍。这造成了苦乐不均、不公平竞争和相互攀比。③ 试点企业出现"截留税利，乱摊成本，滥发奖金和补贴"等行为。④ 财政分级管理使地方利益强化，"各级政府都想增加财政收入，办法是多办工厂"。1980 年，想生产电冰箱、电风扇、电视机、洗衣机、录音机等的市县就有"几百上千"。预算内投资减少了，预算外投资却大幅度增加，基本建设总规模不但没有压缩反而增大了。⑤ "少数地区已经开始出现'割据'的苗头，不但上下争利，而且阻碍经济的横向的联系。"城乡之间、地区之间争夺原料、重复建设、盲目生产、以小挤大、以落后挤先进的混乱现象

---

① 《中国经济年鉴（1981）》，第Ⅲ部分第 4~5 页。

② 《王丙乾部长谈财政赤字原因　配合国民经济调整采取减收增支措施》，《人民日报》1980 年 8 月 31 日。

③ 中央办公厅研究室理论组：《经济体制改革的开端——四川、安徽、浙江扩大企业自主权试点调查报告》，《经济研究参考资料》1980 年第 51 期。

④ 《中华人民共和国经济管理大事记》，第 420 页。

⑤ 薛暮桥：《关于经济体制改革的一些意见》，《人民日报》1980 年 6 月 10 日。

也有所发展。①

对于经济困难和混乱的原因，有两种不同的解释。主张保持计划经济主体地位的政治家和理论家坚持认为，困难是由过分强调商品货币关系引起的，他们不赞成把市场调节与计划经济并提。改革派经济学家则认为，困难之所以发生，并不是因为进行了改革，而是因为改革的办法不适当，许多改革各搞各的，互不衔接，缺乏全面规划和协调。② 即使都是主张改革的，对于改革优先还是调整优先也有不同看法。一种意见主张把改革放在前面，另一种意见主张把稳定放在前面，后一种意见与决策层意向契合。1980年，翁永曦、朱嘉明、黄江南、王岐山通过姚依林给陈云呈送了他们写的一篇文章，提出"抑需求，稳物价；舍发展，求安定；缓改革，重调整；大集中，小分散"的24字建议，得到了陈云的赞赏。在1980年底的中央工作会议上，陈云介绍了这篇文章的观点，后被称为"四君子上书"。薛暮桥主张市场取向的改革，但同时赞同调整，他始终认为只有在稳定的环境下才能推进改革。1980年11月，薛暮桥给国务院总理写了一封信，主张切实贯彻调整方针，扭转两年来积累加消费超过国民收入的状况。在调整与改革的关系上，当前应当继续把调整放在首位。③

其时，决策层不仅认为经济中存在"潜在的危险"，"搞得不好，可能爆发经济危机"，而且认为经济不稳定可以引起政治形势不稳定。陈云的一句话引起高层高度重视，他说："经济工作搞不好，宣传工作搞不好，会翻船。"④ 中央工作会议确定了"经济进一步调整，政治上进一步安定团结"的方针。调整，意味着"必须加强集中统一"，"最后的落脚点是中央集中统一"。调整的这种客观要求使坚持计划经济主体地位的观点在政治上占据了上风，主张社会主义经济应是商品经济的观点开始受到指责。1981年4月，以中共中央书记处研究室的名义印

---

① 薛暮桥：《关于经济体制改革的一些意见》，《人民日报》1980年6月10日；柳随年：《关于经济体制改革问题》，《经济研究参考资料》1980年第166期。

② 薛暮桥：《关于经济体制改革的一些意见》，《人民日报》1980年6月10日。

③ 《薛暮桥回忆录》，第362页。

④ 《陈云年谱》下卷，第262页。

发了一个材料，按照对计划和市场的态度，把经济学家划分为四类：第一类是坚持计划经济的，第二类是赞成计划经济但不那么鲜明的，第三类是赞成商品经济但不那么鲜明的，第四类是主张发展商品经济的，薛暮桥、廖季立、林子力等为第四类。从 1981 年第二季度起，一些人公开批评社会主义经济是商品经济的观点。① 他们认为，1979～1980 年国民经济调整计划受到冲击，原因就在于过分削弱了指令性计划，动摇了计划经济，过多提倡指导性计划和市场调节。他们强调"作为社会主义经济基本特征的，应该是计划经济，而不是商品经济"，"改革的目的是改进和加强计划经济，而不是削弱以致放弃计划经济"。②

　　1981 年 12 月，陈云在农村工作会议上说，农村经济也必须以计划经济为主，市场调节为辅，不能例外。1982 年 1 月 25 日，正值农历正月初一，陈云找国家计委负责人谈话。陈云说："我今天要讲的是怎样坚持计划经济为主，市场调节为辅的问题。""计划不受欢迎啊！所以今年大年初一，我就找计委几位主要负责同志来谈一谈这件事。""计委的工作难做呀！去年十二月我讲了那四点，主要强调计划经济，不强调不行。"陈云强调计划性，直接原因是他感到现在有点乱。在谈话中，姚依林、蔡树藩、房维中都说到"现在计划不受欢迎"的情况：有些部门、地方、企业不坚决执行国家计划，有些工厂的管理人员跟工人联合起来向国家争利。有些出产木材、煤炭、食糖的省区都要卖高价，产煤省区拼命想出口煤炭，使国家煤炭平衡不下来，计委想征 30% 的煤炭出口税，但"还谈不通"。姚依林说："没有自主权时你发个命令他就照干，不发命令他也不动脑筋；有自主权以后，你发个命令他不一定照干，你不发命令他也动脑筋。这个事情有好有坏两面。好的一面是提高积极性，坏的一面是有盲目性。"③

---

① 参见有林《计划生产是主体，自由生产是补充》，《经济研究》1981 年第 9 期；李震中：《也谈计划和市场问题》，《光明日报》1981 年 12 月 26 日。

② 《薛暮桥回忆录》，第 375～376 页。

③ 房维中：《在风浪中前进——中国发展与改革编年纪事（1977～1989）》（1982 年卷），第 27～31 页。

依在场的房维中的说法，"在调整时期，多强调一点计划性，本无可厚非。由此而否定市场调节，进而否定社会主义经济是商品经济，这并不是陈云的本意"。① 然而，陈云春节谈话发表后，风向大变。基于政治上的考虑，一些主张商品经济的著名学者也不得不改变口风。1982年1月29日，由《财贸经济》编辑部组织，孙冶方约请北京经济理论界的一些人士，学习讨论陈云关于"坚持以计划经济为主，市场调节为辅"的讲话。孙冶方表示"我完全拥护陈云同志这一重要讲话"，批评"计划与市场"或"计划经济与市场经济"的提法不确切。② 原来主张有计划的商品经济观点的纷纷表态拥护陈云讲话。③ 1981年，马洪发表文章明确指出："现阶段我国是有计划的商品经济"，"承认社会主义经济是有计划的商品经济，这在理论上是一个很大的进步，是一个飞跃"。④ 陈云讲话以后，马洪放弃了上述观点，表态说："社会主义经济是计划经济。这是马克思主义的一条基本原理。"⑤ 更具标志性的是薛暮桥的检讨。1982年5月19日，薛暮桥在《光明日报》上发文，为他关于"社会主义经济是在公有制条件下的商品经济"的观点做检讨。⑥ 后来，薛暮桥在回忆录里说："我是国务院的现职干部，内部可以提出自己的意见，但在公开场合，我有义务同中央保持一致。"⑦

1982年9月6日，刘国光应《人民日报》之约发表文章，提出应

---

① 房维中：《十三年纪事（1977～1989）》（1982年），中国计划出版社，2004，第342页。

② 邓加荣：《孙冶方传》，山西经济出版社，1998，第349页。

③ 转引自红旗出版社编辑部编《计划经济与市场调节文集》第1集，红旗出版社，1983，第300～303页。

④ 马洪：《我国的社会主义经济是有计划的商品经济》，《经济研究》1981年第7期。

⑤ 马洪：《加强计划经济，改进计划工作》，《中国财贸报》1982年4月26日。

⑥ 薛暮桥的文章说："1980年有一个'征求意见稿'说，'我国现阶段的社会主义经济是生产资料公有制占绝对优势、多种经济成份并存的商品经济'。……最近有的同志指出这个提法不妥，应改为'我国现阶段的社会主义经济，是以生产资料公有制为基础、存在商品生产和商品交换的计划经济'。后一种表达方法，可能比前一种确切一点。"薛暮桥：《关于经济体制改革理论问题的讨论》，《光明日报》1982年5月19日。

⑦ 《薛暮桥回忆录》，第293页。

当根据不同情况，对国民经济采取指令性计划、指导性计划、市场调节三种不同的管理形式，进而明确提出"要逐步缩小指令性计划的范围，扩大指导性计划的范围"。"我们必须着力研究指导性计划的机制问题。"① 由于该文关于指令性计划的提法与中央文件有出入，9 月 7 日，胡乔木致信《人民日报》负责人，批评发表这样的文章是不慎重的。中共十二大闭幕后，代表们走出会场，胡乔木和刘国光相遇，胡对刘说："你有不同观点可以向中央提出，但在报纸上发表与中央不一致的观点影响不好，要作检查。"随后，在中国社会科学院党组会上，刘国光做了检查，检讨自己违反了组织原则，没有与党中央保持一致。但是，据刘国光说，在思想上他并没有认为自己的理论观点是错误的。② 大概一年时间内，在各种论坛的报刊上，主张社会主义经济也是一种商品经济的文章销声匿迹。③ 只有杨坚白、王珏和卓炯等少数几位学者仍然坚持有计划的商品经济的观点。④

从 1979 年到中共十二大，关于计划与市场的关系问题基本原则没有区别，但强调的侧重点有所改变。1979 年强调的是"市场调节"，要在单一计划经济中引入市场机制；1981 年以后强调的则是"计划经济"，市场调节必须在计划经济的大框框里起作用；中共十二大的提法是"坚持计划经济为主，市场调节为辅原则"，"我国在公有制基础上实行计划经济。有计划的生产和流通，是我国国民经济的主体。同时，允许对于部分产品的生产和流通不作计划，由市场来调节，也就是说，根据不同时期的具体情况，由国家统一计划划出一定的范围，由价值规律自发地起调节作用"。⑤ 1982 年底 1983 年初，陈云多次把实行统一计划与搞活经济的关系比喻为"笼子与鸟"的关系。1982 年 12 月 2 日，

① 刘国光：《坚持经济体制改革的基本方向》，《人民日报》1982 年 9 月 6 日。
② 转引自刘国光《计划与市场关系变革的 30 年及我在此过程中的一些经历》，《中国社会科学院经济学部学部委员和荣誉学部委员文集——纪念改革开放 30 周年》，第 48 页。
③ 张卓元：《"社会主义市场经济论"形成始末》，《北京日报》2009 年 8 月 10 日。
④ 参见王珏《计划经济与市场调节》，《财贸经济》1982 年第 5 期；卓炯：《创造性的经济管理体制》，《羊城晚报》1982 年 11 月 3 日。
⑤ 《十二大以来重要文献选编》（上），第 22 页。

陈云在参加全国人大五届五次会议上海代表团讨论时说：

> 今后要继续实行搞活经济的政策，继续发挥市场调节的作用。但是，我们也要防止在搞活经济中，出现摆脱国家计划的倾向。搞活经济是在计划指导下搞活，不是离开计划的指导搞活。这就像鸟和笼子的关系一样，鸟不能捏在手里，捏在手里会死，要让它飞，但只能让它在笼子里飞。没有笼子，它就飞跑了。如果说鸟是搞活经济的话，那么，笼子就是国家计划。当然，"笼子"大小要适当，该多大就多大。经济活动不一定限于一个省、一个地区，在国家计划指导下，也可以跨省跨地区；甚至不一定限于国内，也可以跨国跨洲。另外"笼子"本身也要经常调整，比如对五年计划进行修改。但无论如何，总得有个"笼子"。就是说，搞活经济、市场调节，这些只能在计划许可的范围以内发挥作用，不能脱离计划的指导。①

陈云关于"笼子与鸟"的比喻，并不表明他回到过去那种统得过多过死的体制，他的所谓"笼子"是有弹性的，"该多大就多大"，根据情况经常调整，但是他强调：总得有个"笼子"，市场调节不能脱离计划指导。从总体上说，决策者的改革思路没有超出适当引入市场机制以完善计划经济的框框。连《邓小平文选（1975～1982年）》在1983年出版时，也将《目前形势和任务》一文中"计划调节和市场调节相结合"的提法，改为"在计划经济指导下发挥市场调节的辅助作用"。

四　改革理论探索未有止步

1981年以后，经济改革方向处于不甚明朗的状态，但改革并没有停滞。提出计划经济为主，并不排斥继续发挥市场调节的作用；强调改革服从调整也不意味着改革停顿。尽管党内有各种议论，但决策层搞活经济的初衷没有变，原则是"有利于调整、有利于搞活经济的改

---

① 《陈云年谱》下册，第309、311～313页。

革必须坚持进行"。① 事实上，国务院对改革方案的研究并没有受到影响，反而进一步加强了。经济学界对计划和市场关系的探讨也没有停息。

1982 年 5 月 4 日，国家经济体制改革委员会（简称"体改委"）成立，国务院总理兼主任，薄一波、杜星垣、安志文、周太和、童大林为副主任。体改委的职能主要有两项：一是负责制定改革的总体规划，二是加强对经济体制改革的指导和协调。② 体改委的成立，意在将经济改革从局部试验纳入到顶层规划。建立这样一个超脱部门利益又具有权威的机构来指导改革，可以减少职能部门的认知局限和利益羁绊。同一天，体改委和国务院经济研究中心联合召开会议，动员进一步开展经济体制改革理论问题的讨论。这场讨论延续 4 个月，有 300 多人参加，大小会开了 70 多次。③ 这场讨论虽然维持"计划经济为主，市场调节为辅"的总基调，但主旨是鼓励继续探索。会议简报说，"在理论探讨中，要进行健康的同志式的讨论"，不应"动不动揪辫子，打棍子，无限上纲"。简报说，有些同志在陈云春节谈话后"心存顾虑"，"这是不必要的"。④ 这是为理论界解压。

1982 年 7 月，在浙江莫干山召开的"苏联东欧经济体制改革座谈会"（即"莫干山会议"），邀请了一些既懂改革理论又有实际改革经验的东欧经济学家来华。东欧专家组由布鲁斯带队，⑤ 中方参会者由薛暮

① 国务院批转国家经委、国务院体改办《关于工业管理体制改革座谈会汇报提纲》（1981 年 4 月 1 日）。

② 中国经济体制改革研究会编写组：《中国改革开放大事记（1977～2008）》，中国财政经济出版社，2008，第 67 页。

③ 林重庚：《中国改革开放过程中的对外思想开放》，《比较》第 38 辑，2008 年 12 月；柳红：《80 年代：中国经济学人的光荣与梦想》，第 65 页。

④ 房维中：《在风浪中前进——中国发展与改革编年纪事（1977～1989）》（1982 年卷），第 68～69 页。

⑤ 成员包括波兰国家物价委员会前主任斯特鲁明斯基（Julius Struminsky）、捷克斯洛伐克前副总理奥塔·锡克的工作搭档考斯塔（Jiri Kosta）、匈牙利改革经济学家肯德（Peter Kende）、美国威斯康星大学教授格兰尼克（David Granick）、世界银行官员林重庚和伍德等。

桥、廖季立和刘卓甫带队。会上听取了外国专家关于东欧国家改革动向的介绍，双方集中讨论了所有制与经营方式、计划与市场、价格、劳动、工资奖金等问题。会上还讨论了中国改革的方法问题，与会所有东欧专家都强烈建议"一揽子"的方法。然而，当他们到中国几个城市进行考察后，改变了主意，回话说鉴于中国各地情况千差万别，经济落后，贫困现象严重，没有犯错误的余地，建议采用谨慎的渐进改革方法。但这次会议提出中国改革要有总体规划，要有明确的改革目标，然后可一步一步地进行。① 在这个重要问题上，中外学者达成了共识。但这次会议对中国经济学界的影响是明显的，最重要的是引进了用现代经济学来分析体制问题的方法，这对许多只接受传统政治经济学训练的中国学者来说，具有启蒙意义。② 薛暮桥显然很满意这次交流，他为会议留诗："改革开放疑难多，中外贤哲共琢磨。莫道胸中千顷竹，老马岂能尽识途。"③ 8月10日，薛暮桥、刘卓甫、廖季立联名向国务院报送《关于布鲁斯为首的经济体制考察团来访情况的报告》，薄一波批示"可资对照研究"，万里批示"很有参考价值"。④ 鉴于当时的风向，这次会议并没有对外宣传，因而知道的人不多。

80年代初是一个学术复兴时期，尤其是经济学，各种经济学研究团体发展迅速，经济改革的研究方兴未艾。⑤ 一个中青年经济学者群体开始崭露头角，其中，"中国农村发展问题研究组"（简称"发展组"）因一些偶然因素为体制接纳，被高层吸收进入决策过程。"发展组"的成员大都是在校大学生和研究生，他们上山下乡多年，对于中国农村普遍化的贫困有非常深切的了解和同情。许多人在上山下乡时就开始反思

---

① 柳红：《80年代：中国经济学人的光荣与梦想》，第67～68页。

② 林重庚：《中国改革开放过程中的对外思想开放》，《比较》第38辑，2008年12月。

③ 《薛暮桥回忆录》，第295页。

④ 《国家体改委重要文件资料汇编》，转引自柳红《80年代：中国经济学人的光荣与梦想》，第69页。

⑤ 1981年3月，中国经济学团体联合会（简称"经团联"）成立，截至1982年2月，加入"经团联"的团体会员达255个之多。《中国经济年鉴（1982）》，第Ⅹ部分第4～32页。

中国的发展道路，特别关注农村和农民的出路。① 回城后大家希望能够为农民做点事，为中国的经济发展做点事。起初，一批志同道合者自发组织各种沙龙，讨论中国的发展前途问题。② 1981 年 2 月，这些人得到邓力群、杜润生等的支持，正式成立"中国农村发展问题研究组"，"发展组"挂靠在社科院农经所，邓力群、杜润生还亲自到成立会上讲话，给予鼓励。这意味"发展组"这一民间学术团体被官方认可并吸纳。③ 1981 年夏，"发展组"到安徽滁县地区调查，年底写出《包产到户以后的新情况和新问题》系列调查报告，经邓力群送胡耀邦等中央领导，受到高度赞扬。"发展组"在 1982 年初关于农村改革的中央"一号文件"的制定中第一次发挥了作用。有鉴于这种经验，1982 年 2 月 25日，中央书记处专门开会，一致同意用几年时间，从各大学选拔300～400个插过队、考上大学或读研究生的年轻人分到社科院农经所、农业部以及其他有关部委从事农业问题的研究，从各方面取得对农业问题的信息。3 月 11 日，专门为此发出一份文件。这使"发展组"迅速壮大，最多时竟有七八十人。从 1982 年到 1986 年，每次中央农村工作会议的讨论，以及 5 个中央"一号文件"的起草，都有"发展组"的人参加。④

　　一个由青年学者组成的民间学术团体被纳入决策体制，委以调研重任，这是 80 年代改革的特有现象。说明改革存在太多未知领域，决策者需要多渠道获取信息，听取各方新见解。同时，也反映出当时领导人的开放心态。年轻人的才识引起高层重视，是从 1980 年的所谓"四君

---

① 如张木生在"文革"期间写过一篇 5 万字的文章《中国农民问题学习——关于体制问题的研究》，反思苏联和中国农业发展的道路，批评大寨的做法。这篇文章在北京知识青年中以手抄本形式流传。萧冬连对张木生的访谈，2006 年 7 月 19 日。

② 比较活跃的有翁永曦、黄江南、王岐山、朱嘉明、陈一谘、邓英陶、王小鲁、王小强、周其仁等人。

③ "发展组"组长陈一谘，副组长王小强，早期成员主要有何维凌、孟繁华、杜鹰、孙方明、谢扬、白南生、白南风、白若冰、杨冠山、张木生、王小鲁、罗小朋、邓英陶、周其仁、杜鹰、陈锡文、宋国青、高山等。

④ 萧冬连对张木生（2006 年 7 月 19 日）、孙方明（2009 年 2 月 23 日）、王晓鲁（2008年 10 月 24 日）的访谈。

子上书"开始的。翁永曦、王岐山、黄江南三位 30 岁出头的年轻人被召进中南海，与国务院总理、副总理直接对话。[1] 此后，更多的年轻人被约到国务院会议室谈中国的经济改革，领导人出差还特地叫上年轻人随行，听听他们的想法和建议。[2] 多人回忆到一个情节：一次在中南海汇报粮食问题，到底是每年征购 1200 亿斤，还是 1000 亿斤？胡耀邦总书记说，干脆取 1000 亿斤，凑个整数，其他放开。这时候一个年轻人站起来说："您说什么呢？1200 亿斤是我们反复研究、平衡计算出来的，您不能拍脑袋瞎说！"胡耀邦站起来，拍拍他的肩膀说："年轻人你慢慢说，我仔细听。"

　　中青年经济学者的首次集体发声，是 1984 年 9 月 3～10 日在浙江莫干山召开的中青年经济科学工作者学术讨论会，也称"莫干山会议"。这次会议是几位中青年学者策划，由经济学周报社等 10 家单位联合发起的。参加会议的 124 名正式代表，是由会议筹备组根据来自全国 29 个省、市、自治区的 1300 余篇应征论文挑选出来的。这是一次特别的会议，没有红头文件批准，却得到官方默许和关注。参加会议的除通过论文入选的代表以外，还有会议发起者、筹备者和少数当时已经有一定成就的中青年学者，其中包括来自中组部、中宣部、中央财经领导小组、中央书记处农研室、红旗杂志社、国家计委、国家体改委、商业部、北京市委等机构的工作人员。[3] 特别是总理秘书李湘鲁、国务委员

----

① 萧冬连对翁永曦的访谈，2015 年 9 月 18 日。

② 其中有徐景安、陈一谘、王小强、华生、周其仁等。

③ 莫干山会议的联合主办单位有经济学周报社、经济日报社、中央人民广播电台、世界经济导报社、中国青年报社、中国青年杂志社、中国村镇百业信息报社、经济效益报社、浙江省社会科学院、浙江省经济研究中心，承办方为浙江省经济研究中心。发起者为朱嘉明、刘佑成、黄江南、张钢。领导小组由各发起单位的领导人组成。大会秘书组有张钢、朱嘉明、黄江南、徐景安、王岐山、王小鲁、周其仁、刘佑成、李湘鲁、金观涛、杨沐、高梁等。学术组为朱嘉明、黄江南、徐景安等。主要与会者（除上面已列者外）有：马宾、马凯、周小川、郭树清、楼继伟、李剑阁、孔丹、贾春风、娄建、田力维、赵明、陈一谘、陈元、肖捷、吴晓灵、刘克崮、陈锡文、许善达、鲁昕、阎卡林、李罗力、常修泽、张维迎、华生等。还有《经济日报》丁望、《世界经济导报》朱杏清、《中国青年》杂志崔维德、《中国村镇百业信息报》白若冰、《红旗》杂志陈晓梅等。

张劲夫秘书孔丹以及中央农村政策研究室王岐山等人与会，使会议与高层之间有了直接的沟通管道，也降低了风险，虽然他们都是以个人身份参会的。事实上，中央最高机构也在密切关注会议，浙江省委省政府的支持更明确，省委宣传部部长等人正式参会，省长薛驹等主要领导上山看望与会代表。莫干山会议的宗旨是"为党和国家献计献策"，聚焦城市经济体制改革，会议分七八个小组进行讨论，所涉议题包括价格改革、企业改革、对外开放、金融体制改革、股份制经济和农村改革等，都是当时发展和改革面对的尖锐问题。会后形成七份专题报告即《价格改革的两种思路》、《与价格改革相关的若干问题》、《企业实行自负盈亏应从国营小企业和集体企业起步》、《沿海十四个城市对外开放的若干问题的建议》、《金融体制改革的若干意见》、《发展和管理股份经济的几个问题》、《粮食购销体制的改革和农村产业结构的变动》等，上报国务院，并选出几位代表向主管计委和体改委的国务委员张劲夫做了汇报。[①] 由于城市改革起步的焦点是价格问题，莫干山会议上关于价格改革的思路受到高层的特别重视。这次会议的意义，不仅在于为刚刚起步的城市改革提供咨询，也提升了中青年政策研究者的影响力，不仅中央部门，各地政府也开始愿意吸纳青年学者的意见，鼓励年轻人冒头，从中走出一批有影响的人物。

五 有计划的商品经济：理论上的重要突破

1984年10月，中共十二届三中全会通过关于经济体制改革的决定，标志着中国改革总体思路的一次重大突破，从批判"社会主义商品经济论"转到肯定社会主义经济是"有计划的商品经济"。短短两年时间，为什么会发生如此重大的转变？它又是怎样在决策层取得共识的？

时任国家体改委副主任安志文在访谈中说："这主要是归功于企业

---

① 徐景安：《"双轨制"改革的由来》，《财经》2008年第5期。

和地方的改革实践探索取得了重要突破。"① 的确如此，观念突破首先来自实践的推动。经过几年改革，中国经济的构成悄然发生了重要变化，国有经济以外的多种经济成分迅速增长。到80年代中期，包括集体经济、个体经济、私营经济和外资企业在内的非国有成分在整个国民经济中占据了重要地位，1984年非国有工业产值所占比重已达到36%，促进了市场竞争。国有部门的局部改革也使宏观管理体制出现了不同程度的松动：国有企业在扩权中获得产品自销权，从而开辟了物资流通的计划外轨道；市场流通体制改革，形成了最初的市场价格和市场竞争，逐步形成双轨制价格。中国经济初步形成体制内与体制外两种经济并存，计划内与计划外"双轨制"运行的格局。农村改革的先行示范作用尤其不可忽视。一个有意思的现象是：不管政界和理论界有什么争论，农村改革始终坚持着市场取向。1981年"四号文件"，1982、1983、1984年三个中央"一号文件"，都把商品经济的大发展作为农村经济振兴的必由之路。这与杜润生等人在政策制定中发挥的作用不无关系。更重要的是农村改革本身就是一个市场化的扩展过程：实行家庭联产承包责任制后，市场机制引入农业和农村经济，乡镇企业从一开始就生存于计划外空间，它的迅速发展是一个成功发挥市场机制作用的典范，并要求进一步放开市场。农业改革的成功有力地推动了整个国民经济的增长，也使得改革的声誉提高，支持率激增。党内和社会上不少人希望把农村改革的成功经验复制到城市。②

高层呼吁改革的声音在加强。1983年1月20日，中共中央总书记胡耀邦在全国职工思想工作会议上做题为"四化建设和改革问题"的长篇报告，他说："现在，全党全军和全国各族人民都为我国农业的极大好转而欢欣鼓舞。"胡耀邦提出一个"全面而系统地改、坚决而有秩序地改"的改革总方针。他说，"一切战线，一切部门、一切单位，都

---

① 安志文：《80年代中国改革开放的决策背景》，中国经济体制改革研究会编《与改革同行》，社会科学文献出版社，2013，第9页。

② 参见吴敬琏《二十年来中国的经济改革和经济发展》，《百年潮》1999年第11期。

有改革的任务"，都要破除老框框，创立新章法，改革潮流，势不可挡。① 胡耀邦的一些提法在高层引起争议，担心一股风吹下去形成压力，导致一哄而起；同时认为城市改革比农村复杂得多，不能简单搬用农村大承包的办法。1月28日，陈云在给周太和的信中提出两点意见："第一，体制必须改革"，"第二，改革必须经过试点"。② 不过，在加快城市改革的问题上高层已形成基本共识。4月，中共中央、国务院印发赵紫阳的讲话说："改革的步伐要加快"，"调整也好，整顿也好，如果不同改革结合，是很难进行下去的"。8月6日，国务院第六次常务会议部署改革方案研究任务，围绕提高企业素质提出了10个需要研究的问题，国务院做了分工，③ 要求各组拿出方案由中财小组审议后报中央。胡耀邦、邓小平、陈云均做批示表示赞同。1983年底至1984年初，经济领导部门专门研究了怎样改善国有企业素质的问题。1984年5月，国务院发布了《关于进一步扩大国营工业企业自主权的暂行规定》（"扩权十条"）。许多人都认识到，落实"扩权十条"，不仅是企业内部的问题，而是要求整个经济体制做相应的改变，突破"计划经济为主、市场调节为辅"的框架。④

　　1983、1984年兴起的关于新技术革命的广泛讨论，从另一个方面提升了加快改革的热度。西方所谓第四次产业革命的观点，受到中央领导人的重视。1983年10月9日，赵紫阳发表讲话，提出要组织研究新技术革命和我们的对策问题。他认为，这次新工业革命对中国向四化进军来说，既是一个机会，也是一个挑战。时机用得好，可以缩

---

① 谭宗级、叶心瑜主编《中华人民共和国实录》第4卷，第608页。

② 房维中：《在风浪中前进——中国发展与改革编年纪事（1977～1989）》（1983年卷），第27页。

③ 税制改革由田纪云、王丙乾负责，廖季立和国务院经济研究中心参加；计划体制由胡启立负责，宋平、安志文、廖季立、柳随年、马洪参加；价格改革由张劲夫、宋劢文负责；劳动工资由胡启立负责，赵守一参加；建筑建材业改革由李锡铭、吕克白负责；电子工业由万里负责；食品饲料工业由王磊、袁宝华、李瑞山负责；引进人才由姚依林负责，方毅、宋平参加。

④ 吴敬琏：《二十年来中国的经济改革和经济发展》，《百年潮》1999年第11期。

短差距；漠然视之，就会被甩得更远。胡耀邦积极支持，要求各级领导"用心看一看"。国务院和上海市分别成立了专家小组研究对策。1983 年 11 月 5 日，国务院几家机构联合举行"新的产业革命及我们的对策"研究动员大会，1984 年 3 月起，中央、国务院机关开办了 20 期的系列讲座。全国兴起了一个讨论新技术革命的热潮。专家及部门提出的对策各异，但有一点是一致的：新技术革命对于中国现行的体制、经营思想和低效率状况确是一个严峻挑战。面对挑战，必须加速改革开放。①

在这种背景下，各地改革气氛浓烈。1984 年初经济工作会议期间，与会者对改革反应很强烈。据国家经委整理的文件，各地改革的劲头很大，要求深圳的办法在内地推广，商业要搞贸易中心，把农产品放活，小企业放活，企业奖金不封顶，中央企业下放到城市，还有建筑、煤矿、劳动制度、干部制度改革等，改革"形势迅猛"。② 由于改革的收益明显，发展的势头很好，也使得有所保留的领导人态度出现变化。

经济改革已经 5 年，却始终没有一个正式的改革文件。从 1981 年到 1983 年，国务院体改办和国家体改委先后拟制了三份改革意见和方案，没有一个被中央正式认可而形成政策。③ 中共十二届三中全会即将召开，需要出台一个有关经济体制改革的决定，把改革的远景或目标、主要方法描绘出来。关于商品经济的理论突破就是在文件的起草过程中实现的。据当事人回忆，关于经济体制改革的决定从 1984 年 6 月就开始起草。起草班子先是参加起草政府工作报告的原班人马，以袁木为

---

① 参见方毅《重要的任务在于学习》，中共中央组织部等编《迎接新的技术革命——新技术革命知识讲座》，湖南科学技术出版社，1984。

② 《安志文在体改委会议上的讲话》（1984 年 4 月 11 日），《周少华工作笔记》，第 943 页。

③ 即 1981 年 6 月 12 日的《关于调整时期经济体制改革的意见》、1982 年 2 月 25 日的《经济体制改革的总体规划》和 1983 年 2 月 18 日的《关于当前经济体制改革的几点意见》。1983 年 8 月 1 日，国家体改委总体规划组还提出一份《关于〈经济体制改革总体设想〉应着重研究解决的几个问题》。见彭森、郑宁铨主编《中国改革 20 年规划总集：构筑社会主义市场经济的蓝图》。

首。起草小组内部意见不一致，主要牵涉商品经济问题，要不要在决定里突出这个思想？多数不赞成，赞成的只有杨启先和谢明干。搞了一两个月，写出一个提纲，8月初拿到北戴河，胡耀邦主持讨论。胡不满意，觉得平平淡淡、缺乏新意，要求在重要问题上有所突破。随后，起草班子调整，主要成员有林涧清、袁木、郑必坚、林子力、王愈民、罗劲柏、高尚全、桂世镛、杨启先、谢明干，负责人也由袁木改成林涧清。起草小组分别拜访一些中央领导人，听取他们的意见。万里的态度非常坚定，认为改革非搞不可，否则没有出路。其间，胡耀邦8次参加研究，有两次亲自订提纲；赵紫阳3次和起草小组共同研究。① 在国务院领导的授意下，马洪组织社科院的吴敬琏、周叔莲、张卓元等人写了一篇题为《关于社会主义制度下我国商品经济的再探索》的研究报告，建议应当提有计划的商品经济，认为我们现在就属于有计划的商品经济。② 报告以马洪的名义分送中央、国务院领导人和部分老同志，意在试探反应，结果是不但没有招来批评，还得到了原来以为会持强烈反对意见的某位老同志的称赞。8月底，高尚全（中国体改研究所所长）约请董辅礽、蒋一苇等近20位经济学家召开研讨会，与会者一致赞同在商品经济问题上要突破，认为商品经济是社会主义必须经历的一个阶段。9月初，高尚全把研讨会的意见报上去，国务院总理批示"给起草小组参考"，并组织起草小组就《中共中央关于经济体制改革的决定》中是否写入"商品经济"进行了多次讨论。

在做了这些铺垫后，9月9日，赵紫阳给胡耀邦、邓小平、李先念、陈云写了一封信，就计划体制、价格改革、国家领导经济的职能等问题，提出了一些想法，征询他们的意见。信中说："各项改革都牵涉到计划体制，这是经济体制的核心。"关于计划体制改革提出四点意见：一是"中国实行计划经济，不是市场经济"；二是"通过市场进行调节

---

① 萧冬连对杨启先的访谈，2007年8月28日；萧冬连、鲁利玲对谢明干的访谈，2009年11月18日；《周少华工作笔记》，第1085页。

② 马洪：《关于社会主义制度下我国商品经济的再探索》，《经济研究》1984年第12期。

的生产和交换……在整个国民经济中起辅助作用";三是"计划经济不等于指令性计划为主。指令性计划和指导性计划都是计划经济的具体形式","我们的方针是逐步缩小指令性计划,扩大指导性计划";四是"指导性计划主要用经济手段调节,指令性计划也必须考虑经济规律特别是价值规律的作用","社会主义经济是以公有制为基础的有计划的商品经济。计划要通过价值规律来实现,要运用价值规律为计划服务"。信中明确提出,"'计划第一,价值第二'这一表述并不确切,今后不宜继续沿用"。① 邓小平、陈云、李先念分别批示或回信,表示同意。邓小平批示:"我赞成。这个文件可印发三中全会,连同体制改革的决定,一并讨论。"陈云在回信中说:"你提出的三个问题……我完全同意。关于计划体制的四层意思,合乎我国目前的实际情况。我国现在的经济规模比五十年代大得多,也复杂得多了。因此,对五十年代适用的一些做法,现在不能也不应该套用。即使在五十年代,我们的经济工作也不是完全套用苏联的做法。"最后陈云提醒说:"这几年,农村的改革已取得极大的成功,城市改革总的说来,还处在积累经验的过程,广大干部不是都很熟悉。因此,要积极探索,不断总结经验,务使改革健康发展。"②

从这时开始,《关于经济体制改革的决定》(以下简称《决定》)的起草工作有了新方针。但是,即使在这时,要在中央文件中用"社会主义商品经济"的提法取代"计划经济为主,市场调节为辅"的提法,也不容易。据杨启先、谢明干回忆,9 月 27 日下午,赵紫阳与起草小组座谈。他说,有人说苏东等社会主义国家中没有一个国家提社会主义经济是商品经济的,谢明干说,有,那就是保加利亚。又问:我们提社会主义经济是商品经济,同宪法有没有矛盾?郑必坚答:没有矛盾,宪法里没有提实行计划经济。最后再问邓力群:不再提"计划经济为主,市场调节为辅",小平、陈云同志都同意了,你有什么意见?邓力群说:

---

① 《十二大以来重要文献选编》(中),第 533～538 页。

② 《陈云年谱》下卷,第 360 页。

我 1979 年就写文章讲商品经济和价值规律了。赵紫阳说：那好，就这样定了，把商品经济写上去。① 又经过一番曲折，在中央领导人的支持和不少经济学家的共同努力下，才在提交给中共十二届三中全会讨论的《关于经济体制改革的决定（草案）》中采取了"商品经济"的提法。但是，继续保留了"社会主义计划经济"这一概念，并在"商品经济"之前面加上了"有计划的"限定词。即使如此，会上仍有领导人顾虑重重。所以又加上了一段话："在我国社会主义条件下劳动力不是商品，土地、矿山、银行、铁路等等一切国有的企业和资源也都不是商品。"这样，《决定》才算最后通过了。②

1984 年 10 月 20 日，中共十二届三中全会通过《关于经济体制改革的决定》，在中国经济改革理论上取得了重大突破。第一，明确"我国实行的是计划经济，即有计划的商品经济"，"社会主义计划经济必须自觉依据和运用价值规律，是在公有制基础上的有计划的商品经济"。强调"商品经济的大力发展，是社会经济发展的不可逾越的阶段"，"只有充分发展商品经济，才能把经济真正搞活，促使各个企业提高效率，灵活经营，灵敏地适应复杂多变的社会需求，而这是单纯依靠行政手段和指令性计划所不能做到的"。第二，肯定要"实行国家、集体、个人一起上的方针，坚持发展多种经济形式和多种经营方式"。第三，提出"要有步骤地适当缩小指令性计划的范围，适当扩大指导性计划的范围"。第四，提出企业"所有权同经营权是可以适当分开的"，"要使企业真正成为相对独立的经济实体，成为自主经营、自负盈亏的社会主义商品生产者和经营者，具有自我改造和自我发展的能力，成为具有一定权利和义务的法人"。第五，在企业领导体制上，改变党委领导下的厂长（经理）负责制，实行厂长（经理）负责制。

《决定》的提法没有直接否定计划经济，而是以重新解释计划经济

---

① 萧冬连对杨启先的访谈，2007 年 8 月 28 日；萧冬连、鲁利玲对谢明干的访谈，2009 年 11 月 18 日。

② 萧冬连对杨启先的访谈，2007 年 8 月 28 日；萧冬连、鲁利玲对谢明干的访谈，2009 年 11 月 18 日。

的方式提出问题。先说社会主义经济是计划经济，再说社会主义计划经济是有计划的商品经济，落脚点放在商品经济。这反映了当时的认识阶段，也是一个策略。它使官方提法前后保持衔接，又从实质上确定了中国改革的市场取向，易于达成共识。"商品经济"实际上是"市场经济"的苏联说法，发展商品经济实际上就是要发展市场经济。然而，在把市场经济等同于资本主义的正统观念下，使用"商品经济"的说法可以减少意识形态上的麻烦。虽然有不够完善的地方，但毕竟实现了社会主义理论的重大突破。

邓小平高度评价说，它"是马克思主义基本原理和中国社会主义实践相结合的政治经济学"，"这次经济体制改革的文件好，就是解释了什么是社会主义。有些是我们老祖宗没有说过的话，有些新话。我看讲清楚了"。① 陈云也表示赞同，他说："这个文件非常重要，是一个很好的文件。"② 他在全会上的书面发言中说："这次全会审议的关于经济体制改革的决定中，对计划体制改革的基本点所作的四点概括，完全符合我国目前的实际情况。"③《决定》的通过，基本明确了以市场化为取向的改革方向，也标志着中国改革从局部试点开始转向以城市为重点的全面改革。

---

① 《邓小平文选》第3卷，第91页。
② 《陈云年谱》下卷，第363页。
③ 《陈云年谱》下卷，第365页。

第六章
启动城市改革

　　1985 年是宣布进行以城市为重点全面改革的第一年，然而，一起步却遭遇总需求膨胀，迫使国务院先后召开四次省长会议。稳定经济牵扯了决策层的主要精力，这不能不影响改革步伐。当年安排的全国性改革有两项：一是工资改革，一是价格改革。地方性改革试验内容更多，其中城市综合改革试点是重点。1985 年明确将双轨制作为生产资料价格改革的过渡性策略，不过当年价格改革的重头戏仍在农产品领域，即改统购派购为合同定购和市场收购，取消实行了 30 多年的统购派购制度，这是一个重大举动。1985 年更重要的进展也许在认知领域。应中方要求召开的"宏观经济管理国际研讨会"（"巴山轮会议"），对于中国改革的目标模式、过渡方式及改革策略等重大问题进行了富有建设性的讨论，开拓了中国领导人和学界的思路。其成果在中共中央关于"七五"计划的建议中有所体现。这份权威性文件勾画出了新体制的目标和轮廓，即通过企业、市场、宏观三个层次的配套改革，建立起一个"微观充满活力和宏观有效调控相结合的新经济模式"，使所谓"有计划的商品经济"体制更加清晰和具有操作性。

一 价格双轨制形成

1985 年推出的全局性改革有两项，一是工资改革，一是价格改革。[①] 工资改革总是与价格改革连在一起的，但也有其自身的迫切性。现行的工资制度是 50 年代制定的，执行几十年没太大变化，形成了事实上的终身待遇，严重的劳酬脱节，职级不符。另一方面，几年来政策放开，城乡居民中出现首批因经商、办企业而致富者，以及部分企业职工奖金福利增加，党政机关和事业单位职工工资基本未动，加上报纸上对所谓"万元户"的过分渲染，产生了示范和攀比效应，"脑体倒挂"的议论蜂起，要求提高工资的呼声增大。1985 年 2 月 18 日，陈云在中央政治局扩大会议上说："李瑞环同志在省长会上讲，'摆个小摊顶个县官，汽车一响顶个省长，全家做生意顶个总书记'，这句话非常形象。"[②] 社会上还有"搞导弹的不如卖茶叶蛋的，拿手术刀的不如拿剃头刀的"之类的说法，这种相对剥夺感不加以纾缓，改革将遇到很大阻力。

不过，这次工资改革满足涨薪要求作用很有限。胡启立在国务院召开的工资制度改革工作会议上说："能够拿出来的钱并不多，人均加 18 块钱，就这么一点'米'要解决 2000 万人的问题确实是很难。"这次工资改革主要着重于改革工资结构，推行以职务工资为主的包括基本工资、职务工资和工龄工资在内的结构工资制，承诺在转上新的制度轨道以后工资可以逐年增长。另一个出发点是将企业与党政机关和事业单位脱钩，企业的工资改革由企业自行安排，基本方针是"职工的工资总额同企业经济效益挂钩，国家统一确定企业工资总额随经济效益浮动的比例"。[③]

[①] 1985 年 3 月 27 日，六届三次全国人大会议政府工作报告宣布："在工资制度和价格改革上迈出重要的步子，是今年经济体制改革的两大任务。"

[②] 房维中：《在风浪中前进——中国发展与改革编年纪事（1977～1989）》（1985 年卷），第 38 页。

[③] 房维中：《在风浪中前进——中国发展与改革编年纪事（1977～1989）》（1985 年卷），第 121～135 页。

同时，通过工资和奖金累进调节税控制工资总额。① 1985 年，工资总额同效益挂钩的试点在部分企业实行。工资改革的实施没有达到预期效果，反而引起企业之间、企业职工与机关人员之间的强烈攀比，企业内部实施工资套改又造成新的平均主义，引起职工队伍的某种情绪动荡。1986 年 2 月，一份中央文件说："近几个月来，在一些地方的少数企业中，部分职工对工资、奖励工作中的某些问题意见较多，情绪不够稳定。个别地方发生的集体上访、停工怠工、游行请愿事件，不少是以工资问题为诱因的。"② 据当时分析，这也是造成年初经济增速下滑的一个原因，反映出工资改革的复杂性。工资总额同效益挂钩的试点也遇到许多问题，1986 年 7 月，国务院不得不叫停扩大试点，原试点企业可申请退出。③

价格改革是当年改革的重点。城市改革首先着重于价格改革是有理由的。改革到了中途，价格问题成为一道绕不过去的障碍。一是企业改革已经进行了多项试验，但都遇到价格体系不合理的问题。企业考核必须落实到利润指标，但前提是价格合理，价格不合理很难搞自负盈亏。价格严重扭曲，不同行业和企业利润率悬殊，造成企业苦乐不均和相互攀比。二是改革目标已经确定，即发展"有计划的商品经济"，要用经济杠杆调节经济，国家定价的体制无法适应这个要求。三是价格体系不合理而且僵化造成财政补贴的压力很大，特别是在 1984 年农业大幅增产国家收购增加的情况下，财政补贴更不堪重负。决策者认为，价格不

---

① 工资调节税累进税率为：工资增长占核定工资总额的 7% 以下免税；7% ~ 12% 部分税率为 30%；12% ~ 20% 税率为 100%；20% 以上部分税率为 300%。奖金税超额累进税率为：全年发放奖金总额不超过 4 个月标准工资的免税；超过 4 个月至 5 个月标准工资的部分税率为 30%；超过 5 个月至 6 个月标准工资的部分税率为 100%；超过 6 个月标准工资的部分税率为 300%。见国务院《国营企业工资调节税暂行规定》和《国营企业奖金税暂行规定》（1985 年 7 月 3 日）。

② 中共中央办公厅、国务院办公厅《关于加强企业工资、奖励工作中思想政治工作的通知》（1986 年 2 月 3 日，中办发〔1986〕5 号公布）。

③ 《国务院企业工资改革研究小组、劳动人事部、财政部印发〈关于部分国营大中型企业试行工资总额同上缴税利挂钩办法中若干问题的处理意见〉的通知》（1986 年 7 月 4 日）。

合理，其他改革就谈不上。对价格改革的共识，甚至没有受到关于商品经济观念争论的太多影响。然而决策层对动价格十分谨慎，价格变动关乎千家万户，老百姓对价格变动极为敏感，稍有不慎就可能引发动荡，决策者不敢冒险前行。国务院认为，"六五"计划后三年全面价格改革的条件尚未成熟。

在1979年至1984年间，价格改革已经采取了一些措施，主要方式是有计划地调整价格，在"放"的方面也做了一些探索。首先是农副产品价格调整。大规模提高农副产品价格，同时减少了国家统一定价，扩大地方、企业定价和市场调节；恢复城乡集市贸易，放宽三类农副产品的价格管理，对粮食、棉花、生猪等国家统购、派购的重要农产品，允许完成国家收购计划以后上市销售或议价购销，鼓励农民从事经商活动。① 1984年7月19日，国务院批转国家体改委、商业部、牧渔业部报告，继续减少统购、派购品种，将现行管理的一、二类农副产品由21种减为12种。② 这就在农产品领域形成计划内与计划外双轨流通的格局，并形成双重或多重价格。剩下长期实行的粮棉等统购派购制度没有触动。

工业品价格方面首先放开的是小商品价格。小商品有小百货、小文化用品、小针织品、民用小五金、民用小交电、小日用杂品、小农具、小食品和民族用品九类，规格品种繁多，销售额占社会商品零售总额的5%～6%。③ 长期以来，即使是针头线脑也都是由国家定价，计划销

---

① 国务院转发国家体改委、商业部、农牧渔业部《关于进一步做好农村商品流通工作的报告》（1984年7月19日）。

② 统购品种仍为粮食（只管稻谷、小麦、玉米）、油脂油料（只管花生、菜籽、棉籽）和棉花（只管等内棉、棉短绒）3种。派购由18种减为9种，即生猪、黄红麻、兰麻、茶叶、牛皮、绵羊毛、毛竹、篙竹、蔬菜（只管大中城市和主要工矿区）。山羊皮、绵羊皮、羊绒、牛肉、羊肉、鲜蛋、苹果、柑橘、桐油9个品种放开，自由购销。现行管理的中药材派购品种由30种减为24种。淡水鱼已全部放开，现行派购的8种海水鱼也逐步放开。引自房维中《在风浪中前进——中国发展与改革编年纪事（1977～1989）》（1984年卷），第91～99页。

③ 房维中：《在风浪中前进——中国发展与改革编年纪事（1977～1989）》（1982年卷），第166～170页。

售。价格定得死，企业生产赔本，造成市场供应紧张。小商品最适合放开经营，然而放开小商品价格也不是一件容易的事，它关系千家万户的日常生活。各地领导机关对于小商品调价都极为慎重，一盒火柴从2分钱调到3分钱也要拿到省委会上讨论。关于放开小商品，国家体改委杨启先讲到一个故事："1982年到江苏常州搞城市改革试点，跟常州市商量，找少数商品先试验一下把价格放开，一个是煤油灯罩，一个是笤帚。当时农村基本上是点煤油灯，玻璃灯罩是易碎品，需要量很大，但价格控制得很死，只能卖6分钱一个。长期不准涨价，企业不愿多生产，市场上不能敞开供应，只能采取层层分配的办法。他们与常州商定，一个煤油灯罩涨到2毛钱。然而上涨两倍多，怕老百姓有意见，就去问老百姓有没有意见。很意外，老百姓竟说没意见。他说，过去两个鸡蛋买一个煤油灯罩，现在买一只灯罩还是两个鸡蛋的钱，实际没涨价。这说明农民的价值规律观念比我们强得多。我们就这个试点写成报告送中央，胡耀邦很重视，就批发了。随后，小商品价格就逐步放开了。"① 1982年9月，国家物价局召开12个省、市小商品价格座谈会，确定放开6类160种小商品价格，少数省、市放开400多种。1983年9月，第二批再放开350种（类），合计510种（类）。② 1984年10月进一步规定：除各级政府必须管理的少数品种外，放开小商品价格。1986年，全部放开了小商品价格。

至于其他工业品，也进行了一些尝试性改革。如陆续提高了煤炭、矿石、冶金、建材价格和铁道、水运运价，同时降低部分电子、机械等产品的价格。1983年初，采取大幅度降低化纤织品价格同适当提高纯棉织品价格相结合，使两者比价趋向合理。近10年化纤生产发展很快，1981年生产的涤纶混纺布比1973年的产量增加9倍，企业生产涤棉布比生产棉布利润高3倍以上。这次调价方案为：主要产地的涤棉布平均

---

① 萧冬连对杨启先的访谈，2007年8月28日。

② 国务院批转国家物价局等部门《关于逐步放开小商品价格实行市场调节的报告》（1982年9月16日）；国务院批转国家物价局等部门《关于进一步放开小商品价格的报告》（1983年9月1日）。

每米降价1.2元，降价幅度28%，全国平均实际降价约每米1元；主要产地棉布平均每米提价0.3元。① 由于有升有降，消费者反响不强烈，当年化纤销量增加43%。② 1986年，放开了自行车、收录机、电冰箱、洗衣机、黑白电视机、中长纤维布的价格，扩大消费品市场调节价范围。

在扩大企业自主权的背景下，一部分工业品生产资料也进入了市场。杨启先说："从80年代初扩大企业自主权开始，企业在计划外有一部分自销产品，一般企业比例只有不到10%，首钢最高，是15%，就是说这个15%可以由企业卖高价，实际已经形成两个价格，只是没有正式把它作为价格改革的办法。"③ 如果从全社会物资流通看，进入市场的生产资料比例更大些。据国家物资总局提供的数据，1980年冶金企业自销钢材291万吨，占销售总量的11%；机械企业自销产品223.7亿元，占销售总值的33%。随着地方经济的发展，地方资源在总资源中已占有很大比重，如煤炭占2/5，钢材占1/4，木材占1/5，水泥占2/3，地区间的物资协作随之扩大。物资部门通过市场购销的物资数量也显著增加。④ 1983年，国家为了刺激煤矿增加煤炭生产，对22个（1984年扩大为37个）矿务局实行超核定能力生产的煤炭加价25%～50%的定价制度。⑤ 在"有水快流"口号的鼓励下，农民集体或个人开采煤矿有很大发展，乡镇煤炭价格基本上是放开的。1981年石油工业首先学习农业包产到户，实行包干政策，规定完成包干后的原油可以按照当时的国际油价在国内销售或者由外贸部门组织出口。1982年大庆油田、胜利油田的原油销售出现了计划内平价与超产高价两种价格。1983年，为了缓和国内成品油供不应求的状况，国务院允许部分出口原油"以出顶进"，按照国际市场价格在国内生产销售成品油，出现了

---

① 《中共中央、国务院关于降低化学纤维织品价格和提高棉纺织品价格的通知》（1982年12月31日）。

② 《中国经济年鉴（1985）》，第2～15页。

③ 萧冬连对杨启先的访谈，2007年8月28日。

④ 国务院批转国家物资总局《关于全国物资局长会议汇报提纲》（1981年6月15日）。

⑤ 转引自胡海龙、宋剑奇《我国经济转轨中的"双轨制"特征及对策研究》，《商业研究》2015年第5期。

成品油计划价格和市场价格并行的局面。① 据 1984 年的一份调查，调查企业主要原材料自行采购比重为 26.84%，产品自销率已达 32.81%。②

1984 年 5 月，国务院规定，企业超产产品的自销价格一般不高于或低于计划价格的 20%。③ 事实上，在经济生活中价格不止两种而是多种，浮动价格也难限制在 20% 的幅度之内。1982 年春节陈云谈话时，宋平、房维中等人就说道：现在"有些出产木材、煤炭、食糖的省、区都要卖高价"，煤炭"有调拨价格，有协作价格，有经济煤价格，还有出口价格"。④ 1983 年时，议价钢材每吨已经比国家牌价高出 200 ~ 300元，木材、水泥也有这种情况，工业原材料和燃料议价比重占 20% ~ 30%，议价比牌价高出 30%。⑤ 可见，价格双轨制是在放权让利式改革中逐步形成的。杨启先说："有的同志说双轨价格是他提出来的，根本不是这么回事儿！"⑥

不过，1985 年以后，生产资料价格改革走双轨制路子的思路更加明确了，自发形成的价格双轨制变成了自觉的改革策略。1984 年秋中青年学者在莫干山会议上提出的实行价格双轨制的政策建议起了某种推动作用。在莫干山会议上，与会者围绕价格改革问题展开了热烈讨论。最初争论是在调派和放派之间进行，以来自国务院价格中心的田源为代表，主张走调整价格的路子；以来自西北大学的研究生张维迎为代表，主张一步或分步放开价格控制，实行市场供求价格；来自中国社会科学院和中国人民大学的研究生华生、蒋跃、高梁、张少杰等综合双方观

---

① 转引自胡海龙、宋剑奇《我国经济转轨中的"双轨制"特征及对策研究》，《商业研究》2015 年第 5 期。

② 中国经济体制改革研究所综合调查组：《改革：我们面临的挑战与选择——城市经济体制改革调查综合报告》，《经济研究》1985 年第 6 期。

③ 《国务院关于进一步扩大国营工业企业自主权的暂行规定》（1984 年 5 月 10 日），《十二大以来重要文献选编》（上），第 461 ~ 464 页。

④ 房维中：《在风浪中前进——中国发展与改革编年纪事（1977 ~ 1989）》（1982 年卷），第 31 页。

⑤ 房维中：《在风浪中前进——中国发展与改革编年纪事（1977 ~ 1989）》（1983 年卷），第 103 页。

⑥ 萧冬连对杨启先的访谈，2007 年 8 月 28 日。

点，形成放调结合双轨制的价格改革思路。会后，徐景安起草了《价格改革的两种思路》的报告，华生参加了向张劲夫的汇报。莫干山会议的讨论引起高层的特别关注，1984年9月20日，张劲夫批示："中青年经济工作者讨论会上提出的'价格改革的两种思路'，极有参考价值。"10月10日，赵紫阳批示："'价格改革的两种思路'很开脑筋。总题目是如何使放调结合，灵活运用；因势利导，既避免了大的震动，又可解决问题。广东的从改物价管理体制入手、江苏乡镇企业走过的路、协作煤价的下浮，以及粮棉油大量搞超购价的结果带来了比例价，都实质上是放调结合的成功事例。"①

1985年2月，赵紫阳在省长会上说："关于钢材等重要生产资料的价格，要搞双轨制。"一个是调拨价，一个是议价。一律搞牌价，就搞死了，都搞议价也吃不消。生产资料的两种价格，经过一段时间，逐步调整，逐步接近，就像粮食价格一样，最后搞一个统一的比例价。他说："农村走的这条路子，生产资料也可以走……既解决了问题，社会又不致发生大的波动。"② 此前，1985年1月24日，国家物价局和国家物资局发出的《关于放开生产资料超产自销产品价格的通知》，对企业自销产品价格"取消原定不高于国家定价20%的规定"。③ 废除计划外生产资料的价格控制，被认为是生产资料价格双轨制改革实施的标志。从1985年1月起，计划内生产资料产品价格基本不动，放开超产部分的产品价格，同时缩小国家计划分配物资的品种、数量和范围，扩大企业产品自销权，推动生产资料进入市场，价格双轨制以合法的面貌出现。据调查，1985年1～6月，企业自己调剂、协作和市场采购的主要原材料占总消耗量的比重由26.8%上升为43.8%。④

---

① 徐景安：《"双轨制"改革的由来》，《财经》2008年第5期。
② 房维中：《在风浪中前进——中国发展与改革编年纪事（1977～1989）》（1986年卷），第36页。
③ 《中国改革开放大事记》，第118页。
④ 中国经济体制改革研究所综合调查组：《改革：我们面临的挑战与选择——城市经济体制改革调查综合报告》，《经济研究》1985年第6期。

二 取消统派购制度

虽然已经宣布改革的重点从农村转向城市，1985 年价格改革的重头戏仍然是农副产品。2 月 11 日，田纪云在省长会议上说："1985 年的价格改革走小步，走一步看一步。即放开猪价，理顺农村粮价，适当提高铁路短途运价，其余的都要让路。"[①] 这三项价格改革，除了适当提高铁路短途运输价格外，都涉及农副产品价格。

对于是先动生产资料价格还是先动统派购农产品价格，决策者的思路几经变动。1983 年时考虑，农产品价格基本不动，先调整工业品价格，减少企业负担畸轻畸重问题，以促进企业自负盈亏。1984 年初，国务院开了两次座谈会，改变了想法，决定把生产资料价格调整推迟一下，腾出时间，集中解决农副产品价格倒挂的问题。

取消已经实行 30 年之久的统派购制度，是关系全局、影响深远的一项改革。农村改革最终必须取消农产品统派购制度，这是十一届三中全会以后得出的一个比较一致的结论。然而在最初几年，统派购制度改革条件不成熟，关键是必须考虑粮食安全和居民承受力。到 80 年代中期，农业产量连年大幅增加，国家加价、议价收购的数量和比例越来越大，销价不能动，形成价格倒挂，财政补贴负担日益加重。1981 年对 20 多种商品补贴 320 亿元，其中 80% 以上与农副产品的价格有关。[②] 1983 年粮食收购 1700 亿斤，牌价收购 500 亿斤，加价收购 1200 亿斤，光棉花一项国家就补贴 50 亿元。1984 年财政补贴占到当年国家财政收入的1/5，[③] 财政压力巨大。国务院领导意识到，如果农业再丰收三年，财政就难以为继了。为减轻压力，1983 年时提出三条措施，一是适当提高电、化肥、煤油等农业生产资料价格；二是奖售粮和返销粮按成本

---

① 房维中：《十三年纪事（1977～1989）》（1986 年），第 17 页。

② 房维中：《在风浪中前进——中国发展与改革编年纪事（1977～1989）》（1982 年卷），第 41～42 页。

③ 刘卓甫：《价格改革的回顾和思考》，《北京商学院学报》1987 年第 3 期。

价销售，减少倒挂补贴；三是适当增加农业税。三项加起来，影响农民每人七八元。① 取消统派购制度目的之一，是希望通过减少超购加价减轻财政补贴。另一方面，包产到户后农民要求更多的经济自由，势必与城市发生矛盾，牵一发动全身的是粮食。统购统销体制肯定守不住，但市场化之路怎样走得通，是棘手的挑战。

中国农村发展问题研究组对粮食问题做了很长时间的研究，最初提出全盘改革统购统销制度的是宋国青、罗小朋、高小蒙、向宁等人。在1984年9月的莫干山会议上，周其仁代表农发组提出了一个改革思路，并在会后直接向张劲夫做了汇报。他们的主张是逐步缩小政府供粮的比例，政府必保的部分靠农民上缴实物税满足，余下的部分通过开放市场解决；过渡期的供粮责任分中央、省区两级处理。1984年秋，在赴山西考察途中，国务院总理直接听取了随行的周其仁的汇报。他最为关心的是两个问题，一是怎样分步、分级限定政府的供粮责任，二是政府责任范围以外的粮食供销靠市场究竟是不是靠得住。最后，他提出一个解决方案，就是合同定购。国家在逐步减少粮食征购任务以后，可以与农民签订粮食收购合同；粮食销区与产区之间也可以签订粮食购销合同，依托合同制来发育全国粮食市场，同时保障粮食供应的稳定。在1984年底中央农村工作会议上，宣布实行粮食合同订购政策。②

1985年1月1日，《中共中央、国务院关于进一步活跃农村经济的十项政策》规定：从当年起，除个别品种外，国家不再向农民下达农产品收购派购任务，实行合同定购和市场收购。定购粮食三成按原统购价，七成按原超购价。定购棉花北方按"倒三七"，南方按"正四六"比例计价。定购以外的粮食、棉花允许农民上市自销。如果市场粮价低于原统购价，国家仍按原统购价敞开收购以保护农民的利益。生猪、水产品和大中城市、工矿区的蔬菜，也要逐步取消派购，实行定购，定购

---

① 房维中：《在风浪中前进——中国发展与改革编年纪事（1977～1989）》（1983年卷），第106页。

② 周其仁：《学者是如何参政的》，中国经济学教育科研网，http://bbs.cenet.org.cn/html/board92510/topic86949.htm。

以外自由上市交易，随行就市，按质论价，放开的时间和步骤，由各地自定。为了保证城镇居民生活水平不因副食品涨价而下降，国家发给每个城镇居民一定数量的价格补贴。除烟草外，其他农产品均不再实行统购派购。这样，就把多年对粮油实行的统购价和超购加价这两种国家定价模式，改为国家定价和市场价并存。①

1984年，出现了农民"卖粮难"，国家"储粮难"、"运粮难"的现象。长期忧虑的粮食安全问题似乎一下子解决了，这为取消统派购制度提供了一个难得的契机。在1984年底召开的全国农村工作会议上，促进粮食转化问题成了热烈话题。② 当时一些人认为，中国的粮食问题，已经不是促进粮食生产的增长，而是推动粮食转化，要从直接消费转到间接消费，即把粮食转化为牛、羊、猪、奶、肉、禽、蛋。党刊《红旗》杂志连续发文称：调整农业结构"最根本的是要按照价值规律办事，扩大市场调节，逐步把价格放开，让农民按照市场需求进行生产"。"现在应该提出一个口号，就是大家都来学做结构变革的巧妇。"③1985年的政策基点是通过限购、限价达到粮食限产目的，1985年计划收购粮食从上年实收的2000亿斤减少到1500亿斤。当年粮食播种面积减少7000万亩，棉花面积减少2700万亩。另一方面，鼓励农村产业结构调整。如国家决定拿出一定的财力物力支持发展农产品加工业；拿出一批粮食按原统购价格销售给农村养殖户、国营养殖场、饲料加工厂、食品加工厂；对乡镇企业实行信贷、税收优惠；放开对农民采矿的限制；放活农村金融政策，包括允许"适当发展民间信用"；鼓励城市劳动密集型产业向小城镇和农村扩散，允许农民进城开店设坊，兴办服务业，提供各种劳务；等等。

农村产业结构调整取得了积极进展。虽然粮食、棉花大幅减产，但农村经济仍然很活跃。首先是经济作物的发展，其中油料增长32.5%，

---

① 《十二大以来重要文献选编》（中），第610～619页。
② 《全国农村工作会议侧记》，《人民日报》1981年1月16日。
③ 《红旗》1985年第3、5期。

甘蔗增长30.2%，烤烟增长34.6%，黄红麻猛增128.1%。其他经济作物如甜菜、蚕茧、茶叶、水果增长幅度也在4%～7%。由于放开了价格，一向比较薄弱的牧业、渔业生产出现了突破性发展。大牲畜年末头数增加了50%，猪、牛、羊肉增加13.9%，牛奶增加14.2%，水产品增加12.5%。1985年，社会零售猪肉增长8.2%，家禽增长19.5%，鲜蛋增长20%，水产品增长8%。其次是非农产业的扩张。在政策和舆论的引导与利益的驱动下，农村资金、劳力等生产要素进一步向非农产业转移。农村工业、建筑业、运输业和商业的产值达2721亿元，比上年增长46.8%，占农村社会总产值的比重也从1984年的36.5%上升到42.9%。①

政策方向是对的，但步骤太过仓促。这与当时对粮食形势普遍乐观的估计有关。领导机关不断发出限产信号，各地确定合同定购时，强调只准减少不准超过。某省甚至向下传话：增产100斤粮食就是给国家增加一份负担。政策信号加上价格等因素，影响了农民种粮积极性，结果当年粮食、棉花出现较大幅度的减产。粮食总产量从上年40731万吨减少到37911万吨，净减产2820万吨，减少7%，是新中国成立以来粮食减产最多的年份，超过1960年。棉花跌幅更大，从上年的625.8万吨减少到414.6万吨，减少33.7%。种植业产值下降2%，出现了七年来的第一次负增长。② 粮食减产加上通货膨胀，粮食产区的农民和地方政府没有动力与销区签订粮食合同，当年秋许多地区由"卖粮难"一下子又变成"购粮难"。

粮食问题重新引起陈云担忧。在1985年9月党的全国代表会议上，陈云说："现在有些农民对种粮食不感兴趣，这个问题要注意。""农民做工、经商收入多，种粮收入少，就是养猪、种菜，也看不上眼，因为'无工不富'。发展乡镇企业是必要的。问题是'无工不富'的声音大

---

① 参见萧冬连《崛起与徘徊——十年农村的回顾与前瞻》，第127～129页。

② 参见萧冬连《崛起与徘徊——十年农村的回顾与前瞻》，第120、129页。另见《周少华工作笔记》，第2043页。

大超过了'无农不稳'。十亿人口吃饭穿衣，是我国一大经济问题，也是一大政治问题。无粮则乱，这件事不能小看就是了。"① 1986 年 6 月，邓小平在听取汇报时也说道："农业上如果有一个曲折，三五年转不过来。……有位专家说，农田基本建设投资少，农业生产水平降低，中国农业将进入新的徘徊时期。这是值得注意的。"② 1986 年以后，采取了某种刺激种植业回升的政策，实际效果并不佳。粮食产量 1984 年达到 40731 万吨，1985 年降到 37911 万吨，1986 年为 39151 万吨，1987 年为 40298 万吨，1988 年为 39408 万吨，1989 年为 40755 万吨，徘徊了五年。③ 这也反证了前期农业增长因素中，价格因素的权重是很大的。由于粮食生产连年徘徊，加上农民对农业生产资料价格上涨强烈不满，粮食合同制推行困难，许多地方政府不得不重新运用行政手段。据 1989 年的一份调查，"安徽、江苏、江西、湖南等省一些地县干部反映，去年入库的征购粮 70% 是靠县乡干部开车到农民家里拉来的"。④ 合同又变成了义务。1985 年的粮食体制改革只动了一半，即只取消统购，不取消统销。直到 1992 年底，全国 844 个县（市）放开了粮食价格，粮食市场基本形成，统购统销才真正退出历史舞台，这已经又过了七年。

三 城市综合改革试点

国务院推出的全国性改革只有工资、物价两项，但城市改革试验的内容要丰富得多。1984 年 2 ~ 9 月，国务院开始酝酿和推进城市经济体制改革，确定计委、经委的权必须让出一部分给省市，权放一格；进一

① 《陈云年谱》下卷，第 383 ~ 384 页。
② 《邓小平在听取中央领导同志汇报时的谈话》（1986 年 6 月 10 日），《邓小平文选》第 3 卷，第 159 页。
③ 房维中：《十三年纪事（1977 ~ 1989）》（1986 年），第 117 页。
④ 刘学富、王满：《走出国库看民情——1988 年粮食收购完成后的一些反思》，《农民日报》1989 年 3 月 31 日。

步扩大国营工业企业自主权；缩小指令性计划的范围，减少国家统配物资的品种。① 1984 年 10 月 4 日，国务院批转国家计委《关于改进计划体制的若干暂行规定》，对固定资产投资计划、利用外资外汇计划、物资分配计划、劳动工资计划等 12 个方面提出改进方案，基本方向是逐步缩小指令性计划范围，扩大指导性计划和市场调节的范围。缩小指令性计划范围从 1982 年就开始了，到 1984 年，国家计委下达指令性的工业产品已从几百种减少到 123 种。1984 年底决定再减少到 60 种，指令性计划产品产值占比由 40% 下降到 20%。商业部管理的一、二类农副产品由 21 种减少到 11 种，日用工业品由 38 种减少到 26 种。商业开始改变原来一、二、三级批发站按行政区划划分、层层批发的体制，建立以中心城市为依托的开放式批发体系。各地建立了一批日用工业品和农副产品贸易中心。一大批小型零售、服务企业转为集体经营或个人租赁经营。截至年底，放开经营的小型零售服务企业达 55892 家，占企业总数的 55.2%。对外贸体制放开则有些犹豫，始终在归口管理与放开经营之间拉锯。1979 年部分下放外贸许可权后出现了国内收购竞相提价，国外竞相压价，"肥水落入外人田"的现象。因此 1984 年提出，外贸体制既要归口管理，又要搞活。办法是外贸公司在进出口中逐步推行代理制。②

最受决策者重视的是城市综合改革试点。从 80 年代初开始，决策者就特别看重发挥中心城市的作用。③ 无论是农村改革还是城市改革，都遇到两个主要障碍，一是条块分割，二是城乡分割。城乡分割切断了城乡的经济联系，条块分割切断了企业之间的横向联系，"一个城市里

---

① 《周少华工作笔记》，第 957 页。

② 《中国经济年鉴（1985）》，第 Ⅱ 部分第 3、7、10～11、12 页。

③ 据资料说，"城市是经济发展的中心"的概念首先是由经济学家刘明夫提出的。1979 年他率队到四川调查向省委汇报时，提出城市有几个特殊功能，即经济的集散功能、吸引功能、辐射功能和服务功能，一个城市必定是一定区域的经济中心，这是经济发展的一个客观规律。赵紫阳非常赞同刘明夫的观点，1980 年把它带到北京。国务院关于"六五"计划的报告指出："要以经济比较发达的城市为中心，带动周围农村，统一组织生产和流通，逐步形成以城市为依托的各种规模和各种类型的经济区。"李彦一：《重庆直辖的大序曲——80 年代开始的重庆计划单列始末》，《红岩春秋》2008 年第 3、4 期。

的企业，有中央直属的，有省、地、市属的"，"还有一些中等城市，地委一个体系，市委一个体系，各有一套，各有各的工业，各有各的社办企业；在商业方面，各有各的批发站。造成重复浪费，不知有多大"。① 条块分割造成相互封锁、地方保护、重复建设、以小挤大、以落后挤先进，阻碍一体化市场的形成，资源浪费巨大。然而，企业的部门所有制和地区所有制以及城乡分隔制度一时都难以打破。80 年代初曾推动企业改组，但效果并不理想。实行利改税的目的之一，也是想在经济利益上使企业同条条块块脱钩。而决策者寄望于城市综合改革，是想实行一种条块结合、城乡结合新体制，以中心城市为依托，发展跨地区、跨部门、跨城乡的生产和流通体系，逐渐突破部门所有制和地区所有制。当时的设想是，省属各厅局不直接管企业，下放给城市统一管理，在经济比较发达的地区实行市管县体制，增设省辖市，把地区级"搞成虚的"等，让城市"放开手脚干"。②

城市综合改革试点是由国家体改委推动的。1982 年国家体改委选择了两个中等城市，一个是江苏常州，一个是湖北沙市。1983 年批准重庆为试点城市，1984 年批准武汉、沈阳、南京、大连为试点城市。地方自行选择的试点城市迅速增加，到 1985 年全国试点城市发展到 61 个。1984 年 4 月和 1985 年 3 月，国家体改委先后在江苏常州和湖北武汉召开城市经济体制改革试点工作座谈会。为扩大中心城市的管理权限，国务院先后批准重庆、武汉、沈阳、大连四市为计划单列城市，恢复哈尔滨、广州、西安计划单列城市地位。赋予计划单列城市相当于省一级经济管理权限，也就是越过所在省区在国家计委单列户头。虽然 1984 年中央明确表示过不再增加计划单列，但抵不住一些城市的呼声，又先后增加了青岛、宁波、南京、成都、厦门、深圳、长春 7 个城市，到 1989 年，计划单列城市达到 14 个。

---

① 房维中：《在风浪中前进——中国发展与改革编年纪事（1977～1989）》（1982 年卷），第 194 页。

② 房维中：《在风浪中前进——中国发展与改革编年纪事（1977～1989）》（1982 年卷），第 194～195 页。

　　城市试点以搞活企业和搞活流通为突破口。安志文回忆说，80 年代初，常州的灯芯绒，沙市的床单，很是畅销，生产多少就能出口多少，国内买不到。他们为什么能发展？因为他们退出了传统的流通环节，直接到国外市场参与竞争，这说明搞活流通很重要，以后在重庆、武汉等地搞试点时，都把搞活流通放在重要地位。① 试点城市在搞活流通方面做了多种试验，如建立各种工业品、农副产品贸易中心、贸易货栈、批发市场以及生产资料贸易中心，发展工商联营、农商联营和农工商联营；敞开城门，欢迎外地工商企业来做生意，鼓励农民进城开店、设摊；等等。抛掉原来一级站、二级站、三级站层层批发的体系，组织企业与商家直接见面，减少流通环节，降低交易费用。石家庄创造出一种经验，让所有生产资料（包括计划内调拨部分）都进入市场，实行市场高价结算，计划内调拨部分再补差价。工业管理权限也进行了调整，如下放中央和省属企业给城市统一管理，对工业企业试行联合改组，赋予试点城市必要的运用经济调节手段的权力，如可对一部分产品进行价格调整。整顿行政性公司，落实企业自主权。有些省市开始试行市领导县新体制，等等。② 在一些企业内部试行厂长（经理）负责制、实行分组管理制度、改革用人制度、落实各级经济责任制等试验。

　　重庆市的改革试点特别受到中央重视。中共中央对重庆寄望很高，希望重庆发展成大西南地区的经济枢纽，并探索出一条军工民用结合的新路子。③ 1983 年 3 月，国务院副总理薄一波率财政部部长王丙乾、体改委副主任安志文等 32 个部委负责人集体赴重庆，与四川省、重庆市

---

① 安志文：《80 年代中国改革开放的决策背景》，《与改革同行》，第 6、7 页。

② 《国务院办公厅转发〈全国城市经济体制改革试点工作座谈会纪要〉的通知》（1985 年 3 月 27 日），《十二大以来重要文献选编》（中），第 675～684 页。

③ 1982 年 4 月，在首钢搞承包制调查的两位经济学家蒋一苇、林凌向国务院呈送一份报告，建议选择重庆进行试点，获得同意。1983 年 1 月 10 日，四川省委省政府正式向中央、国务院呈送《关于在重庆市进行经济体制综合改革试点意见的报告》，建议批准在重庆进行城市综合改革。2 月 8 日，中共中央、国务院批转四川省的报告（中发 "7 号" 文件），批准重庆试点。李彦一：《重庆直辖的大序曲——80 年代开始的重庆计划列始末》，《红岩春秋》2008 年第 3、4 期。

举行三方协商谈判，落实中共中央、国务院 7 号文件关于重庆市改革的意见。薄一波说："重庆是奉中央之命，充当全国城市经济体制综合改革的'尖刀连'、'突击队'，这个任务是非常重大的。""你们的眼睛不能只看到重庆……要站得高一点，看到西南，看到全国。"① 重庆改革的特殊性在于要处理双重关系：一是省市之间的权限划分与利益分割问题，二是中央所属企业如何融入当地经济问题，特别是后者。重庆是三线建设重镇，中央在"大三线"投入 1200 多个亿，其中 1/3 在四川，四川的大头在重庆，全国 80 多万台军工设备，重庆就占了 30 多万台。② 有 47 个中央直属企事业单位在重庆。薄一波说："不把军工系统的企业搞进来，重庆就不算是经济联合体。"薄一波还提出，商业部、外贸部要把权力放下来，给重庆相当的自主权。③ 这次会议商定，四川省将 13 个县划归重庆管辖，中央直属企事业单位下放 30 个给重庆，其中工业企业 23 个。④ 省属在渝企事业单位、科研机构和学校，除少数单位外，共下放了 67 个。⑤ 重庆进行了多项"小配套"改革试点。如在 34 个国营工业企业实行工资总额同企业利税挂钩的办法；在 149 个企业实行厂长（经理）负责制；对 50 多个行政性公司进行改革调整；全市建立起 110 多个贸易中心；逐步建立国营、集体、个人的多元批发体系；放开统购包销的工商关系，实行自由购销；把 933 个国营商业小企业转为集体经营或租赁经营，占小型企业的 61%；等等。这些试点为全国的城市改革提供了一些经验。⑥

① 俞荣新：《20 世纪 80 年代重庆市经济体制综合改革试点研究》，《当代中国史研究》2013 年第 2 期。

② 李彦一：《重庆直辖的大序曲——80 年代开始的重庆计划单列始末》，《红岩春秋》2008 年第 3、4 期。

③ 《周少华工作笔记》，第 797 页。

④ 《周少华工作笔记》，第 782 页。

⑤ 《四川省人民政府关于省属在渝企业、科研机构和学校下放重庆市管的通知》（1983 年 4 月 23 日），重庆市档案馆藏，档案号：1001 - 22 - 301。

⑥ 《中国经济年鉴（1985）》，第 Ⅱ 部分第 26～27 页；中国经济年鉴编辑委员会编《中国经济年鉴（1986）》，经济管理杂志社，1987，第 Ⅳ 部分第 6 页。

城市综合改革试点，另一项重要措施是发展横向经济联合，就是生产企业之间的协作配套。横向联合这个想法在 1980 年就提出来了。改革重点转向城市以后，横向联合更是城市和企业改革的重要选项，并在一些大型企业取得很好的效果。如第二汽车制造厂通过横向联合，建立起东风汽车联营公司，到 1985 年，有 21 个省市的 126 个企业参加了联合体，形成一个跨地区、跨部门的汽车专业化协作生产网。重庆嘉陵摩托车经济联合体，有 11 个成员厂，与 220 多个企业建立了协作配套关系，1985 年产量达 26 万辆，比上年增长 17%。其他试点城市也进行了类似试验，如南京市很大一部分企业和科研机构分属中央、省、军队的 33 个部门，他们在不打破企业隶属关系的情况下，从组织名优产品和重点产品联合生产入手，推动部、省企业与地方企业联合和军民联合。[①] 石家庄搞企业间的松散联合，联合体内实行期票贴现：生产单位为生产借贷款，销售单位用销售的钱还生产单位的贷款，相互之间用期票不用现金。1986 年 3 月 23 日，国务院发文进一步推动横向经济联合，称"企业发展经济联合，是一项重要经营战略决策"。[②]

四 遭遇总需求膨胀

城市改革启动之际，就遭遇了总需求膨胀，即投资基金和消费基金双重膨胀造成国民收入超分配。中共十二大提出 20 世纪末工农业生产总值"翻两番"的战略目标。十二届三中全会的改革决定提出"有计划商品经济"的改革目标，全国上下对于改革和发展的热情都十分高涨，各地纷纷要求扩大投资规模，在提工资和发奖金方面也竞相攀比。从 1984 年第四季度起，经济发展速度加快，基建规模过大，信贷发放猛增，外汇存底迅速减少。到 1985 年初，出现了投资和消费双膨胀的

---

① 《中国经济年鉴（1986）》，第Ⅳ部分第 5 页。

② 《国务院关于进一步推动横向经济联合若干问题的规定》（1986 年 3 月 23 日，国发〔1986〕36 号）。

局面，随之带动物价上涨。引起高层注意的首先是货币发行。1984 年原计划发行货币 80 亿元，全年实际发行达 260 亿元，超过原计划两倍多。"12 月份像飞机撒票子一样，31 日就增发了 10 亿，完全失去控制。"这突如其来的情况出乎决策者预料，连中央银行行长吕培俭都说："发那么多票子，银行没有估计到，没有提出措施。"1985 年 1 月 23日，邓小平听取汇报时说："连信息都不通，发了那么多的票子，过好久才反映上来。资本主义国家当天就能知道。"① 据当时分析，票子发多了主要有三个方面原因：一是农副产品收购量增加，多投放了 100亿；二是农村信贷过猛；三是城市消费基金迅速增加。

　　1984 年底，两个内部消息的传出成为货币超发的诱发因素。一个即是 1984 年下半年酝酿金融体制。中国人民银行成立后，为了解决各专业银行"吃大锅饭"问题，酝酿从 1985 年起实行"统一计划，划分资金，实贷实存，相互融通"的信贷资金管理办法。10 月召开银行行长会议进行了讨论，会上有的省市行长问以什么为基数，主持会议的负责人说以 1984 年为基数。于是就发生了一场各专业银行为增加信贷基数而竞放贷款的风潮，"四行争贷"、"四门大开"、"送款上门"。如沈阳银行对贷款实行了五个取消：取消自有资金的限制，取消限额，取消当年借当年还，取消不对购买汽车贷款，下放万元以下贷款权。② 一个是劳动部门酝酿从 1985 年起企业工资总额同企业经济效益按比例浮动的办法，也是以 1984 年的工资总额为基数进行核定。这一消息传开，许多企业为了增加工资总额基数，就发生了乱提工资、滥发奖金和补贴的风潮。

　　不过，消费和投资双膨胀不是偶发现象，有更深层的原因。扩大企业自主权改革后，始终遇到一个难题，即如何既搞活企业又使其承担责任，既调动职工积极性又避免滥发奖金补贴等短期行为。国务院决策者在奖金是否封顶的问题上始终在摇摆。奖金封顶，起不到激励作用，扩

---

　　① 房维中：《十三年纪事（1977~1989）》（1985 年），第 1、3、4 页。
　　② 新华社讯，1984 年 12 月 24 日。

权改革难以奏效；奖金不封顶，又难以控制"滥发奖金"。1980年初主张不封顶，效果不好。1980年下半年把奖金封顶了。事实上控制不住，1983年1～5月，国营民用工业增长6%，实现利润却减少3.3%，上缴利润减少9.9%，职工奖金却增长17.3%，当年中央财政只增长0.1%。决策者觉得封顶不是个好办法，考虑具备条件的可以不封顶。但国家还必须能控制工资总额，办法是超过部分用累进税的办法征收奖金税。1984年5月，国务院推出的进一步扩大企业自主权的暂行规定，没有明确取消奖金不封顶，但规定企业可"自行支配使用"留成资金，"对提取的奖励基金有权自主分配"。① 1984年底，许多企业互相攀比突击发奖金，钱从哪里来？效益好的靠自己，效益不好的则挪用发展基金、生产基金发奖金，又向银行贷款搞生产，实际上是用贷款发了奖金。决策者发现，在发奖金问题上厂长同工人的利益是一致的，在工厂里究竟谁来代表国家利益，谁来考虑长远的生产建设，这个问题没有解决。

1980年财政上的"分灶吃饭"，赋予地方政府发展经济以强大动力。在发展速度问题上，从中央到地方始终存在严重分歧。1980年底决定实行进一步经济调整，规定"六五"期间"保四争五"的增长指标（即年增长率保证4%，争取5%）。1981年，工农业总产值增长率下降到4%。但从1982年起增速迅速回升，当年增长7.3%。1983年增长率达到10.2%，"六五"计划规定1985年指标提前两年实现，1984年继续保持10%以上的高增长。从实践的角度看，"保四争五"过于保守，低估了城乡改革释放出来的增长动能。但并没有什么负面作用，而且对约束片面追求产值的冲动是有利的，当然这种约束力也不大。1982年中共十二大确定到2000年国民生产总值翻两番的战略目标，各地政府就跃跃欲试，为实现"提前翻番"竞相上项目、增投资。

到了1984年第四季度，热度高涨。1985年2月陆定一给国务院

---

① 《国务院关于进一步扩大国营工业企业自主权的暂行规定》，《十二大以来重要文献选编》（上），第461～464页。

领导写信说："1月份工业产值比去年同期增20%以上。我一则以喜，一则以惧。喜'翻两番'不成问题。惧的是缺口要扩大。现在类似'大跃进'的风，似乎吹起来了。不来自中央，而来自地方。谁也不甘落后，自定高指标，而且都有理由。我的儿子在河南安阳，那里要搞三个大工程，把地方所有的钱都用光了。"[1] 乡镇企业扩张更快。薛暮桥回忆说，1985年3月他去家乡无锡调查，知道前两个月乡镇企业增长100%。"我提醒他们不要头脑发热。他们答复说，乡镇企业要资金有资金（银行送贷款上门），要销路有销路（钢窗厂的订货已达一年半产量，其他机械、建材也是如此），为什么不让我们生产？"[2]

对于经济是否过热，政府部门内部和经济理论界内部都存在不同看法。在1984底1985年初，经济学家之间对于要不要容忍一定的通货膨胀，以及要不要实行严厉紧缩政策展开了一场辩论。争论的焦点是：在推进改革与宏观稳定之间哪个应该优先，到底是先改革还是先治理通货膨胀？在激烈辩论中，主张采取扩张性宏观经济政策的经济学家认为，经济的开放和搞活，客观上要求增加货币供应量。货币供应速度超过经济增长是经济本身提出的要求，而且保持货币供应有限的超前对经济增长是一种推动，在经济转型的时期供不应求是常态。人为控制需求和货币供应量不利于高速增长，而且会损害人们对改革的支持力度。持这种观点的代表人物是北京大学的厉以宁。[3] 一些青年经济理论工作者对形势的判断更加乐观，认为中国经济起飞的时期已经到来，通货膨胀是经济转型和经济起飞时期的典型现象，不应当采取紧缩政策进行压制，他们自称"起飞派"。1985年初，国务院总理同一些青年经济学者座谈，他们直接向总理提出了这种看法。与此观点相反，另一些经济学家认为，国际经验证明，通货膨胀既不利于发展，也不利于改革。全面改革

---

[1] 房维中：《在风浪中前进——中国发展与改革编年纪事（1977～1989）》（1985年卷），第412页。

[2] 《薛暮桥回忆录》，第407～408页。

[3] 吴敬琏：《当代中国经济改革教程》，第341页。

要以经济环境和国家财政较为宽松为前提，主张政府应采取果断措施，先治理经济环境再推出配套改革。持这种观点的主要是国务院经济研究中心的一些经济学家，如薛暮桥、马洪、徐雪寒、吴敬琏。中国社会科学院的刘国光也持这种观点，他在1979、1983和1986年出版的著作和发表的多篇文章中反复阐述了抑制通货膨胀和为改革创造"宽松环境"的必要性。[①] 1984年12月31日，国务院经济研究中心和技术研究中心联合向国务院提交了一份题为《当前货币流通形势与对策》的报告，报告提出"应当采取在一切其他方面紧缩，全力保证经济体制改革的策略"。为此，提出了以防止信贷总规模失控为中心的10项政策建议。这份报告的执笔者是吴敬琏、李剑阁、丁宁宁，报告由马洪签署上报，引起国务院领导人重视。1985年1月4~5日召开的国务院常务会议，认定已经出现了经济过热、投资过热，要紧缩。[②]

五　四次省长会议

经济学家之间的辩论不能不影响到国务院的决策和政策选择。对于激进与稳健两种意见，决策层倾向于后者，首先是因为担心物价上涨过快造成社会不稳。当时已经看到"人心相当浮动"，一些城市发生抢购现象，北京2万台彩电预售几天就光了，上海也到处排队、抢购。担心"一个城市挤兑和抢购，就会带起一大片"。当时想到的办法，除控制货币发行外，还包括卖库存黄金、进口高档商品、发行股票、出卖小企业固定资产、卖房子、发国库券，并责成银行实施贷款监督等。估计控制货币发行可能影响增长速度一到两个百分点，即从10%降到8%或9%。邓小平表示赞同，他说："改革走一步看一步好，但是另一面，也不要丧失时机。丧失时机，可惜了。""改革三年见效嘛……我赞成慎

---

① 参阅刘国光编《中国经济管理体制改革的若干理论问题》，中国社会科学出版社，1980；刘国光：《论经济改革与经济调整》，江苏人民出版社，1982。

② 萧冬连、鲁利玲对吴敬琏的访谈，2010年12月13日；报告见《吴敬琏选集》，山西人民出版社，1989，第645~656页。

重初战，务求必胜。"①

征得邓小平同意，2月9～14日，中央召开第一次全国省长会议，目的在于统一认识。胡耀邦等接见与会者，姚依林、田纪云、赵紫阳分别向省长们通报了当前的经济形势，要求各地注意风险，抑制投资与消费膨胀。赵紫阳强调改革有分步骤、分层次、有先有后、互为条件、互相支持的问题。胡耀邦的开场白说，重大的问题、紧急的问题可以采取轻松的办法加以解决，以避免发生副作用。胡耀邦的真实看法是，不必对通货膨胀看得过重，重要的是经济增长。陈云则主张采取严厉措施，他在2月18日中央政治局扩大会议上说，十二届三中全会到现在整整四个月。这四个月的变化是相当大的，现在有点乱。我主张有些东西要搞得死一点，叫先死后活，置之死地而后生。②

第一次省长会议只是通报了情况，提出了一些值得注意的问题，对地方触动不大。地方感到形势很好，看不到有什么风险。生产速度过快、建设规模太大的问题没有解决。4月11日，中央召开第二次省长会议，继续统一对形势的认识。国务院领导说，现在生产速度过快、建设规模太大，外汇支撑不了，能源交通支撑不了，货币控制不住，物价稳不住。进口钢材增长36%，汽车30%，化纤长丝60%。进口的生产线，电子零部件难以大量进口，将被迫停产。当然，也不搞急刹车。怎么解决？集中力量抓出口。必须坚决制止国内抬价抢购，国外削价倾销。进口外汇要有步骤削减。已签合同履行，未签的不要轻易签。坚决控制盲目引进，重复建设。不能认为越快越好。一季度乡镇工业增长45%。乡镇工业应主要依靠集体集资，不能依靠国家贷款。③

从5月20日中央财经领导小组给中央政治局常委、中央书记处的

---

① 房维中：《在风浪中前进——中国发展与改革编年纪事（1977～1989）》（1985年卷），第13、14页。

② 房维中：《在风浪中前进——中国发展与改革编年纪事（1977～1989）》（1985年卷），第38页。

③ 房维中：《在风浪中前进——中国发展与改革编年纪事（1977～1989）》（1985年卷），第92、93页。

报告中可以看出，问题并没有解决，货币超发、投资过大、消费基金增长过快、外汇结存下降问题仍然突出。1~4月，工业总产值比去年同期增长23.3%，基建投资比去年同期增长36%。主要是预算外投资增长过猛，其中用银行贷款投资增长163%，自筹资金投资搞的增长84%。乡镇企业贷款增加过多，仍然是个大趋势。消费基金增长过快的局面还未扭转。工资性现金支出1、2月份比去年同期增长40.6%。国家外汇1984年底结存82亿美元，到1985年4月底，已下降为72亿美元。即使不再签订新的合同，到年底国家外汇也将低于50亿美元储备的底线。[①]

6月11~13日，中央召开第三次省长（部分）会议，重点解决控制固定资产投资规模问题。会上提出了一些硬指标，即限定全年固定资产投资控制在1400亿元以内，责成国家计委按此分配下去，明确责任，超过控制数量的应归省长、市长、自治区主席和银行行长负责；全年信贷资金增加额控制在710亿元左右，货币投放除工资制度改革和价格改革需要增发的以外，控制在150亿元左右，中央银行对各省、市、自治区分行和各专业银行下达控制数字，不得突破。[②]用行政手段把责任分解下去是否有效呢？房维中后来说："限定全年固定资产投资谈何容易。法不责众，各地区都冒了，你能追究谁的责任。在现行的体制下，你要求地方服从全局，无异于与虎谋皮，只能成为老套的空话。""最根本的还是政企不分、块块分割的体制在地方的层次上没有打破，地方行政权仍然处于主导的地位。地方追求地方利益的最大化。中央与地方的博弈，地方占上风。"[③] 房的这两段话有意思，虽然是从国家计委角度看问题，但也透露了双重体制下宏观调控的无力感。从另一角度看，决策层并不想因调控力度过大挫损发展的良好势头，不赞成报纸上连续发表批评"超高速"的评论，尤其不同意把目前的超高速比作1958年的

① 房维中：《在风浪中前进——中国发展与改革编年纪事（1977~1989）》（1985年卷），第135、136页。

② 房维中：《在风浪中前进——中国发展与改革编年纪事（1977~1989）》（1985年卷），第146页。

③ 房维中：《十三年纪事（1977~1989）》（1985年），第43、106页。

"大跃进"。

三次省长会议收到一些效果，但国民收入超额分配的问题还没有根本解决，物价上涨幅度比较大。1~5月份全国零售物价总水平比去年同期上升6.5%，其中5月份上升9.3%（城镇上升12.5%，几个大城市上升更高些）。钢材等生产资料供需矛盾突出，市场价格上涨很多，许多工业品生产成本不断提高，将造成轮番涨价。投资膨胀始终解决不了，除了中央与地方的博弈，还有一个原因，就是中央高层意见不统一，当时胡耀邦不赞同紧缩。吴敬琏回忆说："耀邦走到哪儿，说到哪儿。他说，能够快为什么要慢？后来，告状到邓小平那里。大概是六七月份，邓发话了，赞成采取紧缩方针。"[1]

7月15日，中央财经领导小组向中央政治局常委、中央书记处报告，建议再开一次省长会议，进一步统一思想，消除不稳定因素。第四次省长会议于9月25~27日召开。这次会议是在巴山轮会议之后召开的，对于是否应当控制货币，理论上的争论基本得出了结论。会议着重研究控制1986、1987年固定资产投资规模问题，国务院领导在会上力数固定资产投资规模过大的八大恶果，即引起经济生活的全面紧张，使改革无法进行，甚至出现经济大起大落，最后被迫进行大调整。他批评三个错误思想，一是"百废俱兴，全面大上"；二是"只能切你，不能切我"；三是"我们管微观，中央管宏观"，"放活是自己的事，控制是中央的事"。会议拟定后两年固定资产投资维持1985年水平，办法是严格控制货币供应量，适当抽紧银根。然而，决策者也不愿因"急刹车"引起大的震动，确定采取"软着陆"的方针，用两年时间逐步解决社会总需求和社会总供给不平衡问题。

六 巴山轮会议：目标与过渡

1985年9月2~7日，从重庆到武汉的"巴山"号游轮上召开了一次

---

① 萧冬连、鲁利玲对吴敬琏的访谈，2010年12月13日。

宏观经济管理国际研讨会，也称"巴山轮会议"。这次研讨会是经国务院批准，由中国经济体制改革研究会、中国社会科学院和世界银行联合召开的。这是进入城市改革后中外著名经济专家学者之间的一次重要对话。

根据世界银行代表林重庚的回忆，召开这次会议并不是世界银行提议的。1985年初，廖季立约见林重庚，说国家体改委的领导建议世界银行组织一次国际研讨会，讨论三个题目：第一，国家如何管理市场经济；第二，中央计划经济到市场经济转轨过程中相关的问题；第三，在整合计划与市场方面的国际经验。要求邀请的外国专家必须具备上述三个问题的知识和经验。[①] 有分析认为，决策层之所以提议召开这样一个国际研讨会，直接的原因是1984年下半年到1985年上半年出现了严重经济过热，国内经济学界对如何应对这个局面争论不休且难有定论，决策层也在推进改革、促进增长与维持稳定之间举棋不定，希望听取外国专家的意见，对转型经济条件下如何进行宏观管理进行会诊。薛暮桥在巴山轮会议开幕词中说："要把微观经济搞活，必须加强对宏观经济的控制。现在我们还不善于加强宏观管理……防止消费基金失控，特别是防止基本建设规模过大所造成的信贷失控，是我国目前宏观控制中重大的问题。"[②] 正因为如此，这次会议称为"宏观经济管理国际研讨会"。更大的背景是，尽管1984年已经决定突破中央计划体制的限制，但是对市场经济如何运转和调控，如何从计划经济向市场经济过渡，如何应对转型中的各种风险，无论是经济决策者还是经济学者都相当陌生。

请世界银行出面组织国际座谈会，是有缘由的。自1980年中国恢复世界银行席位后，世界银行与中国已经有了多次合作。1980年10～12月，世界银行组织考察团队在甘肃、湖北、江苏、北京、上海等地做了3个月的考察。中方参与者有财政部星光和朱福林、国家计委郑立、中国社会科学院经济研究所赵人伟和工业经济研究所朱镕基。1981年6月，考察报告提交世界银行董事会，促成了世界银行对中国政府的

---

① 林重庚：《中国改革开放过程中的对外思想开放》，《比较》第38辑，2008年12月。

② 转见赵人伟《1985年"巴山轮会议"的回顾与思考》，《经济研究》2008年第12期。

首笔贷款，同时确定了中国申请世界银行软贷款的资格。1982 年，由世界银行出面邀请外国专家学者召开了一次莫干山会议。1984 年世界银行启动了第二次经济考察。这次考察是应邓小平的要求进行的。1983年 5 月 26 日，邓小平接见世界银行行长克劳森率领的访华团，这时中国已经宣布到 2000 年翻两番的战略目标，邓小平请世界银行再组织一次经济考察，针对中国未来 20 年面临的主要发展问题，特别要根据国际经验，为达到中国上述发展目标提供一些可选择性建议。1985 年，一份题为《中国：长期发展面临的问题和选择》的经济考察报告提交中国政府。报告对中国未来的经济快速增长及 20 年工农业总产值翻两番的可行性表示认可，同时指出了可供选择的发展途径。两份报告引入了许多现代经济学的概念和方法，诸如机会成本、计量经济学、经济模型等分析工具，对中国经济做了客观、科学的分析，其结论和建议颇具说服力，且不带意识形态色彩。[①] 在整个 80 年代的对外思想开放中，世界银行扮演了一个有意义的角色。

参加巴山轮会议的中外专家学者共 30 余人。与会国外专家是由世界银行林重庚出面邀请的，不少人既是著名经济学家又是政府的重要财经官员，熟悉各国经济的实际运作。其中有诺贝尔经济学奖得主、时任美国白宫经济顾问的詹姆斯·托宾（James Tobin），英国政府经济顾问阿莱克·凯恩克劳斯爵士（Sir Alec Cairncross），德国中央银行行长奥特玛·埃明格尔（Otmar Emminger），法国前国家计划办公室主任米歇尔·阿尔伯特（Michel Albert），波兰经济学家布鲁斯，匈牙利经济学家科尔奈，南斯拉夫稳定委员会和政府经济改革委员会成员亚历山大·巴伊特（A. Baijt），美国经济学家里罗尔·琼斯（Leroy Jones）以及世界银行林重庚和伍德等，日本经济专家小林实由中方直接邀请。与 1982 年莫干山会议着重于苏联东欧经验不同，这次被邀请的专家具有三种不同的经验背景，一是苏联东欧，一是西方发达国家，一是发展中国家。最初拟定的中方参会名单只有高级领导和年长的知名学者。经过磋商，特意预留

---

① 林重庚：《中国改革开放过程中的对外思想开放》，《比较》第 38 辑，2008 年 12 月。

几个 40 岁以下的青年参会名额，真正做到了老、中、青三结合。老年与会者有安志文、薛暮桥、马洪、刘国光、童大林等，中年与会者有高尚全、吴敬琏、项怀诚、赵人伟等，青年与会者有郭树清、楼继伟等。

首先，巴山轮会议就一个热点话题达成了共识，即如何看待和应对经济过热。林重庚说：托宾、凯恩克劳斯和埃明格尔三个主要外国专家来自三个国家，尽管他们各自代表着经济理论的不同派别，但一致认为中国应该采取坚决措施应对经济过热的问题。在当前增长过热和需求过旺的情况下，财政和银行都应采取紧缩政策。世界银行经济学家林重庚和伍德，东欧经济学家布鲁斯与科尔奈对此都毫无异议。这次会议事实上对一年来的激烈争论做了总结。

巴山轮会议讨论了更广泛的议题。9 月 10 日，安志文给国务院领导提交的报告总结了巴山轮会议对中国改革有参考价值的五点意见。第一，关于改革的中长期目标。根据科尔奈的归纳，各国宏观经济管理的模式基本上分两大类，一类是通过行政手段协调，一类是通过市场协调。在第一类中又可分为直接行政调节和间接行政调节。在第二类中可分为完全非控制的市场协调和宏观控制下的市场协调。社会主义国家经济改革的目标模式可以选择间接行政调节，也可以选择宏观控制下的市场协调。第二，关于改革的方法和步骤。首先要尽可能用间接的行政手段，如金融、货币、财政税收等对宏观经济进行控制和调节，在必要时再辅以直接的行政手段。对改革的步骤上，在讨论中有两种不同的看法：布鲁斯主张要从中国的现状出发，分阶段向最终目标过渡，在不同时期对不同的经济部门可以用不同的方法进行管理，有的用新办法，有的暂时用老办法。科尔奈认为，有的领域要一步一步地进行，如所有制多样化、鼓励联合所有制、股份制的发展等；有些领域应该"一揽子"同时进行，如改革计划体制、价格体制、工资制度和金融体制等。第三，实行间接的宏观控制，主要靠金融货币、财政税收、收入分配和国际收支等手段进行调节，特别是金融货币具有关键的作用。必须建立完善的银行体系，尽快健全准备金制度，实行浮动利率，调高汇率。要逐步建立一个在中央银行控制下的由各种专业银行、地方银行等多种形式组成的银行体系。财政不能向银行透支，财政赤字主要应该通过发行债券解决。第四，实现宏观经济的间接管理，必须建立和健全商品市场和资金市场。完善商品市场必须放开商品价格，控制价格关键是要控制资金价格（利率）、劳动价格（工资）和外汇价格（汇率）。中国还不是建立股票市场的时候，但建立债券市场的时机已经成熟了。对于两种价格的状况有不同评价：科尔奈认为，双轨价格的存在使价格不可能发生准确的信号，很难解决企业"软预算"的问题；布鲁斯则认为，中国对生产资料实行双轨制价格，可能是中国的有用发明，是由行政价格过渡到市场价格的桥梁，但这种双轨制价格的持续时间不能太长。第五，间接管理能否有效，取决于企业对利率、税率、汇率、价格是否做出灵敏反应。实质问题是要使企业"预算约束硬化"。要取消垄断，限制不必要的行政干预和保护，允许企业在市场上开展竞争，经营不好的应予倒闭。①

巴山轮会议无论对决策层还是对经济学界都产生了重要影响。国外专家总体上认同中国渐进式改革，但主张改革要有总体设计和配套；肯定双轨过渡的合理性，但都认为双重体制并存不能持续太久。明确提出异议的一个问题，是正在推行的国有企业工资增长同利润挂钩的办法。认为这不一定是好办法，因为国有企业利润的增长同国家投资和资源条件有直接关系；企业的工资成本还很容易转移到产品价格上去，如果部分企业工资增长过快，就会蔓延到其他企业，形成一股强大的力量推动工资全面增长，从而导致通货膨胀。这个意见后来并没有被采纳。值得注意的是，外国专家并没有提出"一揽子"改革方案，没有提出全面私有化的建议，也没有否定必要时使用行政手段的合理性。相比于此后西方专家给俄罗斯开出的"休克疗法"药方，巴山轮会议给中国决策者提供的建议是务实的、非意识形态的。当然，并不是所有建议都行得通，如建议取消对企业的保护和补贴，道理可以接受，实践中难以实

---

① 《安志文同志关于"宏观经济管理国际讨论会"对我国改革有参考价值的几点意见》，国家体改委重要文件资料汇编编辑组编《国家体改委重要文件资料汇编》（下），改革出版社，1999，第2380～2382页。

行。在参加巴山轮会议的外籍专家中，匈牙利经济学家科尔奈有着特殊的影响。① 1986 年在中国翻译出版的科尔奈《短缺经济学》一书，对于80 年代后期的中国经济学界影响很大，诸如"短缺经济"、"父爱主义"、"软预算约束"、"投资饥渴症"等概念作为分析工具被广泛运用。对年轻一代影响更大，据说在大学经济系里，几乎人手一册《短缺经济学》手抄本，当年《经济研究》杂志几乎每一期都有年轻人发表的论文引用科尔奈和东欧经济学。②

七　"七五"计划建议的新认识

1985 年 9 月 23 日，中国共产党全国代表会议通过《中共中央关于制定国民经济和社会发展第七个五年计划的建议》。"七五"计划起草长达一年时间，它关于体制改革的重要表述，集中了经济学家讨论的成果，包括巴山轮会议的影响。如科尔奈在巴山轮会议上提出的，各国宏观经济管理模式的四种划分的意见，对国务院领导人影响很大，认为中国应当实行"有宏观控制的市场调节"的管理模式，并把这一观点加到关于"七五"计划建议的说明中。

"七五"计划建议确定，"七五"期间要把改革放在首位，提出"七五"期间经济改革、重点建设、改善人民生活为三大任务，"最重要的是改革"。为了给改革创造好的经济环境，要求坚持总需求和总供给的基本平衡，保持消费与积累的恰当比例。经济增速和建设规模要为改革让路，头两年主要是稳定，后两年再视情况增加投资。提出了一个改革时间表，即"争取在今后五年或者更长一些的时间内，基本上奠定有中国特色的、充满生机和活力的社会主义经济体制的基础"。

---

① 科尔奈（1929～　），匈牙利经济学家，匈牙利科学院院士。曾任匈牙利科学院经济学部主任、世界经济计量学会会长、世界经济学会会长、联合国发展计划委员会副主席等。

② 转见张军《中国经济转型 30 年经验贡献了什么》，《科技与经济画报》2008 年第 5期。

　　"七五"计划建议的新认识，主要体现在关于建立新的经济体制三方面改革的详细勾画。一是进一步增强企业特别是全民所有制大中型企业的活力，使它们真正成为相对独立、自主经营、自负盈亏的社会主义商品生产者和经营者；二是进一步发展商品市场，逐步完善市场体系；三是逐步减少国家对企业的直接控制，建立健全间接控制体系，主要运用经济手段和法律手段，并采取必要的行政手段，控制和调节经济运行。提出要围绕三个方面进行计划、价格、财政、金融和劳动工资等配套改革。关于搞活企业，除了继续强调简政放权、减少企业负担、减小指令性计划任务等措施外，还提出诸如通过招聘任聘等形式选择企业经营者，部分小型全民所有制企业可以通过承包、租赁等方式转为集体或个体经营，并承诺为各类企业（包括集体和个体企业）创造平等竞争的环境等新措施。关于完善市场体系，强调在继续发展消费品市场的同时，扩大生产资料市场，逐步开辟和发展资金市场、技术市场，促进劳动力合理流动。这里用"资金市场"指代"资本市场"，用"劳动力合理流动"指代"劳动力市场"，策略性地突破了"劳动力不是商品"等观念界限。建议的另一个重点，是强调要搞活微观的同时必须加强国家的间接控制能力，改革的方向是逐步减少行政手段的运用，发挥各种经济杠杆的调节作用，但必要的行政手段始终不可缺少。列出了宏观间接控制主要改革，其中包括价格、利率、税率、汇率、法规及银行、税收、审计、统计、质量检验、工商管理和社会公证等。[①]

　　这份文件是"有计划的商品经济"体制的具体化。突出的亮点是明确了中国改革的目标模式，即微观充满活力和宏观有效调控相结合的新经济模式，接近于科尔奈提出的"有宏观控制的市场调节"模式。而三层次改革内容阐述，是对新体制基本轮廓的一次勾画。正因为如此，国务院领导人多次说，我们对改革目标的认识更加清晰了，改革步骤也更加明确了。不过，认识不等于实践，实践比这困难得多。

---

① 赵紫阳：《关于制定"七五"计划建议的说明》（1985年9月18日），《十二大以来重要文献选编》（中），第785～794页。

第七章
改革的路径选择

1986年，关于改革路径的选择存在两种思路：一种主张推动以价格改革为中心的整体配套改革，一种主张继续实行以企业改革为中心的局部试验，决策也在两种思路间摆动。年初提出"价、财、税联动"的设想，并组织力量进行方案设计，这是80年代最接近于实施的一次顶层设计。然而到了年底却因担心风险太大而被搁置，重点重新回到企业改革，推行全面承包制，同时进行股份制试点。与此相联系，对于过渡阶段要不要争取一个较宽松的经济环境，看法也出现分歧，年初推行的货币紧缩政策因担心经济增速下滑太快而放弃。决策层产生一种认识，认为改革初期企望宽松环境过于理想化，准备在一个紧的环境下保持高增长和推进改革。通货膨胀从1987年下半年起更趋严峻。关于改革的争论，不只是路径之争，更有性质之辩。1987年初反对资产阶级自由化斗争时，质疑经济改革的声音更高了。1987年10月，中共十三大提出"社会主义初级阶段"理论，实际上是要为改革正名。

一 整体推进还是局部试验

1986年初是一个活跃的时间节点。笔者当年走访了十多个研究机构和综合部门，了解到各个研究机构和不少职能部门都在热议下一步如何改革问题。对于改革的路径选择，存在两种基本思路：一种是以价格改革为重点的整体配套推进，一种是以企业改革为重点的局部试验。

对于改革初期过多地诉诸微观试验的做法，批评意见一直存在。国外专家一开始就表示不理解。1980 年第一次来访的西德经济学家古托夫斯基就表达了这种忧虑，认为这样会造成整个经济的混乱。[①] 在 1982 年 7 月召开的"苏联东欧经济体制改革座谈会"（即"莫干山会议"）上，所有东欧专家强烈建议"一揽子"的方法。后来他们考察了几个城市后部分改变了看法，认同中国渐进改革的方法。但同时他们提出，中国改革要有总体规划。1985 年 9 月巴山轮会议上，波兰经济学家布鲁斯有条件地认可双轨制，称双重价格是一种过渡的桥梁，但他认为双轨制不能存在太久，否则会带来许多不良后果。匈牙利经济学家科尔奈则强调，虽然中国的改革不是短期能够完成，但是实现市场灵活形成价格的改革却不应拖延，应当尽量创造一个稳定的经济环境，在不太久的将来推出以价格为中心的配套改革，包括税收、工资、汇率和利率改革。[②]

在国内经济学家中，薛暮桥主张尽快推进价格改革。1984 年，在上海做上海战略规划时，薛暮桥拿来美国经济学家拉迪的一篇短文《现在是中国价格改革的最好时机》，非常欣赏这篇文章。薛暮桥认为，价格如果不能够反映供求关系，经济是弄不好的。但他强调一条，价格改革一定要在总供给与总需求比较协调的状态下才能进行，薛暮桥对两种做法非常有意见：一是不搞价格改革，一是用松的货币政策来促进经济高速发展。他认为这两种做法都是错的。[③]

---

① 《经济研究参考资料》1981 年第 182 期。

② 郭树清、赵人伟整理《目标模式和过渡步骤》，中国经济体制改革研究会编《宏观经济的管理和改革——宏观经济管理国际讨论会言论选编》，经济日报出版社，1986，第 16~23 页。

③ 萧冬连等对吴敬琏的访谈，2010 年 12 月 13 日。

1985 年 3 月，社科院三位研究生郭树清、邱树芳、刘吉瑞给国务院总理写报告，批评双轨制造成计划内产品纷纷流到计划外，而计划外部分又层层转手，大量国家财富落入私人和小集团的腰包。双轨制是一种冲突型过渡体制，它的长期持续，必然引起经济生活的混乱，甚至会导致改革的夭折。他们认为，改革必须整体规划、"一揽子"全面推进，而不能试验摸索、局部推进。① 这封信得到回应，认为搞一个总体设计，有利无害。6 月，体改委抽调人员组建了研究总体改革规划小组，由郭树清、楼继伟、刘吉瑞等执笔写出《经济体制改革总体规划构思》上报，② 国务院总理批示："有点道理，没有把握。"

另一位强调整体配套改革的经济学家是吴敬琏。他在 7 月 15 日讨论"七五"计划建议座谈会上提出，经济改革应当包括三个层次，即自主经营、自负盈亏的企业，竞争性市场，以及间接调节为主的宏观调控体系。主张三方面改革要同步前进。他引用科尔奈的概念，质疑单靠"简政放权"就能搞活企业，认为"松绑放权"只能解决把企业管理得太死的问题，但不能解决"软预算约束"问题。没有竞争性市场，企业没有竞争压力，"松绑放权"以后只会造成负盈不负亏的局面。不具备竞争性市场等外部条件，企业也不可能真正具有活力。他建议改革必须在经济体系的基本环节上有步骤、配套地进行，重点放在价格改革和竞争性市场方面。③

1985 年 12 月 20 日，国务院发展研究中心"六五"经验研究小组发表了一篇题为《"六五"时期经济发展经验的初步研究》的文章④，从根本上质疑地方分权的改革模式，报告称之为"行政性分权"。认为造成目前经济中诸多漏洞和不协调的，除了改革没有配套同步进行

---

① 郭树清、刘吉瑞、邱树芳：《全面改革亟需整体规划——事关我国改革成败的一个重大问题》，《经济社会体制比较》1985 年第 1 期。

② 郭树清、楼继伟、刘吉瑞等执笔《经济体制改革总体规划构思》，《经济研究参考资料》1986 年第 35 期。

③ 房维中：《在风浪中前进——中国发展与改革编年纪事（1977～1989）》（1985 年卷），第 164～165 页。

④ 这份报告由吴敬琏、李剑阁、丁宁宁、张军扩执笔写成。

外，更深刻的原因在于行政性分权。从 1980 年起开始实行"划分收支，分级包干"的财政管理体制，加强了"地方所有制"。从 1984 年开始在五个主要工业部门实行的投入产出包干体制，也带有以"条条"为主的行政性分权的性质。这使得地方和部门各自为政和互相封锁的现象滋长起来。1985 年连续开了四次省长会议打招呼，说明条块分割达到严重损害中央宏观调控能力的地步，很难再往前走了。1986 年初，这份研究报告作为参阅文件摘要印发全国计划会议，引起不小的反响。1986 年 1 月 25 日，吴敬琏当面向国务院领导人汇报，提出"以改善宏观控制为目标，进行三个基本环节的配套改革"。他们建议，在经过周密准备后，在 1987 年初将企业、价格、财税、金融等方面的改革"互相配套地推出"。其中特别强调，生产资料价格的问题最为突出，建议近期区别不同产品，"采取多价联动、价税联动"的方式进行改革。建议由国家体改委组织中期配套改革方案的设计和综合论证。①

然而，一些学者不赞同把前期改革归结为行政性分权，认为这种批评是不充分的，也是不公道的。在当时的体制下行政权和经济权分不开，分下去的权力既是行政权也是经济权；首先必须分权，然后才谈得上政企分开。对于双重体制利弊，以及能否在短期内结束双轨制，也有不同看法。2 月下旬，国家体改委召开座谈会，专门讨论双重经济体制问题。多数人承认，双轨制带来管理真空，出现失控现象，全社会投机收入估算有 200 亿。但双轨制冲破和松动计划机制，使经济活力大大增强，使整个体制进入从量变到质变的过程。因此，首先应当肯定它的巨大成绩，同时重视它的弊端，结束双轨制也难以在短期内实现。安志文说，两种机制的交替是改革的一个战略阶段，是不可避免的，是我们的国情决定的。逐步推进改革，这一决策是否正确？我们认为是正确的。我们的改革是自上而下与自下而上互相结合的，有弊端，但利大弊小，避免大的社会动荡，大的失误，大的反复。会有摩

---

① 见《经济发展与体制改革特刊·经济形势与改革政策专辑》1986 年 2 月。

擦、矛盾甚至痛苦，这不能避免！他说，和外国经济学家谈不拢，外国人要下猛药，他们不了解中国的实践。有干部的认识，群众的习惯，社会和国家的承受能力等一系列问题，两种体制的过渡是比较长期的。[①]安志文后来回忆说："有些经济学家曾提出要学二战以后的日本、德国，'放开价格，控制货币'的经验，较快地形成市场机制。对此，大家都不大赞成，日本企业与德国的企业是适应市场经济的，中国的企业本来就不是市场的主体，要适应市场调节，需要一个较长的经营机制转变的过程。只有通过逐步放开价格，使每一个企业减少指令性计划，进而靠市场价格引导企业的生产经营，这是在当时体制环境下的一种必然选择。"[②]

经济学界有人质疑以价格为中心的改革思路，比较系统的是北京大学的厉以宁教授。4月25日，厉以宁在一个学术报告中提出"所有制改革是改革的关键"。他有一句名言："经济改革的失败可能是由于价格改革的失败，但经济改革的成功并不取决于价格改革，而取决于所有制的改革，也就是企业体制的改革。"厉以宁解释说，因为价格改革主要是为经济改革创造一个适宜的环境，而所有制的改革才真正涉及利益、责任、刺激、动力问题，使企业真正自负盈亏。所有制改革要解决的问题是企业亏损后怎么办，不能像现在这样，盈了归自己，亏损归国家。他主张经营不善的企业，该破产的就破产。要有破产法，还要有社会保障的规定。他的具体主张是搞股份制。他所说的股份制，主要不是指职工持股和发行公众股，而是指公有者之间按股取利。公股持有者有中央、地方和企业，由董事会决定企业的大政方针。这样才能真正解决政企职责分开的问题。集体所有制企业是可以实行股份制的，全民所有制企业体制改革的可行措施之一也是实行股份制、控股制，建立社会主义的公司财团（企业财团）。[③]

① 《周少华工作笔记》，第1367页。

② 鲁利玲对安志文的访谈，2007年8月2日、3日、10日上午。

③ 厉以宁：《所有制改革是改革的关键》，《中国经济改革的思路》，中国展望出版社，1989，第3～5页。

二 "价、税、财联动" 方案的设计

国务院领导人也希望 1987 年改革迈出决定性的步伐。为什么要迈大步？当时列出三条理由。首先，中央已经提出争取在五年或者更长一些时间内基本上奠定新体制基础的任务，要争取在 "七五" 期间进入新的轨道，必须在明后年再打一个大的战役。其次，目前处于新旧两种体制并存交错的时期。1984 年以前，旧体制仍起着主导的作用；1985 年以后开始进入两种体制的均势、对峙状态，新旧体制谁也起不了主导作用，因而矛盾很多，摩擦很多，漏洞也很多，社会上议论纷纷，两种体制对峙不宜拖得太久。最后，经过几年的探索，改革的路子和轮廓越来越清晰，领导和群众都积累了一些经验，社会的承受能力增强了。如果再努力使经济生活更宽松一些，明后年迈出改革的重要一步是有现实可能性的。不过他也说，我国的体制改革不是把总体方案预先设计好，在一个早上施行，而是采取逐步过渡的办法。这就决定了两种体制并存的局面是不可避免的，过渡的时间不会很短，至少要十年左右。①

3 月中旬，赵紫阳提出价格、税收、财政配套改革的设想。② 他在 3 月 15 日国务院常务会议上做了阐述。他说：新旧体制胶着对峙的局面 "不宜拖得太久"，要在 "七五" 期间 "进入以新体制为主的阶段"。"具体说来，明年的改革可以从以下三方面去设计、去研究：第一是价

---

① 房维中：《十三年纪事（1977～1989）》（1986 年），第 145 页。

② 关于提议搞 "价、税、财联动" 改革，杨启先说是吴敬琏提的建议，当时大都认为有道理，赵紫阳也听进去了，并接受了这个建议。吴敬琏否认这个说法，他说，1986 年 1 月下旬，由体改所主持，联合北京青年经济学会，召开了一个讨论会。会上提出了四种方案：一是体改所王小强、宋国青提出的国有企业 "包、租、卖、分" 的方案，二是体改所徐景安提出的各种价格改革方案，三是吴敬琏、周小川、楼继伟、李剑阁提出的关于企业、市场、宏观调节体系的三环节配套改革方案，四是华生提出的资产经营责任制方案。1 月 25 日，向赵做了汇报，赵对四个方案都觉得没有把握。吴敬琏说，"价、税、财联动" 是赵本人提出的，我是坚决拥护。见萧冬连对杨启先的访谈，2007 年 8 月 28 日；萧冬连等对吴敬琏的访谈，2010 年 12 月 13 日。

格，第二是税收，第三是财政。这三个方面互相联系。"他强调，"关键是价格体系的改革，其他的改革围绕价格改革进行"。重点解决原材料、能源等生产资料计划价格偏低的问题，使两种价格的水平逐步趋于接近，把这一系列产品的价格大体理顺。同时要考虑逐步缩小国家计划内分配的数量，扩大市场调节的部分。① 这就是"价、税、财联动"改革设想的由来。

4月上旬，在中央财经领导小组和国务院的直接领导下，经济体制改革方案研究领导小组成立，主要任务是研究制定1987年和1988年的改革方案。领导小组由田纪云负责，成员有张劲夫、宋平、陈慕华、王丙乾、安志文、吕东、马洪等国务院主要部门领导人和周小川、楼继伟、宫著铭等年轻人。下设办公室，主任安志文，后为高尚全。副主任有姜习、杨启先、傅丰祥、郑洪庆、吴敬琏。领导小组没有开过会，方案设计主要由办公室（简称"方案办"）主持。办公室下成立了价格、财税、计划投资、金融、工资、外贸、流通、企业改革八个项目组，最多的时候有二三十人，分别研究出方案，再进行综合协调。各组都集中了相当的力量，并调动中央和地方相关职能部门参与。"价、税、财配套改革"的核心是价格改革，基本思路是"先调后放"，把生产资料价格一次性调到合理水平，生产企业由于涨价增加的利润国家通过税收把它收上来；使用企业由于涨价增加的支出，国家通过财政补贴返还给它，通过这种办法把价格体系理顺，让计划价与市场价靠拢，然后放开，实行市场价格。

开始设想把钢铁、有色金属、煤炭、电力、石油、建材和化工六大系列的价格一次性上调。6月11～12日在玉泉山向国务院总理汇报，姚依林、田纪云等参加。方案办提出大小两种方案，大方案涉及500亿～600亿元，实际带动物价指数上涨9%～10%；小方案涉及300亿～400亿元，实际带动物价指数上涨7%。安志文说，方案办多数倾向大方案，财政部赞同小方案。除了这个方案外，安志文还介绍了别的

---

① 转引自吴敬琏《当代中国经济改革教程》，第65页。

方案，如社会科学院华生提出的资产经营责任制，北京大学厉以宁提出股份所有制。国务院总理不赞同采用其他方案，他说，我们搞改革，一开始搞自主权，就是所有制的改革，为什么自主权走到一定程度走不通了？因为受到许多外部条件限制，经营差的不一定得益少，经营好的不一定得益多。走到这一步，要改革就要考虑价格，考虑价格就有风险。股份制是一个问题，但只有在一定条件下才能实行。华生提的资产经营责任制，我听了两次，没解决问题。他倾向于采用大方案，多数人表态赞同，包括马洪。唯有安志文表示了担忧，认为这样搞风险太大。他说："对这个以生产资料全面调价的起步方案，体改委机关里有人忧心忡忡，这样改究竟好处是什么，担心改不好又走上集中的体制。我觉得要慎重再议论一下。"① 田纪云说，我赞成再论证论证。姚依林说，如放开先从生活资料放好，然后再放生产资料。最后国务院总理表态说，看来六大系列一起动，可能风险太大，通货膨胀率太高。那咱们试着来，先动一个钢铁系列，其他的先不动。②

会后决定，1987 年先动钢铁系列，煤、电、油、运、水泥、石化等生产资料价格到 1988 年视情况逐步适当调整。为什么先动钢铁？长期以来钢材供应紧张，近年来每年进口约 2000 万吨。由于计划价格远远低于市场价格和进口价格，生产环节浪费很大，流通环节漏洞很多，每年用于进口钢材的财政补贴高达数十亿元。当时认为，理顺钢材价格成了突出的、亟待解决的矛盾。因此，1987 年的经济体制改革，先从调整钢材价格入手，同时减少钢材计划分配的数量，扩大钢材市场。方案规定，从 1987 年开始，标准圆材计划价格每吨从 693 元提到 1000 元，并允许浮动，但上浮不超过 20% 。同时从钢铁企业每吨收税 307 元。③ 据

---

① 房维中：《在风浪中前进——中国发展与改革编年纪事（1977～1989）》（1986 年卷），第 79 页。

② 萧冬连对杨启先的访谈，2007 年 8 月 28 日；萧冬连等对吴敬琏的访谈，2010 年 12 月 13 日。

③ 国务院改革方案领导小组办公室向中央财经领导小组提出的《关于明后两年经济体制改革的意见》（1986 年 8 月）。

测算，整个钢材价格大体上涨 50%，推动总体物价上升不超过 20%。8
月提交中央财经领导小组讨论的就是这个缩小了的方案。会议确定，国
家组织订货 1000 万吨为保障重点项目供应，其余 2000 万吨统配钢材交
由市场调节，1988 年基本取消钢材计划调拨制度，形成一个开放的钢
材市场。9 月 13 日，邓小平在听取几位国务院领导人汇报后说：赞成
你们明年改革的方案。9 月下旬，中央财经领导小组向中共十二届六中
全会做了通报。[①]

三 "价、税、财联动"方案为什么搁浅

然而，即使是这个缩小了的方案，也遇到了部门利益难以协调和高
层意见分歧两方面的困难。据参与方案制定的杨启先回忆，在制定具体
方案时，碰到一个无法回避的问题，就是当时钢材实际价格究竟是多
少。方案中 693 块钱 1 吨来自物资部提供的价格，但冶金部说不行，我
现在 6 毫米圆钢的实际平均出厂价格不是 693 元，已经是 897 元，相差
200 多元，你怎么能按照这个收税？另外，当年 6 月国家统计局组织搞
了 6000 户企业的经济普查，普查结果使用钢材的企业 6 毫米圆钢价格
已经到了 1100 元左右。这样，联动方案根本制定不下去了，田纪云听
了汇报，也感到挠头。冶金部不同意，你没法动，就拖下去了。"不是
说哪个领导不想干，或者有什么意见，实际情况是，这种联动办法在理
论上是可以成立的，但在现实中是无法操作的，具体方案根本制定不
出来。"[②]

依杨启先的说法，"价、税、财联动"方案被搁置，首先是个技术
性问题，即部门利益协调不下来。然而，更多的材料说明更主要的原因
可能是：高层对于价格改革方案难以达成共识，担心风险不可控。据
说，北戴河会议后，方案拿到全国人大财经委会议讨论，财经委副主任

---

① 房维中：《十三年纪事（1977～1989）》（1986 年），第 158 页。
② 萧冬连对杨启先的访谈，2007 年 8 月 28 日。

王任重等人表示严重不赞同。① 安志文虽然作为方案办主任主持了方案设计，却对这个方案充满疑问，多次与国务院总理交换意见，陈述他的担忧。他认为，钢材是上游产品，上游产品提价会影响到整个下游企业，造成企业利润减少，职工工资减少，推动物价上涨。究竟影响有多大，计算不出来，可能根本控制不住。安志文回忆说："我最后一次就这个方案和赵紫阳交换意见是在飞机上。这一年（1986 年）10 月中旬，我去广东，赵紫阳也到广东，他让我去广东坐他的专机。在专机上，他问我：'如果实施这个方案，通货膨胀究竟怎么算？按多少算？'我说：'我算不准。'因为以前大规模调价只调过一次，那次调价跟这次目的不同。那次是针对纺织企业，棉花涨价了，小城镇纺织企业起来了，国有企业被价格捆死了，困难得不得了！那次调价的好处给了企业，调价的结果是企业搞活了。而且，那次调价的通货膨胀是能计算出来的。因为它是最终产品，能够估计出来涨多少，对市场影响有多大。而钢铁是上游产品，这个计算是很复杂的。钢材的产品很多，小五金、农具、机械工业都要用钢材，基本建设要用钢材，这个究竟能有多大的涨价幅度，全部涨价的幅度是多少，是很难计算出来。如果按照修改后的方案，物价也要涨到 5%～10%，首钢的承包就无法搞了。钢铁企业会反对，其他企业也会不赞成。""就是因为考虑到这些因素，所以 1987 年就没出台钢材调价的方案。"②

9 月 15 日，厉以宁在北京大学做学术报告，再次批评以价格改革为中心的思路。他从 10 个方面比较价格改革与所有制改革两种改革思路的利弊。认为价格改革的风险在于它不能试点，后果很难预测，出现问题纠正就比较困难；所有制改革则可以试点，其结果大体可知，发现问题可以弥补、纠正。价格改革充其量只是解决商品经济发展的环境问题，并不能给企业以动力；所有制改革解决的是企业的利益、责任、动

---

① 萧冬连、鲁利玲、余希朝对乔刚的访谈，2011 年 2 月 16 日。

② 安志文：《80 年代中国改革开放的决策背景》，中国经济体制改革研究会编《见证重大改革决策》，社会科学文献出版社，2018，第 77 页。

力、刺激问题，因而带有根本性。在心理效应上，价格改革是负面的，老百姓会因价格改革引起物价波动而不安，企业会采取不配合的态度将物价上涨因素转移给消费者，地方政府会因承受巨大压力而对价格改革顾虑重重；所有制改革则不同，心理效应是正面的。企业自愿加入改革，地方政府也会积极配合。有人说，中国经济有个"百慕大三角区"：价格放开，工资上升，财政赤字增加，又导致价格上升，形成恶性循环。如何摆脱这个三角区？非走所有制改革这条路不可，待所有制改革取得一定的成绩以后再搞价格改革，水到渠成。[①] 据吴敬琏说，厉以宁对价格改革方案的质疑有中央书记处的背景。[②] 但是，没有资料说明胡启立、万里等人认同厉以宁提出的股份化，他们倾向于搞企业承包制。

质疑声还来自国外专家。10月6日，西德"六贤人委员会"主席施奈德应邀来华访问，他对中国即将进行的以钢铁为中心的价格改革提出了不同意见。他说，西德1948年开始改革，但是"直到1957年才放开钢材价格"。"加工的工业品价格只直接影响部分消费者利益，而初级产品价格一旦调整，会影响多种加工产品的价格。"根据西德的经验，他提出"对初级产品价格放开要慎重和推后"，即使要放也是供求相适应的商品先放，供不应求的商品暂时不放开，待缺口基本消除以后再放开。此前，瑞士经济专家林德评中国改革敏感问题，也提出"中国经济体制改革，对关系着千家万户情绪的物价不应急着动，一定要慎重"。"那种一边放开物价一边补贴的做法，是东欧搞了多少年都不成功的尝试。"他建议"物价先不动，工资慢慢涨，集中精力发展商品经济，丰富供应"。[③]

10月14日，杨培新向国务院总理汇报了施奈德的意见。他听后

---

① 厉以宁：《两种改革思路的比较》，《厉以宁选集》，山西人民出版社，1988，第89～90页。

② 萧冬连等对吴敬琏的访谈，2010年12月13日。

③ 房维中：《在风浪中前进——中国发展与改革编年纪事（1977～1989）》（1986年卷），第136～141页。

说："不仅施奈德，瑞士专家林德也认为现在中国不应该把注意力放在搞价格改革，应把注意力放在发展生产上"。他说，"国内经济学家也有这种论点，比较系统的是厉以宁，厉认为要搞市场机制，在法制不完备情况下，不宜搞价格改革。这种观点，可以慎重考虑"。

11月1日，中央财经领导小组会议召开。从会议传达记录看，搁置价格改革方案是中央财经领导小组的一致意见。万里说，基本观点是搞活企业，发展生产。田纪云虽然认为难以避开生产资料价格问题，但他又说："提钢材价格各方面不欢迎，企业有困难。明年十三大，后年人大，建国40周年，还是走小步。"田纪云是主持方案论证的，知道各方协调之难。姚依林也赞成推迟钢价改革。他说："现在生产形势好，先搞活，后提价，放开。"财政部部长王丙乾的态度明确，他说："应把搞活企业放在首位，推迟调价。没有不花钱的政策，要保证财政收入稳定增长。"安志文说："生产资料价格总要解决，但要从长议一下，我的意见就是要放。"赵紫阳最后总结："明年搞钢材不是急大家所急。一起动，风险大。只动钢材不动消费品，方案不可取。""钢材价格另议，明年上半年肯定出不了台。明年下半年搞不了，后年搞也行。""搞活企业必须首先解决。"① 年初动用大量人员设计的"价、税、财联动"方案，至此被搁置了。12月19日，邓小平在听取关于明年的改革意见汇报后，表示同意中财小组的意见。

四　从"软着陆"到再度"起飞"

吴敬琏、房维中都认为，放弃价、税、财配套改革思路并不意味着它不可行，而在于缺乏一个宽松环境。② 问题恰恰就在于：决策者有多大的决心顶住各方压力，接受经济降速的结果，为改革让路。

---

① 《周少华工作笔记》，第 1568~1569 页；房维中：《在风浪中前进——中国发展与改革编年纪事（1977~1989）》（1986 年卷），第 136~141 页。

② 吴敬琏：《关于改革战略选择的若干思考》，《经济研究》1987 年第 2 期；房维中：《十三年纪事（1977~1989）》（1986 年），第 169 页。

1985 年为遏制总需求膨胀采取了一些控制措施，但没有真正解决问题。1984 年全社会投资额为 1833 亿元，1985 年猛增到 2475 亿元，比上年增长 35%，相当于前两年增加的总和。这是新中国成立以来除 1958 年外所没有的。"许多地方还是大上的劲头，从乡村到地县到处大兴土木，百废俱兴。"投资膨胀背后还隐蔽着一个结构性矛盾，1～11月，非生产性建设投资增长 57.4%，生产性只增长 24%，能源、交通、原材料投资和更新改造投资比重下降，单位投资规模小型化，如山西出现了 1000 多个"一脚踢"的高炉。投资规模过大既是旧体制"投资饥渴症"的老问题，也有新特征。改革以来，投资主体已经由国家集中投资转向中央、地方、企业和个人多元投资。1984 年底以后，国家减少了指令性计划，放宽了投资审批权限，企业留利增加，财政"分灶吃饭"，银行储蓄增加，乡镇企业异军突起，使得预算外投资增加迅速。据体改所调查，样本企业投资基金来源，国家和上级拨款占 18.26%，银行借款占 31.84%，企业自筹占 45.49%。这使得宏观调控面临过去没有的复杂局面。总需求膨胀的另一方面是消费需求膨胀。1985 年城乡居民和集团消费增加 800 亿元，这还不包括账外消费基金洒漏和隐蔽性消费。职工与企业利润挂钩后，由于企业经营的内外条件相差悬殊，引起职工很强的攀比心理，扩权后企业行为短期化，改革就是高工资的预期等因素构成了消费增长的巨大压力和不满情绪。国务院发展研究中心副总干事孙尚清说，"六五"计划头三年工资增长不多，群众情绪平稳。1984、1985 年职工收入增长很快，不满情绪成正比例增长，群众的不满主要是党风不正和收入不公。①

1986 年初，赵紫阳也是想通过控制总需求为改革创造条件。他说，明年改革能否成功，取决于两个问题，一是市场物价指数能不能控制住，二是基本建设能不能控制住。当时采取了一些措施实现经济"软着陆"。一是国家计委收紧基建项目的审批权限，50 万元以上项目须经

---

① 萧冬连：《中国经济体制改革的现状、困难及进一步改革的探索——走访调查》，《教学研究资料》1986 年第 6 期。

省市区计委批准，3000万元以上的非生产性项目须经国家计委批准，并停止自筹资金浮动10%的规定，职工人数和工资总额实行额度控制。二是控制货币发行和信贷规模。由于银行体制尚未进行改革，控制信贷主要依靠行政手段，国务院通过中央银行将信贷指标下达给各地省行。然而，各地把下达的指标首先用在地方需要搞的那些事情特别是建设项目上，留下缺口给那些非办不可的事，如粮食收购。一控制信贷，很多地方就说农副产品收购没有钱，最后中央不得不另外增发指标。银根紧缩"一刀切"使正常的经济运行受到影响，一些企业流动资金困难，出现企业之间的经济往来"打白条"，相互拖欠的现象，经济增速下滑较多。1986年1月工业生产比上年同期增长5.6%，2月份同比增长率降到0.9%，1～4月增长4%。与之相伴随的，是一些企业利润下降，地方财政收入减少，许多人坐不住了，各方面反应强烈，要求放松银根。[①] 薛暮桥在他的回忆录中写到这个情况："1986年1季度GDP增长率只有4%……这本来是抑制经济过热时出现的现象，用不着惊慌，但在这时，许多地方和企业纷纷强烈要求放松信贷，叫得很厉害。同时有一些年轻同志大声惊呼经济'滑坡'了，说双紧政策破坏了刚刚开始的经济'起飞'，主张保持'适度'的通货膨胀来刺激经济'起飞'。"当时赵紫阳"受到错误主张的影响，对制止通货膨胀问题上发生动摇，从第二季度起，开始重新

---

① 3月12日，国家经委主任吕东主持召开了一次部分省市有关负责人的座谈会，参加座谈会的有北京、天津、上海、辽宁、广东、山西、广西、沈阳、大连等地方负责人。座谈会上反应强烈，上海反映：1～2月产值比去年4季度增长0.1%；中央在沪企业增长16.5%，地方下降2%；全民企业增长1.2%，集体企业下降5.9%。预算内全民企业减收，实现利税下降11%，上海全市财政收入下降1%。天津反映：1月份增长4.6%，2月下降0.4%。实现利税下降5.63%。辽宁反映：1～2月工业生产是急转直下的形势，近几年来罕见。领导小组传达赵紫阳对会议的意见：对1～2月的生产问题，要沉住气，不准备讲（《周少华工作笔记》，第1380页）。在7月1日体改委召集座谈会上，前任重庆市委书记王谦说："宏观调控，一控就死，一刀切，这是中国的本事"，"平常讲话改革调子很高；一出问题就全是老办法，整得厂长直哭"。前任贵州省委书记池必卿说："宏观调控真厉害，好怕呀！"两位省市委书记对宏观调控都表达了不满（《周少华工作笔记》，第1485页）。

大幅度放松信贷"。①

经济增速下滑，引起赵紫阳的关注，但年初还看得不重。他在3月15日国务院常务会议上说，今年2月份的工业生产不太理想，大家很着急。速度为什么下来？去年速度过高就是一个原因。去年2月份增长23%，今年2月份增长0.9%，加在一起还是平均增长12%。他要求大家沉住气，但在工业生产流动资金上不能不开口子。他说，流动资金困难要先解决，基建投资、技术改造投资都要服从生产。从3月份起，人民银行指示各地银行适当放松对企业流动资金的控制，提出"稳中求松"和"区别对待，择优扶持"的政策。

本来的要求是，解决流动资金问题必须与压缩计划外基本建设同时进行。问题在于，压缩计划外基建投资谈何容易！6月18日，国务院总理在全国省长会议上说：一方面流动资金紧张，一方面计划外基本建设又急剧膨胀。各地搞计划外基本建设劲头很大，挤掉流动资金、技术改造资金，留下这个缺口就靠银行贷款来填补。上基本建设项目时，都说自己有钱，只缺"粮票"。一说到流动资金，就伸手要现款，这是相当普遍的情况。当然，最终还是看决策者有多大的决心。当时，中央规定了"三保三压"政策（即保计划内建设，压计划外建设；保生产性建设，压非生产性建设；保重点建设，压非重点建设）。然而中央要保中央的重点，地方也要保地方的重点；计划内项目不能压，计划外项目又控制不住；建成的项目开工需要流动资金，未建成项目资金不能断档。实施的结果是，各种贷款全面放宽。据统计，1986年各项贷款比上年增长29.2%，其中固定资产投资贷款增长44.6%。12月，再次出现年终突击贷款的现象，各项贷款相当于1～11月贷款总额的56%。基建投资全年仍比上年增加457亿元，全社会的固定资产投资规模已达3000亿元，相当于1983年的2.2倍，大大超过了国民收入增长的幅度。经济还没有"软着陆"就再度"起飞"了。工业生产速度，9月达到10.4%，10月达到14.1%，11月达到16.1%，12月达到17.3%，全年

---

① 《薛暮桥回忆录》，第411页。

为 11.7%。① 财政却再次出现巨额赤字。因为上年的高增长把各地的胃口吊得很高，各项开支包括投资和消费都建立在财政收入高增长的预期之上。年底预测，1987 年财政赤字将达到 380 亿元，其中中央赤字 400 亿元，地方结余 20 亿元，由于总需求膨胀和货币投放过多，带动物价上涨的趋势难以遏制。

6 月 27 日，薛暮桥给赵紫阳、田纪云写信，说各地领导同志头脑过热，提前翻番、急于求成的劲头很大，要降温，希望中央领导同志不要再去鼓劲、加油。薛暮桥指出，严格控制社会总需求，是改革不合理的价格体系，理顺经济关系的"根本关键"。他说："如果总需求控制得住，采取大步方案也不会有太大的风险，如果控制不住，就是采取小步方案，也是风险很大，难以取得胜利的。"② 薛暮桥的意见是，只要控制住基建和货币，价格改革可以走大步。赵紫阳不以为然，说"在这一点上不能听经济学家的意见。因为我们有一大批国有企业，市场反应不灵敏，目前控制货币会出现经济萎缩"。姚依林与陈云谈，陈云也不赞成价格改革走大步。③

五　转向全面承包制

既然经济过热的形势得不到控制，推行"价、税、财联动"方案就会有很大风险，重新转回企业改革，成了唯一选择。

1986 年 11 月 14 日，国务院常务会议讨论通过《国务院关于深化企业改革、增强企业活力的若干规定》，确定当前和今后的重点应放在改革企业的经营机制问题上。搞活大中型国营企业，关键是把企业所有权和企业经营权分开。当时，国有企业的公有制性质是不能改变的，因此想在经营权上做文章，在所有制不变的情况下，把企业经营管理权放

---

① 房维中：《十三年纪事（1977～1989）》（1986 年），第 172 页。

② 《薛暮桥文集》第 2 卷，中国金融出版社，2011，第 1117 页。

③ 安志文在国家体改委传达（1986 年 7 月 1 日、2 日），见《周少华工作笔记》，第 1485～1486 页。

开，责、权、利结合，让经营者有充分的经营自主权。国家对企业的内部事务不进行干预。将来企业的资产可能由国家资产、企业自有资产和股份持有者资产组成。企业税后利润按各自占有资产多少来分配，以鼓励、调动企业扩大积累的积极性。会议预期，放开经营权这篇文章做好了，不仅会使国营企业的状况有一个根本的改观，还会涌现出一批企业家和企业家集团。①

提出两权分离，出发点不是强化所有权对企业的干预，而是强调企业经营权要得到充分保障，推动企业成为自负盈亏、独立经营的主体。关于企业经营权，1986年11月下发试行，1988年4月全国人大正式通过的《企业法》做了详细而明确的规定：企业对国家授予其经营管理的财产享有占有、使用和依法处分的权利；企业依法取得法人资格；有权接受或者拒绝任何部门和单位在指令性计划外安排的生产任务；有权自行销售本企业的产品；有权自行选择供货单位；有权自行确定产品价格、劳务价格；有权与外商签订合同，提取和使用分成的外汇收入；有权确定工资形式和奖金分配办法；有权录用、辞退职工；有权拒绝任何机关和单位向企业摊派人力、物力、财力；等等。②

那么，两权分离的具体形式是什么样呢？当时有两种思路，一种是引包字进城，实行企业承包制；另一种思路是，借鉴国际惯例，实行股份制，通过股份制把所有权与经营权彻底分开。国家经委主张搞承包制，国家体改委主张搞股份制。主张承包制的占多数，主张股份制的占少数。③

企业承包经营早就有了，但数量不大，面不广。最早实行承包的大型企业是首都钢铁公司。首钢是1979年国务院选定的首批八家试点企业之一，1981年经国务院批准实行承包经营。开始实行基数包死，超包全留的承包制，从1982年起实行上缴利润递增包干，包干基数为3.98亿

---

① 房维中：《十三年纪事（1977～1989）》（1986年），第168～169页。

② 《中共中央关于贯彻执行〈中华人民共和国全民所有制工业企业法〉的通知》（1988年4月28日，中发〔1988〕4号公布）。

③ 萧冬连等对杨启先的访谈，2008年3月13日。

元，每年递增 7.2%；超包全留，欠收自补，国家不再给投资；留利按
6∶2∶2 的比例分别用于生产发展、集体福利和工资奖励；工资总额与实现
利润挂钩；计划内产品有 15% 的自销权；企业内部实行全员承包。首
钢承包后，效益大增。首钢经验被广为宣传。其实首钢模式难以推广，
据后来计算，1981~1990 年，首钢多留利 30 多亿元。国家给予首钢的
这种优惠政策不可能同样惠及其他。① 第二个争取到承包权的是第二汽
车制造厂。当时，二汽的基本建设还没有完成，国家已经没钱投资，二
十几万职工和他们家属撒在偏僻山沟，如果二汽停建，这些人将如何生
存？国家的大量投资也将"打水漂"。二汽负责人不断地向国务院领导人
要求：国家可以不给钱，但希望给政策，让二汽实行承包经营，滚动发
展。国务院很快批准了。二汽承包经营后，利用企业留利完成了国家的
后期投资，使企业活起来了。随后国务院又批准了五个企业搞承包。②

　　1984 年 2 月 10 日，国务院在北京召开经济工作会议。国家经委提
出，选择 100 个企业试用首钢的承包模式，但财政部不赞成，体改委也
反对推广承包制。在理论界，马洪、蒋一苇、林凌、杨培新等都是主张
搞承包的。此时，国家体改委杨启先等人向国务院递交了一个报告，强
烈反对搞承包。提出的理由有两条：一是城市改革比农村要复杂得多，
难以"一包就灵"。如果城市像农村那样"交够国家的，留足集体的，
剩下都留给自己"，两三年后国家财政就吃不消。二是承包制容易导致
拼设备、吃老本、做假账、少提或不提折旧费等短期行为。最后，国务
院决定，多数企业推行"利改税"，已经批准的七家企业继续实行承
包。实际搞上缴利润递增包干的不只这七家，已经有 30 多家企业。③ 当
时，赵紫阳并不赞成在国营企业普遍推行承包制，当年推出利改税，目
的之一就是要先把位置占住，以抵挡各地要求承包的压力。

　　然而，国营企业和地方政府都乐意接受承包制。企业为什么乐意？

---

① 国家体改委宏观体制司：《对在 105 户企业（156 项重点工程）推广首钢承包办法的
　　几点意见》（1991 年 4 月 24 日）。
② 萧冬连等对陈清泰的访谈，2009 年 7 月。
③ 萧冬连等对杨启先的访谈，2008 年 3 月 13 日。

因为它赋予企业的权利和利益最为直接，承包制是固定利润上缴的，超过增长比例的部分留给企业。[1] 地方政府也宁愿搞承包，至少可以保证财税任务的落实，而且易于操作。承包制就从地方先搞起来了。1986年底，财政形势已经很严峻了，企业连续20多个月上缴税收完不成任务，1987年的财政任务落实不下去，企业普遍不接受，认为太高。怎么办？天津李瑞环创造了一种办法，给企业"压担子"。所谓压担子，就是由主管部门同企业一户一户谈判，核定承包指标，签订承包合同，最后把任务派下去，然后实行"承包经营责任制"。这个经验很快就在其他地方效仿，并被国务院领导人接受。[2] 既然股份制不是一个普遍选项，承包制就是唯一的抓手。1987年3月，六届人大五次会议通过的《政府工作报告》中提出："今年改革的重点要放到完善企业经营机制上，根据所有权与经营权适当分离的原则，认真实行多种形式的承包经营责任制。"明确肯定承包制是首选。4月23～27日，国家经委受国务院委托召开全国承包经营责任制座谈会，决定从6月起，在全国范围普遍推行承包经营责任制。11月13日，赵紫阳对承包更加肯定，认为"承包制是目前我国实行'两权分离'的最可行的一种形式"。他反驳了对承包制的两种质疑："有人说承包制不规范，怎么不规范？……在实践中逐步摸索，逐步完善，就规范了。""说企业承包后出现短期行为，这不对。这种说法给人的印象是，不承包就没有短期行为。……不搞承包制，出不了企业家。"吉林省的经验增加了他对承包制的信心。据说，吉林省从1982年开始搞承包制，已经搞了五年，效益显著。过去吉林是补贴省，工业管理非常落后，现在它的财政收入每年增加几个亿，一些人所担心的问题他们都在实践中解决了。他要求搞理论的、搞实际工作的都应集中力量去完善承包制。[3] 截至1987年底，全国预算内工业企业承包面已达78%，其中大中型企业达到82%。1988年2月，

---

[1] 鲁利玲对安志文的访谈，2007年8月2日、3日、10日。

[2] 萧冬连等对杨启先的访谈，2008年3月13日。

[3] 房维中：《在风浪中前进——中国发展与改革编年纪事（1977～1989）》（1987年卷），第335～342页。

国务院发布《全民所有制工业企业承包经营责任制暂行条例》。1990年
第一轮承包结束之后，多数企业签订了第二轮承包协议。由于利益的驱
动，承包制的初期效益明显。据国家统计局对9937个大中型工业企业
的调查，实行承包制的企业产值、利税分别增长12.5%和20.8%，710
个实行"亏损包干和减亏分成"的企业，产值增长16.9%，亏损减少
68%。① 另据资料说，全面推行承包制20个月，即到1988年底，全国
预算内工业企业增创利税369亿元，相当于1981～1986年六年间企业
所创利税的总和。②

　　除了企业全面推行承包制，一些行业也实行了承包制。如1986年2
月，确定大连港实行年度利润包干、"以港养港"的财务制度，利润增
长部分全部留给大连港。此前，天津港已实行了财务包干。③ 3月，批
准铁道部实行经济承包责任制，实行"六包"：包运输任务、包机车车
辆生产任务、包铁路建设规模和形成运输能力、包基本建设投资和机车
车辆购置费、包缴纳税款以及工资含量包干。④ 6月，冶金工业部对国
家实行"五包"：包上缴统配产品任务，包提高质量、扩大品种，包降
低能源消耗，包技术改造和基本建设项目的总投资、总进度、总效益，
包提高经济效益。⑤ 石油、煤炭等行业也实行了包干。

　　伴随企业承包制的，是企业领导体制改革。1986年9月15日，中
共中央、国务院颁发了三个条例，即《全民所有制工业企业厂长工作条
例》、《中国共产党全民所有制工业企业基层组织工作条例》和《全民

---

① 王亚平：《治理整顿时期中国经济发展的回顾与思考》，《中国经济史研究》1994年第
　 2期。
② 章迪诚：《国企改革三十年：全面推行承包经营责任制》，中国工业新闻网，http：//
　 www.cinn.cn/xw/chanj/154777.shtml，2008年10月8日。
③ 《国务院办公厅转发关于大连港管理体制改革问题会议纪要的通知》（1986年4月22
　 日，国办发〔1986〕30号公布）。
④ 《国务院批转国家计委等五个部门关于铁道部实行经济承包责任制方案的通知》
　 （1986年3月31日，国发〔1986〕40号公布）。
⑤ 《国务院关于冶金工业部实行钢铁工业投入产出包干方案的批复》（1986年6月10
　 日，国函〔1986〕79号公布）。

所有制工业企业职工代表大会条例》。三个条例的核心思想是推行厂长负责制，这被认为既是经济体制改革，又是政治体制改革重要的组成部分，正式写进了中共十三大的政治报告。为了进一步强化厂长职权，11月11日，中共中央、国务院又发出补充通知，强调从党委领导下的厂长负责制到厂长负责制的转变，是企业领导体制的重大改革。全民所有制工业企业的厂长（经理）是一厂之长，是企业法人的代表，对企业负有全面责任，处于中心地位，起中心作用。企业中党的组织要满腔热情地支持厂长（经理）行使职权。①

国营企业实行什么领导体制，1949年以来发生过严重争论。新中国成立之初学习苏联体制，实行过一段"一长制"即厂长负责制。1956年受到毛泽东的严厉批评，中共八大后改行党委领导下的厂长负责制。1980年8月8日邓小平在《关系党和国家领导制度的改革》的报告中，最早提出实行厂长负责制。1984年，在大连、常州、北京、天津、上海、沈阳等城市部分国营企业进行试点。② 1984年10月，中共十二届三中全会通过的《中共中央关于经济体制改革的决定》，阐述实行厂长负责制的理由是：现代企业分工细密，生产具有高度的连续性，技术要求严格，协作关系复杂，必须建立统一的、强有力的、高效率的生产指挥和经营管理系统。"只有实行厂长（经理）负责制，才能适应这种要求。"厂长负责制改革正式提上日程。1987年推行承包制之初，对于企业承包到底包给谁，是工人集体还是经营者个人，是有过权衡的。从效率出发，只能承包给经营者，国务院领导认为，厂长租赁企业，责权利加风险，厂长有风险就有了权威，从公家的官变成经营者。说只能承包给劳动集体实际上是一种概念束缚，怕讲承包给厂长就是资本主义。武汉市试行全员承包，经理不能得的过多。问题是承包合同由谁来签，谁最终对企业盈亏负责？不过又说，大工业搞承包经营，很快就会出现

---

① 《中共中央、国务院关于颁发全民所有制工业企业三个条例的通知》，《十二大以来重要文献选编》（下），第1132～1160页。

② 中共中央办公厅、国务院办公厅印发《关于认真搞好国营工业企业领导体制改革试点工作的通知》及附件《国营工业企业法（草案）》（1984年5月18日）。

高薪阶层，如果出了百万富翁将在社会上造成很多矛盾，承包制也很难搞下去。因此，要有节制的办法。[①] 究竟实行全员承包还是厂长承包，并没有做出明确规定。

80 年代的厂长负责制与新中国成立之初的"一长制"背景完全不同。新中国成立之初的国营企业不过是国家行政部门的附属物，企业权力极为有限，更没有独立的经济利益。80 年代企业有了独立的经营权和独立的经济利益，厂长拥有的权力比那时大得多。显然，这项制度安排着眼于改变过去"大家都负责，大家都不负责"的局面，有利于培养企业家精神，事实上也出现了像马胜利、关广梅、张兴让等典型人物。但它带来另一个问题：如何对厂长进行有效监督。因为信息不对称，上级主管部门的监督也很难。虽然规定设立企业管理委员会，但赋予它的职能事实上只是厂长（经理）的参谋机构，党委和职代会的监督制约作用也有限，厂长（经理）实际上处于无人监督的地位。为了强化承包经营者对国家的责任，1988 年推行公开招标选择承包经营者、试行全员风险抵押承包、实行工资与效益挂钩等多种试验，希望把竞争机制引入承包，以克服承包中间不容易解决的问题，但仍然无法解决谁对国有资产负责的老问题，无法避免"内部人控制"问题。[②] 华生等人提出的"资产经营责任制"方案，实质仍然是厂长（经理）承包制的一种形式。所不同的是，承包制以利润承包为标的，资产经营责任制则以国有资产保值增值承包为标的。它包括三项内容：一是对企业现有资产进行评估；二是实行统一上缴利润率，作为资产分红；三是用招标、投标方法选择企业领导人，企业领导人的收入同资产经营效果挂钩。[③] 意在避免企业经营者的短期行为。这种承包方案并没能说服决策者，只在少数企业进行了试点。

① 房维中：《十三年纪事（1977～1989）》（1987 年），第 214～215 页。
② 1995 年，中国长江动力集团公司董事长于志安将在菲律宾建设的年收费 1000 万元的电厂注册在自己名下，然后潜逃菲律宾，从此事件可以窥其一斑。
③ 华生、何家成、张学军、罗小朋：《微观经济基础的重新构造——再论中国进一步改革的问题和思路》，《经济研究》1986 年第 3 期。

六　股份制及其他试点

除了普遍推行承包制，还进行了其他企业改革试点，包括小型国有企业试行租赁经营和产权转让。据1982年统计，全国有6.3万个国营工业企业，小企业占91.4%。[①] 何谓小企业？起初的标准是，固定资产在150万元以下，实现利润在20万元以下。1984年放宽标准，固定资产在300万元以下，实现利润在39万元以下为小企业。小企业放开经营是从商业、服务业领域开始的，随后发展到工业企业。1984年4月，国家体改委提出，对城市集体企业和国有小企业要进一步放开、搞活，"允许职工投资入股，年终分红"。1985年9月，中共中央通过"七五"计划建议确定："部分小型全民所有制企业，可以通过承包、租赁等形式转为集体或个体经营。"[②] 此后，一些地方开始租赁制试点。1986年，国务院领导从《经济参考》上看到一个名叫吴继龙的人在太原、石家庄、湖北租赁硅车间，租赁一个活一个的消息，很重视，批示："小型国营工业企业也搞租赁，这一条可以定下来。明年各地都可以搞一批，请体改委和经委做出部署。"1986年底，马洪上海调查回来写了一份《企业实行租赁经营大有可为》的报告，提出个人可以租赁。赵紫阳批示："此报告中提出的问题对人很有启迪。"田纪云批示："从各地经验看，大中型企业搞各种形式的经营责任制，小企业搞租赁、承包是比较成功的经验，效果都是比较好的。出点问题也比较好纠正。"[③] 1988年6月，国务院专门发布了国有小型企业租赁经营的暂行条例。[④] 租赁不同于承包，租赁是所有者把资产有偿让给承租者经营，承包是企业以经济指标作为基数向主管部门承担任务。租赁

---

① 贾和亭：《亲历改革——实践记录与理论探索文集》，第61页。
② 章迪诚：《中国国有企业改革编年史》，中国工人出版社，2006，第115、141、202页。
③ 贾和亭：《亲历改革——实践记录与理论探索文集》，第125～126页。
④ 章迪诚：《中国国有企业改革编年史》，第115、141、202页。

通过法律和合约管理企业，承包是指标管理，基本上是行政手段。租赁改变了和主管部门上下级的行政隶属关系，变为出租方与承租方的关系，所有权与经营权分离比较彻底，企业亏损了承租者以个人财产抵押；而承包制中经营者的自主权有限，亏了经营者责任不大，最多扣发奖金。当然，租赁与拍卖也不同，拍卖发生所有权转移，租赁不改变所有制性质。

当然最有意义的还是股份制试点。1984 年，世界银行在关于 1983 年中国经济发展的报告中提出，中国的国有企业改革可以借鉴西方的公司制、股份制，实行多种国家机构所有制，国家机构组成董事会，可以打破条条块块。这个意见受到高层的重视，当时还没有设想国有企业引进私人资本或外资，但设想将来私人企业发展了，"国家可以收买股份，插进去"。决策者虽然认为股份制"可能成为公有制的一种新形式"，但对它的"发展趋势如何"还不清楚。1985 年 3 月中旬，安志文等人在香港同"台湾研究院"蒋硕杰等座谈，他们在对策建议中也提出股份制的意见。邓小平看了报告，认为很好。① 1985 年，西德"五贤人委员会"主席施奈德率团来访，赵紫阳就国有企业改革征求他的意见，施奈德承诺回去研究后再作答。1986 年秋，施奈德再次来访，安志文奉命见他，施奈德回答：改革国有企业最好的办法可能就是搞成公司制、股份制。1986 年底，国务院在主要推行承包制的同时，提出选择少数全民所有制大中型企业"进行股份制试点"，企业间互相投资或联合建新企业一般宜于采取股份制形式，有条件的企业集团也可实行股份制。② 1987 年 10 月，经国务院批准，体改委与世界银行联合召开"企业机制国际研讨会"，会上提出三个建议：承包制有一定局限性，应引入产权约束机制；企业中国有资产所有权要多元化；国有资产所有权应该明朗化具体化，可考虑设立国有资产管理机构。这对高层推行股份制试点产生了影响。

---

① 萧冬连、鲁利玲对洪虎的访谈，2009 年 8 月 27 日。

② 《国务院关于深化企业改革，增强企业活力的若干规定》（1986 年 12 月 5 日）。

事实上，各地早就出现了一批股份制公司，尽管多数并不规范。它有三个来源，一是农村改革催生了最早的股份制，许多乡镇企业的资金来源都是农民集资入股而成的，1983年的中央"一号文件"首次为"股金分红"开了绿灯，中国最早的股份有限公司——中国宝安企业（集团）股份有限公司就在这年7月8日成立。二是80年代前期在知青回城就业中出现了股份合作制的形式。三是在国有企业横向联合中也出现了相互参股的形式或以股份形式集资组建的新企业。1983年，张劲夫到重庆嘉陵摩托集团搞股份制试点，国务院领导人对此很积极，要求"此事由体改委牵头，北京、上海、深圳等地都要试点"。① 1984年7月26日，北京天桥百货股份有限公司成立，成为全国第一家商业股份公司。11月16日，由上海电声总厂发起成立的上海飞乐音响公司，向社会公开发行股票，成为第一家较规范的工业股份制有限公司。1985年1月，上海延中实业、爱使电子也公开发行股票。1986年，深圳出台了国有企业股份制改造试验条例，决定在六家大的国有企业进行试点，1987年，深圳发展银行、万科房地产公司等开始发行公众股。

不过，决策者并不认为目前具备条件普遍推行股份制。价格改革风险大，其实股份制改革面临更大的政治和社会风险，因为它触及传统的公有制信仰，一些人批评说自由化在经济上的表现就是搞股份制。② 领导层不无顾虑。1986年底，田纪云在一个批示中说："不少人非常热心股份制，我认为，对这种作法的复杂性和可能产生的问题是什么？其发展前途如何还没有搞清楚，特别是向社会发股票更为复杂，我始终认为选个企业试点是可以的，但马上推广必须十分慎重，否则到追查责任谁也不负责。"一些改革派经济学家对于股份化改造可能造成国有资产流失表示担忧。1987年3月25日，薛暮桥给薄一

---

① 张劲夫：《股份制和证券市场的由来》，《百年潮》2001年第5期。

② 1987年2月23日，安志文在体改委会上说："社会上对股份制试点有很大意见……田纪云同志说：有同志批评说，自由化在经济上的表现就是搞股份制。"《周少华工作笔记》，第1645页。

波写信，批评厉以宁多次讲话主张所有制改革和国有企业股份化的主张。他说，所谓所有制改革，就是要变国家公有为股东私有，"这是大规模地削弱社会主义公有制，动摇社会主义经济基础，这种主张是万万不能采纳的"。① 他特别不赞成企业内部职工持股。6 月 4 日，他在《经济日报》撰文指出："股份归个人的股份制不是社会主义所有制，把企业的财产用股份的形式转移给企业内部职工个人甚至到外的认股份者，这有可能改变企业的社会主义性质。"② 吴敬琏也在《经济研究》上发文，批评一些地方"轻率进行所谓'所有制改革'，在推行'股份制'、'租赁制'、'经营责任制'的名义下，用低估国有资产价值、高抬股息红利等办法，化公为企、化公为私，低价拍卖乃至无偿瓜分全民财产"。③ 然而，地方对于股份制有积极性，1987 年以后，各地股份制企业的试点迅速增多。据新华社报道，截至 1988 年底，全国已有股份制企业 6000 多家，股份集资额 60 多亿元。④ 决策层对向职工和社会个人发行股票十分慎重，限制在很小范围内试点，鼓励企业之间互相参股。⑤

七　宽松环境是否可期

1987 年初，国务院领导要求国家体改委、国家计委、中国社会科学院和国务院发展研究中心等单位做一个改革以来的经验总结，为中共十三大做准备。然而，各智囊单位对前期改革路径和目前经济环境的认识分歧很大。焦点是国民收入是否存在超分配，争取一个宽松的经济环境是否过于理想化。

吴敬琏回忆说："我和薛（暮桥）老的意见一样，是赞成价格改革

---

① 《薛暮桥文集》第 12 卷，第 219 页。
② 《薛暮桥文集》第 12 卷，第 244 ~ 247 页。
③ 吴敬琏：《关于改革战略选择的若干思考》，《经济研究》1987 年第 2 期。
④ 《中国改革开放大事记（1977 ~ 2008）》，第 200 页。
⑤ 《周少华工作笔记》，第 1638、1645 页。

的……但是一定要有一个好的宏观环境。如果用高通胀来支持高速度，短期是有利的，长期来说得不偿失。正因为此，我经常在文章里引用'管住货币、放开价格'。这是弗里德曼对德国艾哈德改革的一个总结，我们基本上赞成这 8 个字。"[1] 除薛暮桥、吴敬琏外，马洪、刘国光、马宾、李成瑞等人也都是反对通胀的。[2] 2 月 6 日，薛暮桥给国务院几位领导人写信，指出"近几年物价上涨的根本原因是通货膨胀货币贬值"。他警告说："通货膨胀危机……是一个事实，而不是危言耸听。"经济"过热症""现在已到 39 度高烧"。[3] 2 月，吴敬琏等人以国务院发展研究中心名义起草一份报告《十三届三中全会以来建设和改革经验的研究》，[4] 指出现在存在一个很大的问题，就是用一个宽松的货币政策来支持增长，使得改革的环境不具备。如果不能改革，这个增长是没有效率的。因此国民收入"超分配"是一个很大的问题。据说国务院领导看了报告，觉得总体还是不错的，但不同意"超分配"的说法，认为情况没有那么严重。[5]《人民日报》拟摘发这篇研究报告，被总理办公室制止，认为报告把形势说得太消极了。体改委也不赞同吴敬琏等人的形势评估，安志文在体改委内部会议上说，吴敬琏的结论是城乡改革都有问题，现在是转折的时机，要用行政手段创造宽松环境。创造宽松环境领导要讲，实际上做不到，只能用逐步推进的方法。刘国光原来讲宽松环境，现在也同意了。厉以宁认为，在发展期间，宽松是办不到

---

① 萧冬连等对吴敬琏的访谈，2010 年 12 月 13 日。

② 郭树清说，80 年代初，中国经济改革起步之时，正是东欧国家经历了六七十年代的改革失败之后。在东欧经济学家对失败教训的总结中，宏观形势紧张，价格总水平上升，被认为是一个重要的不利因素。这一点受到了中国经济学界的注意，一些经济学家提出改革时期应当创造宽松气氛，甚至尽可能争取某种"买方市场"局面的必要性。这种主张在刘国光和赵人伟合作撰写的一系列论文中得到了最集中的反映。郭树清：《三年治理整顿与中国经济改革》，《生产力研究》1992年第 5 期。

③ 《薛暮桥文集》第 12 卷，第 187～194 页。

④ 转见房维中《在风浪中前进——中国发展与改革编年纪事（1977～1989）》（1989 年卷），第 191～219 页。

⑤ 萧冬连等对吴敬琏的访谈，2010 年 12 月 13 日。

的。① 体改所发表一篇题为《改革：在前进中思索》的文章，不点名地批评吴敬琏等人的观点。②

随后，发生了一场"汇报风波"。3 月 15 日，马洪就当前经济形势问题给赵紫阳写了一封信。信中说：我国经济存在中央财政赤字增加、消费基金膨胀、外汇吃紧、物价上涨等"过渡性症状"，到今年第四季度可能发生恶性的通货膨胀，如不及早采取重大的紧缩措施，可能要出大问题。4 月 3 日，中央财经领导小组听取马洪汇报。马洪指出，对当前经济形势的看法有三种观点：第一种观点认为，国家对经济的宏观控制过紧，要进一步放松需求，增加基本建设投资，否则经济会萎缩。第二种观点认为，环境治理不够彻底，特别是 1986 年 2、3 月之交再次放松银根，出现了一次新的过热。如果不采取果断措施，1987 年第四季度有可能发生恶性通货膨胀。第三种观点认为，目前的种种问题都是过渡性症状，属于发展中难以完全避免的问题，不应惊慌失措。在谈到过渡性症状或隐患时，马洪指出，集中表现为社会总需求超过社会总供给，即国民收入超分配。马洪根据国家统计局提供的数据，详细说明 1982～1986 年连续出现国民收入超分配的情况，担心四季度出大问题，建议召开第二次省长会，进一步压缩空气。连续多年超分配的说法令赵大为不满，他说："超分配甚嚣尘上，是为了一个什么目的？""我不是说没有超分配，而是把超分配说得这么悬乎，是否从实际出发。""现在有一种悲观情绪，对几年改革发生了动摇。""如果确实是多年失误的总爆发，那就得改弦更张。"尽管赵是借题发挥，并非针对马洪，却使马洪很紧张，当天晚上就写了一个检讨。

参与 1986 年方案设计的经济学家，在改革能不能总体设计、宽松环境是否可期的问题上产生分歧。1987 年初，吴敬琏等人著文认为

---

① 《周少华工作笔记》，第 1631 页。

② 中国经济体制改革研究所综合研究室：《改革：在前进中思索》，《中国：发展与改革》1987 年 7 月号。

"社会变革也是可以设计的",1986年春季的改革方案设计"就很可能是一个可行的设计"。① 而决策层的主流意见正好相反,4月23日,国务院经济体制改革研讨小组办公室向国务院递交《经济体制改革的回顾和今后改革的基本思路》报告,② 明确指出:"在改革的初始阶段,不可能先制定一个全面配套的详尽规划,随即全面推开,也不可能完全按照现代发达市场经济的要求,一下子做到规范化的控制和管理。改革只能从搞活企业、调动基层经济单位和劳动者的积极性等最基本的环节入手。""价、税、财、投资等联动的具体方案很难设计,可行性很差。"报告认为"从理论上说,改革需要一个宽松的经济环境,但是旧体制本身就是一个必然造成短缺的体制。要等到宽松环境形成以后再改革,实际上就很难推进改革,因此,经济的宽松环境需要通过改革来创造"。"比较好的办法,是继续采取'双轨制'的办法过渡。"这份报告事实上否定了先整体设计、后全面推开以及为改革创造宽松环境的可行性。报告说,在今后几年内要有承受物价年上涨5%~6%甚至更高一点的思想准备。4月25日,中央财经领导小组听取汇报,会议纪要肯定了报告的基调,认为改革只能采取渐进式、分阶段、小配套的方法推进。③

这份报告反映了赵紫阳的基本看法。他在5月8日的中央财经领导小组会上讲了三条:第一,原来设想改革要有宽松的环境,看来这是幻想。他说:"环境宽松了还要改革干什么?短缺是体制上的弊病带来的,改革就是要消除这些弊病,不消除这些弊病环境怎么能宽松呢?当然也不能搞得太紧。"第二,市场的作用不要神化,不可理想化。他认为,全国统一市场要有一个相当长期的发育过程。在这个过程中,产业结构的调整,生产要素的组合,不能主要靠竞争,靠价值规律自发调节,必

---

① 吴敬琏:《关于改革战略的若干思考》,《经济研究》1987年第2期。1987年2月,吴敬琏、胡季、李剑阁还执笔起草了一份研究报告《十一届三中全会建设和改革经验的研究》,系统阐述了他们关于改革战略的观点。见《吴敬琏选集》,第778~807页。

② 1987年2月,新的国务院经济体制改革研讨小组及其办公室成立,原方案研究小组自行撤销。《中国改革开放大事记(1977~2008)》,第155页。

③ 《中国改革开放大事记(1977~2008)》,第160页。

须有政府的政策加以引导。第三，价格改革难度很大，原来想要在两三年内过关的想法"联系实际不够，价格合理化只能逐步形成，不可能集中二三年时间解决"。我们只能在市场不充分，价格不合理的情况下解决企业的活力问题。可见，此时他不再认为价格改革是企业改革的前提，相反，认为只有企业机制转换才能使价格信号发生作用。"企业机制没有改革，宏观很难对它有影响，有利的事它就拿过去了，不利的事就让国家背着。创造市场条件很难加快，宏观控制也很难。"①

八 "社会主义初级阶段"：为改革正名

关于改革的争论，不只是路径之争，更有性质之辩。对于必须改革，大家是认同的。但对如何改革，有着相当不同的理解和期待。改革一旦展开，争论就接踵而来。改革之初，领导层不见得想清楚了，市场化进程必然触动传统社会主义核心理念。随着改革的深化，出现了私人企业、三资企业、雇工、资本收入、股票、债券、收入差距拉大等经济现象，不仅超越了 1957 年以后我们自己形成的思想体系，而且对传统社会主义的计划经济、公有制、按劳分配这三大基本原则提出了挑战。争论也由此日趋激烈，一些人指责改革已经偏离了社会主义轨道，认为经济体制改革把经济搞乱了，企业承包租赁股份制是"搞私有制"，厂长负责制是"取消党的领导"，农村家庭联产承包是"破坏集体经济基础"，发展商品经济就是干资本主义，对外开放是自由化泛滥的根源。这类声音在改革之初就存在，1987 年初反对资产阶级自由化斗争时质疑声更高了。有人批评说"现在反自由化，只反说自由化的，不反干自由化的"，提出"要反政治上的自由化就必须反经济上的自由化"，"资产阶级自由化的最深刻的根源来自经济领域"。另一种截然相反的观点认为，中国当前不是社会主义，或者不应搞社会主义，要补上资本主义这一课，改革面临左右两方面的质疑。中共十三大即将召开，理论上亟

---

① 《中国改革开放大事记（1977~2008）》，第 155 页。

须讲清楚，为什么社会主义只能这么搞。

1987年2月6日，邓小平同赵紫阳、杨尚昆、万里、薄一波等谈十三大的筹备问题，要求"十三大报告要在理论上阐述什么是社会主义，讲清楚我们的改革是不是社会主义。要申明'四个坚持'的必要，反对资产阶级自由化的必要，改革开放的必要，在理论上讲得更加明白"。邓小平说："为什么一谈市场就说是资本主义，只有计划才是社会主义呢？计划和市场都是方法嘛。只要对发展生产力有好处，就可以利用。它为社会主义服务，就是社会主义的；为资本主义服务，就是资本主义的。好像一谈计划就是社会主义，这也是不对的，日本就有一个企划厅嘛，美国也有计划嘛。我们以前是学苏联的，搞计划经济。后来又讲计划经济为主，现在不要再讲这个了。"①

事实上，"文革"结束以后，党内高层不少人都在反思一个问题：究竟什么社会主义，怎样建设社会主义？在一些人内心并非没有"社会主义搞早了"的想法。1985年6月，姚依林曾私下说过："从今天回头看，新民主主义阶段是否应该长一些？……现在许多事情都是返回去做，为什么那时不就这样做呢？"② 薄一波在回顾历史事件时写道："如果土改后不急于立即向社会主义过渡，不立即动摇私有制，而是继续实行新民主主义政策"，"那样，不仅对生产力的发展可能更有利些，而且也可能不至于搞成后来那样千篇一律的农业集体化模式"。③ 胡绳、于光远、杜润生等党内一些理论权威人士也推崇毛泽东新民主主义的理论，认为它是一种独具创造性的理论，对过早抛弃新民主主义不无惋惜。④ 邓小

---

① 《邓小平年谱（1975～1997）》（下），第1070页。

② 姚锦：《姚依林百夕谈》，中共党史出版社，2010，第298页。

③ 薄一波：《若干重大决策与事件的回顾》，中共中央党校出版社，1991，第206～208页。

④ 参见郑惠《胡绳访谈录》，《百年潮》1997年第1期；于光远著，韩钢诠注《"新民主主义社会论"的历史命运》，长江文艺出版社，2005；《访李锐：一个"社会理论"的历史命运》，《说不尽的毛泽东百位名人学者访谈录》，辽宁人民出版社，2005；姚监复：《当代中国与新民主主义结构——姚监复根据杜润生谈话整理》，《炎黄春秋》2008年第2期。

平说："搞革命的人最容易犯急性病",① "离开现实和超越阶段采取一些'左'的办法"。② 整个80年代，邓小平反复地强调一个思想：贫穷不是社会主义，更不是共产主义，社会主义要发展生产力，消灭贫穷。邓小平前后提出两个口号，一个是"中国式的社会主义现代化"，一个是"中国特色的社会主义"。其精髓在于，在如何搞社会主义的问题上不囿于任何现成模式，只要有利于发展生产力，各种办法都可以放手试验，包括资本主义采用过的方法。

当然，政治上不可能采用"退回到新民主主义"的说法，当年提出的新民主主义理论也不能完全解释80年代的现实和改革的目标。以"社会主义初级阶段论"立论，为改革提供理论支持，更易于被接受。"社会主义初级阶段"这一提法并不陌生，在中共中央文件中已出现过三次。③ 1986年底，胡耀邦主持起草中共十三大报告时定下基调：十三大报告要把社会主义初级阶段讲透。据起草小组成员龚育之回忆，胡耀邦对起草小组提出要求："十三大报告从理论上讲深讲透，为什么社会主义只能是这样搞，不能那样搞。社会主义初级阶段还可阐发，很多政策是从这里出来的。" 这使起草小组思路清晰起来，认为"这一言可以兴邦"，以后再也不要吵着急忙搞共产主义了。④ 1987年3月21日，向邓小平提交的《关于草拟十三大报告大纲的设想》提出："全篇拟以社会主义初级阶段作为立论的根据"，说明由此而来的经济发展战略、发展商品经济的任务、经济体制改革的方向和政治体制

---

① 《邓小平年谱 (1975~1997)》（下），第1070页。

② 《邓小平年谱 (1975~1997)》（上），第277、625页。

③ 第一次是1981年6月中共十一届六中全会通过的历史决议："尽管我们的社会主义制度还是处于初级的阶段，但是毫无疑问，我国已经建立了社会主义制度，进入了社会主义社会。"第二次是在1982年9月中共十二大报告，指出"我国的社会主义社会现在还处在初级发展阶段，物质文明还不发达"。第三次是1985年9月十二届六中全会制定的精神文明决议，指出"我国还处于社会主义的初级阶段，不但必须实行按劳分配，发展社会主义商品经济，而且在相当长的历史时期内，还要在公有制为主体的前提下发展多种经济成分，在共同富裕的目标下鼓励一部分人先富裕起来"。

④ 龚育之：《党史札记》（末编），中共党史出版社，2008，第136~138页。

改革的原则等，据此避免左右两种倾向。邓小平批示："这个设计好。"①

1987年10月25日，中共十三大政治报告详细阐述了"社会主义初级阶段论"，报告指出，从50年代三大改造基本完成，到现代化基本实现，至少需要上百年时间，都属于社会主义的初级阶段，我们必须从这个实际出发，而不能超越这个阶段。报告说，在中国这样落后的东方大国中建设社会主义，是马克思主义发展史上的新课题。照搬书本不行，照搬外国也不行，必须从国情出发，开辟有中国特色的社会主义道路，在理论上，必然要抛弃前人囿于历史条件仍然带有空想因素的个别论断，必然要破除对马克思主义的教条式理解和附加到马克思主义名义下的错误观点。报告概括了党在社会主义初级阶段的基本路线是"以经济建设为中心，坚持改革开放，坚持四项基本原则"，即"一个中心两个基本点"。

确认中国处于社会主义初级阶段，它的政治意义在于为衡量改革成败确立标准，即十三大报告指出的："是否有利于生产力发展，应当成为我们考虑一切问题的出发点和检验一切工作的根本标准。"基于这一"根本标准"，十三大报告解释了当前改革的社会主义性质，指出"我们已经进行的改革，包括以公有制为主体发展多种所有制经济，以至允许私营经济的存在和发展，都是由社会主义初级阶段生产力的实际状况所决定的。只有这样做，才能促进生产力的发展。改革中所采取的一些措施，例如发展生产资料市场、金融市场、技术市场和劳务市场，发行债券、股票，都是伴随社会化大生产和商品经济的发展必然出现的，并不是资本主义所特有的。社会主义可以而且应当利用它们为自己服务，并在实践中限制其消极作用"。"总之，我们已经进行的一切改革，都有利于社会主义经济的发展。"对于如何把计划与市场两种机制结合起来，报告提出了一个新的说法，即"国家调节市场，市场引导企业"。这一概括，意味着计划与市场是有机的结合体，二者都是覆盖全社会

---

① 《邓小平年谱（1975～1997）》（下），第1173页。

的，意味着国家调控经济将从直接控制转向间接调控。"国家运用经济手段、法律手段和必要的行政手段，调节市场供求关系，创造适宜的经济和社会环境，以此引导企业正确地进行经营决策。"这一提法是有计划的商品经济的具体化。不过，它把市场视为计划调控的中介，没有从资源配置的角度明确市场的基础性作用。

第八章
从价格闯关到治理整顿

1988 年 5 月做出的价格闯关的重大决策显得突然，但也不难理解。价格双轨制导致的混乱和腐败现象日益严重，价格上涨已超过两位数，决策者承受强烈的舆论压力，希望涉险闯关。然而，这一决定引发挤兑银行存款和抢购商品的全国性风潮，决策层始料不及，不得不退却，宣布物价改革方案停止执行，转入治理整顿，自 1985 年以来 "软着陆" 的努力宣告失败。从 1988 年 9 月到 1991 年 9 月三年治理整顿，实质是 80 年代第二次经济 "硬着陆"。但与以往历次经济调整的根本区别在于，经过十年改革开放，中国经济的运行机制已经发生实质性变化，而实际对策对此估计不足。因此，治理整顿在抑制总需求膨胀、整顿经济秩序混乱局面、稳定物价方面基本实现了预期目标，但也付出了经济滑坡、市场疲软、效益下降的代价，改革在一些方面出现反复甚至倒退。不过这三年间，在双轨价格的并轨、扩大开放和建立证券市场等方面还是取得了重要进展，这多少有些出人意料。

一 年初的方针：稳定经济与沿海战略

从迄今得到的资料看，直到 1988 年 3、4 月召开 "两会" 之前，无论是国务院会议还是中央财经领导小组会议都没有讨论过价格闯关的问题。1987 年 9 月下旬全国计划会议提出的 1988 年经济方针是：稳定经济，深化改革。而稳定经济，突出的是稳定物价。为稳定物价，决定实行财政从紧、信贷从紧的"双紧"政策。改革的重点仍然放在落实和完善企业的承包经营责任制，同时在计划物质体制、投资体制、外贸体制、财政体制和金融体制方面进行必要的配套改革，并没有突出强调价格改革。中央领导同志在会上说："明年物价不能有大的改革措施出台，因为今年物价上涨，票子又发那么多，经济不太稳定，人心有点浮动。"① 他在另一个国务院会议上说："决策者不是避开价格改革，而要避开政治风险，理论家不大考虑政治风险，而政治家是必须考虑政治风险的。"②

然而，这并不意味着价格问题离开了决策者的视野。恰恰相反，正是价格上涨的持续压力让决策者担心风险无法控制而对价格改革踟蹰不前。自 1985 年以来，物价已经持续三年上涨，1985 年上涨 8.8%，1986 年上涨 6%，1987 年上涨 7.2%，三年累计全国平均上涨 23.6%，城市 30.6%。③ 涨价风波 1987 年就开始闹起来了。1987 年初，各地对 1986 年以来物价上涨议论纷纷。王任重向国务院领导人写信提醒说："要看到有产生经济危机的可能性。对于群众对物价的反应，要高度重视。"④ 7、8 月间，中央财经领导小组和国务院多次讨论物价问题，当时发现，前几年物价上涨是因为政府出台调价措施，1987 年政府并没有出台什么调价措施就涨开了。一个很重要原因，就是一些掌握紧俏物质的垄断性行业和国营企业哄抬物价，搅乱市场。一篇报道说，驻北京的外交官和外国记者"对某些国营企业不执行国家政策感到惊讶"。决

---

① 房维中：《在风浪中前进——中国发展与改革编年纪事（1977～1989）》（1987 年卷），第 270～271 页。

② 房维中：《在风浪中前进——中国发展与改革编年纪事（1977～1989）》（1987 年卷），第 225 页。

③ 房维中：《在风浪中前进——中国发展与改革编年纪事（1977～1989）》（1988 年卷），第 37、38 页。

④ 房维中：《十三年纪事（1977～1989）》（1987 年），第 212 页。

策者也感到问题的严重性，提出"能否保证改革开放不出大问题，这是一个关键"。制止乱涨价和变相涨价的"重点要放在对垄断行业和国营企业的违法行为作斗争上"。①

到了1988年初，物价上涨出现了加速势头，有些地方已出现了提取存款、抢购商品、储物代替储蓄的现象。② 高层感受到的压力倍增。1988年1月12～13日，在李鹏主持的国务院总理办公会议上，各有关部门提出的报告全都聚焦在稳定物价问题上。国家计委的报告说，"稳定物价成为经济工作的当务之急"，如果所有涨价因素出台，物价将上涨到12%，有的大城市可能接近20%。财政部的报告说，"物价不稳将影响财政的稳定"，因物价上涨增加的税收，无法抵消由此带来的价格补贴和企业成本上升对财政的影响。中国人民银行的报告说："当前的问题是市场紧、资金紧。"国家物价局的报告说，原定把物价涨幅控制在6%已不可能，人们对物价连续上涨的不满情绪日益强烈，"已经从一般的发牢骚、提意见，转向情绪愤懑、激动，大有一触即发之势，有些地方已出现了提取存款，换购商品"的现象。田纪云说："当前经济中的问题，集中到一点是物价问题"，"处理不好，不能保证不出点乱子"。他警告说："如果搞到两位数，我们能不能稳坐在这里开会！"姚依林说，北戴河会议、中央工作会议确定的稳定经济的方针不能动摇。③

1月25日、27日中央财经领导会议召开，国家计委综合汇报了国务院办公会议对当前经济形势的分析。中央领导同志不同意国务院办公会议的分析。他说："八七年有很多好东西，要好好总结。""切记不要有了一个物价问题，就满脑子物价，只见树木，不见森林。"认为物价

① 房维中：《在风浪中前进——中国发展与改革编年纪事（1977～1989）》（1987年卷），第271页。

② 房维中：《在风浪中前进——中国发展与改革编年纪事（1977～1989）》（1988年卷），第37、38页。

③ 房维中：《在风浪中前进——中国发展与改革编年纪事（1977～1989）》（1988年卷），第37、50页。

上涨主要是食品价格上涨，如果在食品问题上找到一个办法，就能够大大解决问题。2月6日，向全党发出中央政治局会议纪要指出，1987年建设和改革都取得了重大进展，"是卓有成效的一年"，对物价问题要进行科学分析。物价问题焦点在食品上，食品价格上涨是由于蔬菜、猪肉等供应不足。中央领导同志不同意把物价上涨归结为通货膨胀、货币超发，也不赞成过度抽紧银根。他在2月11日的批示中说："抽紧银根只能是适度的，否则会造成生产滑坡，供给紧张，加剧财政困难，也达不到稳定物价的目的……必须兼顾物价与增长两个方面。"[①]

不过，这时无论是国务院还是中央财经领导小组，都没有讨论价格闯关的问题。2月27日，国务院批转体改委《1988年深化经济体制改革的总体方案》，提出1988年总的方针是"经济进一步稳定，改革进一步深入"，以完善承包制为重点，同时改革计划、投资、物资、外贸、金融、财政体制和住房制度，其中没有突出价格改革问题。[②]

1987年11月，新华社《国内动态清样》刊发《王建谈走国际大循环经济发展战略的可能性及其要求》一文，[③]引起高层关注。此后，中央领导同志先后到沿海地区数省市调查，看到外商投资大量增加，引进外资、出口创汇出现了好的势头，沿海地区经济发展正面临一个有利的机遇。由此提出一个大设想，即把沿海两亿多人口的地区推向国际市场，利用中国素质较高而价格低廉的劳动力资源，实行"两头在外，大进大出"的发展战略。其用意是为沿海企业特别是乡镇企业开辟更广阔

---

① 房维中：《在风浪中前进——中国发展与改革编年纪事（1977～1989）》（1988年卷），第89页。

② 《中国改革开放大事记（1977～2008）》，第176～177页。

③ 国家计委王建在新华社《国内动态清样》（第2866期，1987年11月12日）上撰文提出，为了摆脱我国工业结构高级化与农村劳动力转移之间争夺资金的矛盾，应充分利用农村劳动力资源优势，大力发展劳动密集型产品出口，用换回的外汇支援工业及基础设施建设，过资金密集型产业发展阶段，这就是他提出的"国际大循环战略"。赵紫阳批示："印发国务院、中央财经小组同导阅。"房维中：《在风浪中前进——中国发展与改革编年纪事（1977～1989）》（1987年卷），第293页。

的发展空间，同时为国内经济改革寻找新的动力。1988年1月，向中央报送的《沿海地区经济发展的战略问题》，得到邓小平、陈云和中央多数领导人的认可。1月23日，邓小平批示："完全赞成，特别是放胆的干，加速步伐，千万不要贻误时机。"陈云也说：两头对外好。2月6日召开的中央政治局会议决定把沿海经济发展作为一项重大战略加以部署。在3月15～19日召开的中共十三届二中全会上，中央领导同志进一步阐明了沿海发展战略的设想。他指出，国内大批农业劳动力陆续向工业转移，国际产业结构正在进行又一次大的调整，将劳动密集型产业向发展中国家转移，给我国经济增长提供了难得的机遇，同时使我们有可能利用国际市场来平衡经济。实施沿海经济发展战略，由沿海带动内地，推动外贸、科技、财政、金融、价格以及企业内部的改革，外贸体制改革要大刀阔斧，海关、进出口和外汇管理也要主动创造条件，为"大进大出"、"随时进出"服务。沿海发展战略主要寄望于乡镇企业，希望创办一批高素质的外向型乡镇企业。同时欢迎更多的外商来中国投资，中外合资合作企业由外商为主管理，把"三资企业"办成培养人才的学校。

为了推进沿海发展战略，国务院召开了一系列会议。如2月2～4日召开省长会议，3月4～8日召开沿海地区对外开放工作会议。其中一个重点议题是外贸体制改革。外贸改革的基本目标是：自负盈亏，放开经营，工贸结合，推行代理制，统一对外。田纪云在省长会议上说，自负盈亏是基础，只有自负盈亏才能放开经营，否则就会出大乱子。为什么说自负盈亏是放开经营的基础？当时外贸体制的最大弊端是吃"大锅饭"，全国上万个外贸企业，许多都是不计盈亏的，把商品卖出去就算完成任务。国内竞相抬价收购，各种"大战"时常发生。国外竞相削价销售，不惜血本。结果往往是要多赚外汇，中央财政就得多补贴；要减少补贴，创汇就下降。因此，这次改革方案是，外贸企业下放，实行自负盈亏，超基数盈利中央与地方二八分成，大头留给企业和地方，亏损由公司和地方财政自负。在这个基础上放开经营，改变工贸脱节的现象，推动生产企业直接进入国际市场。另一方面，要求外贸行政部门加强管理，联合对外，以避免多头对外，肥水外流。

海南建省和海南经济特区成立，是推行沿海战略的重大举措，尽管酝酿海南开发由来已久。早在开放之初，中央就关注海南开发问题。1980 年 6 月 30 日至 7 月 11 日，国务院在北京召开海南岛问题座谈会，并形成的《海南岛问题座谈会纪要》，决定对海南岛的经济建设给予大力支持，对外经济活动参照深圳、珠海的办法，扩大权限，增加海南外汇留成，以进养出。1983 年 4 月，中共中央下发《中共中央、国务院关于批转〈加快海南岛开发建设问题讨论纪要〉的通知》，制定了海南开发的各项优惠政策。[①] 1984 年 10 月 1 日，海南行政区人民政府正式成立。1984 年底 1985 年初，海南走私倒卖汽车事件发生，造成严重后果。干部思想不稳，700 多个案件在查，要处理债权债务达 5 亿~6 亿元，积压的各种物资 11 亿元。[②] 但中央开发海南的决策并没有因此而改变。1985 年与 1986 年之交，中共中央和国务院主要领导人先后考察海南，开始探讨海南建省的可能性。1985 年 11 月 24 日，谷牧主持召开"沿海开放城市和经济特区联合办公会议"，形成《关于当前海南岛情况和需要帮助解决的问题的汇报》，国务院明确批示"国务院各有关部门，对海南岛的开发建设要继续给予支持和帮助"。1986 年 8 月实行计划单列，赋予海南行政区以相当于省一级的经济管理权限。1987 年 6 月 12 日，邓小平会见外宾时首次公开在海南建特区的消息。他说："我们正在搞一个更大的特区，这就是海南岛经济特区。海南岛和台湾的面

①　具体方针和措施，一是对内要进一步实行改革和放宽政策。鼓励内地发达地区到海南岛兴办或合办工厂、农场和旅游业。二是对外要进一步开放。固定资产总投资在 500 万美元以下，不需要全国、全省平衡生产建设条件，不涉及国家出口配额的，授权海南行政区审批；海南行政区内的中外合资、合作经营企业和外商独资企业的所得税，从获利年度起，第一、二年免征，第三年起征税，按 15% 的税率征收，工商统一税在投产后三年内纳税有困难的，授权海南行政区审批减免；利用外资项目进口建筑材料、机械设备、生产原材料和种子、种畜免征关税；等等。

②　萧冬连、鲁利玲对林其辉（原国务院特区办公室综合司司长）的访谈，2007 年 8 月 17 日。

积差不多，那里有许多资源，有铁矿、石油，还有橡胶和别的热带、亚热带作物。海南岛好好发展起来，是很了不起的。"① 9 月 22 日，海南建省筹备组组长许士杰、副组长梁湘飞抵海口，正式开始建省筹备工作。一时出现了一股"海南热"，半年时间内要求进岛的各类人才超过15 万人。1988 年 4 月 13 日，全国人大批准设立海南省，撤销海南行政区，并通过《关于建立海南经济特区的决议》。4 月 14 日，国务院批转《关于海南岛进一步对外开放加快开发座谈会纪要》，明确"把海南岛建设成为全国最大的经济特区，是贯彻沿海经济发展战略，进一步扩大对外开放的重要措施"。② 4 月 26 日，中共海南省委、省政府正式挂牌。海南成为中国第五个也是幅员最广的经济特区。不过，由于区位不同，海南开发不如深圳具有传奇色彩。

二　为什么转向价格闯关

1988 年 4、5 月做出价格闯关的决策显得突然，但并不难理解。其大背景是，两位数的物价上涨和双轨制下"官倒"盛行，引起民众的强烈不满和舆论的尖锐批评。1985 年实行双轨制之初，两种价格的价差大约是一倍，到了 1988 年，许多重要产品两种价格的价差达到三四倍。如冷轧薄板每吨市场平均价达到 4602 元，比计划内价格高出 4.3倍；铝每吨市场平均价为 16077 元，比计划内价格高 3 倍；纯碱每吨市场平均价为 1192 元，比计划内价格高 2.1 倍；烧碱每吨市场平均价为2986 元，比计划内价格高 4.2 倍。市场价格上涨还在加速，从 1988 年1 月末到 9 月末，铜价由每吨 7400 元涨到 20000 元，铝价由每吨 7206元涨到 15395 元，镍价由 45000 元涨到 138000 元，冷轧薄板由 2177 元涨到 5120 元。③ 在高利的刺激下，一些企业想办法"躲避"计划，追

---

① 《邓小平年谱（1975~1997）》（下），第 1194~1195 页。

② 房维中：《在风浪中前进——中国发展与改革编年纪事（1977~1989）》（1988 年卷），第 118~120 页。

③ 陈富保：《生产资料价格改革概述》，《中国工业经济》1989 年第 7 期。

逐市场高价。"垄断性行业和国有企业哄抬物价，扰乱市场。"钢材、有色金属、铁路运输、外贸企业都发生过哄抬物价的行为，计划内产品大多相变涨价了。形式上执行国家定价，实际上有的卖议价，有的虽然卖牌价，但价外还给东西，或带附加条件。据上海反映，上海拿到的国家配给的平价原材料，有 37% 都加了费用和附加条件。当时估计，全国可能有 60% 的国家定价产品都变成了市价。由于成本推动，企业要求涨价，上面不让涨，下面乱涨。① 在双轨套利的刺激下，掀起了一场全社会的经商热，各种公司爆炸性增加，一时全民经商，"倒爷"猖獗。"十亿人民九亿倒，还有一亿在寻找"，是这种局面夸张而形象的写照。到 1988 年，在各地工商行政管理机关登记注册的公司总数已超过 41 万家，其中打着"官办"招牌插足流通领域的不下 25 万家，一些党政机关、党员干部及其亲属子女利用职权"批条子"倒卖计划内商品，牟取暴利。甚至发展到"官倒"、"私倒"勾结，套购国家物资，垄断市场。例如铝锭国家定价为 4000 元/吨，最高限价为 6800 元/吨，但大量铝锭被"官倒"、"私倒"们操纵，铝制品加工企业不得不以 1.65 万元/吨的价格购进铝锭。② 双轨制诱发了改革以来第一次大规模的权力寻租，有人计算，由双轨制价格产生的"租金"总额 1987 年达 2000 亿左右，约为当年国民收入的 20%。③ 各方面对物价上涨、权钱交易、"官倒"现象早已反应强烈。1987 年 7 月 20 日，中央领导同志在中央财经领导小组会上说，现在对物价问题议论纷纷，特别是有些老同志担心物价出问题。投机倒把发财的人，已引起人们极大不满。"倒爷"已成为大家议论的中心。④

　　1988 年价格闯关的想法或许与"两会"直接相关。1988 年 3 月 25

---

① 房维中：《在风浪中前进——中国发展与改革编年纪事（1977～1989）》（1988 年卷），第 115、116 页。

② 李念其：《价格双轨制的历史功过及其演变方向》，《广西大学学报》（哲学社会科学版）1989 年第 2 期。

③ 参见胡和《廉政三策》，《社会经济体制比较》1989 年第 2 期。

④ 房维中：《在风浪中前进——中国发展与改革编年纪事（1977～1989）》（1987 年卷），第 191 页。

日至 4 月 13 日全国人大会议和全国政协会议召开，物价、"官倒"问题成了会上议论的焦点。如千家驹 4 月 2 日在全国政协会上发言，强烈抨击双轨制给不法分子以可乘之机，"为获得牌价物资的优待，走后门，批条子，请客送礼，贿赂成风，他们以牌价购进商品，转手间以市价出售，即可大获利市，甚或主管部门与不法分子互相勾结，串通一气，狼狈为奸，坐地分赃"。痛斥社会风气每况愈下，一些党员和干部"营私舞弊，假公济私，贪污腐化"，"其影响之恶劣可以动摇国本"。① 千家驹的 30 分钟发言获得 31 次掌声，在社会上也产生了强烈反响，被称为"千家驹事件"。

4 月 2 日，也就是千家驹发言当日，中央邀集李铁映、马洪、陈先、项怀诚、王家兴等人，座谈生产资料价格改革问题。中央领导同志说："生产资料两种价格，问题太大了。""许多涨价来自中间环节的盘剥，平价原材料有不少卖给了个人'公司'，层层转手倒卖，现在管也管不住。实行两种价格以来，各方面出现了一些矛盾，而且越来越严重。企业虽然承包了，但原材料价格不平等，就不是在平等条件下的竞争。生产资料价格要进一步减少两种价格。从方向说，是向活的方向发展。""我们是到了不进则退的时候了。生产资料价格怎么搞，要搞个改革办法。"他问"现在是否有条件取消两种价格"。李铁映说："生产资料实行双轨制，危害太大了。"陈先说："实行价格双轨制初期是利大于弊，现在是弊大于利。"马洪认为，煤炭、水泥可以放开搞市场价，其他目前还不行。关于风险预测，中央领导同志说，"如果物价涨了，工资也能提上去，经济发展了，我看就不可怕"。② 这次谈话虽然没有闯关的提法，但表明价格改革再次成为关注的焦点。

邓小平对价格改革的关注是几年来一贯的，希望闯过价格这一关

---

① 千家驹在全国政协会议上的发言《关于物价、教育、社会风气的几点意见》（1988 年 4 月 2 日）。

② 房维中：《在风浪中前进——中国发展与改革编年纪事（1977～1989）》（1988 年卷），第 115～119 页。

"为下一个世纪中国的发展创造条件"。① 还有一层考虑，就是财政补贴越累越多，不堪重负。据国家统计局资料，80 年代后期财政对国有企业亏损补贴逐年增加。1985 年为 121 亿元，1986 年猛增到 324.78 亿元，1987 年为 376.43 亿元，1988 年为 446.46 亿元。农副产品价格补贴也有几百亿元。② 邓小平考虑这个问题不是一天两天，早在两年前他就说过："现在我们是背着大包袱前进，每年几百亿元价格补贴，越背越重。这个问题总得有计划有步骤地妥善解决。"③ 1988 年 5 月，邓小平又在会见外宾谈话时说："国家背了一个很大的财政包袱，每年用于物价补贴的财政开支达几百亿元。所以，不解决这个问题就不能前进。"④

5 月 13 日，中央领导同志约马洪、安志文、房维中等中央财经小组有关人员讨论当前物价和工资，提出物价、工资改革"今后几年怎么搞"的问题，提出有没有可能用几年的时间，"在发展比较快的情况下，每年物价指数大体百分之十以下，八、九、十连续搞几年。相应地，把需要解决的物价问题解决掉"。马洪说："有个时机问题，1982、1983 年改可能比现在更好一些。"安志文说："五年时间，百分之十，有的放，有的管。"讨论结束时，中央领导同志总结说，方案"就按今天谈的方向去搞"。"工资、物价，以体改委、计委为主。北戴河会议，就讨论工资、物价、流通体制。"在 5 月 16 日、19 日召开的中央政治局常委会议上，赵紫阳首次明确把物价改革和"过关"问题提交常委会议讨论。他说，今年的物价上涨幅度比较大，全年估计超过 15%，也可能达到 17% ~ 18%。这是改革以来物价上涨幅度最大的一年，形势是严峻的。现在我们决心搞好物价改革，看主要采取些什么措施，集中力量过好这一关。过好了可以为下一步发展打下基础。李鹏说："赞

---

① 《邓小平年谱（1975 ~ 1997）》（下），第 1238 页。安志文同志说："邓小平提出价格闯关，我们都是听李鹏传达的。"见《见证重大改革决策》，第 78 页。

② 根据 1981 ~ 1989 年《中国统计年鉴》。

③ 《邓小平在听取赵紫阳、姚依林、万里、胡启立、田纪云、张劲夫等人汇报时谈话》（1986 年 6 月 10 日），《邓小平年谱（1975 ~ 1997）》（下），第 1121 页。

④ 《邓小平在会见莫桑比克总统、莫桑比克解放阵线党主席若阿金·希萨诺时的谈话》（1988 年 5 月 18 日），《邓小平年谱（1975 ~ 1997）》（下），第 1232 页。

成紫阳同志提出的对工资、物价作长远规划，中央决定，全党执行。"
姚依林说："我赞成物价从现在起搞下去……今后五年，比如每年价格
上升百分之十，实际工资增长超百分之十，这样价格改革就可以继续搞
下去。"5月19日，邓小平在同外宾谈话时讲，中国不是有个"过五关
斩六将"的关公的故事吗？我们可能要过更多的"关"，斩更多的
"将"。他说："我总是告诉我的同志们不要怕冒风险，胆子还要再大
些。如果前怕狼后怕虎，就走不了路。"首次把中央关于价格闯关的动
议晓之于众。① 5月30日至6月1日，中央政治局召开了三天会议，重
点省市委书记列席，总题目是理顺价格，决定由国务院抓紧制订具体方
案。会议提出："改革已到关键时刻，比较容易的改革做了不少，难度
大的而又不可能绕开的问题主要是劳动、物价问题摆在我们面前，现在
的形势有如逆水行舟，不进则退。退是没有出路的，前功尽弃，不可收
拾。"必须"冒点风险，迎着风浪前进，闯过难关"。至此，一个"价
格闯关"的重大决策已经形成。②

　　几年来，赵紫阳在价格改革问题上始终迟疑不决，"一讲改革就感
到物价非改不可，一考虑到群众承受能力又不敢出台"。③ 1988年夏，
他似乎转向谨慎乐观。5月9日，他专程到山东考察，发现山东钢材价
格放开，"生产企业赞成，阻力大的是钢铁厂"。由此说明"物价的承
受能力比过去大大加强"。④ 当时估计"生产资料的大关已过，70%的
生产资料都是按市场价格卖的，真正按计划价格卖的不到30%"。至于
老百姓的承受力，他认为"如果物价涨了，工资也能提上去，经济又发
展了，我看就不可怕"。⑤ 他的这些话固然是说服大家，何尝不是在说

① 《邓小平年谱（1975～1997）》（下），第1232页。

② 房维中：《在风浪中前进——中国发展与改革编年纪事（1977～1989）》（1988年
卷），第115～119页。

③ 房维中：《在风浪中前进——中国发展与改革编年纪事（1977～1989）》（1988年
卷），第270～271页。

④ 赵紫阳同马洪、安志文、房维中、罗干、严忠勤、张琪等人谈话（1988年5月13日）。

⑤ 赵紫阳邀集李铁映、马洪、陈先、项怀诚等座谈生产资料价格改革问题（1988年4
月2日）。

服自己。还有一个政治上的考虑，就是趁老人健在，借重老人威望闯过难关。他说："当前形势很好，老革命家健在，必须抓紧时间把难的问题解决好。同心同德，共渡难关。"

陈云是什么态度？据中央文献研究室记述，5月18日，姚依林到陈云处通报政治局的意见。姚依林说：我们设想，从明年开始，每年价格上涨10%，连涨5年。陈云问：你看可以理顺价格？姚依林答：我讲初步理顺，用5年时间。陈云又问：物价连涨5年，情况会有什么变化？姚依林答：价格总水平提高60%~80%，工资增加100%。陈云表示怀疑，说："物价每年上涨10%，连涨5年，我打个很大问号。"姚依林说：这条路是否走得通，我也没有把握。5月28日，陈云同李鹏谈话，进一步表明了他的态度，他说："每年物价上涨百分之十，办不到。我是算账派，脑子里有数目字，理顺价格在你们有生之年理不顺，财政补贴取消不了。"陈云的意见没有被采纳。① 然而，几位当事人，如时任中央财经领导小组成员的安志文和新成立的国务院物价委员会副主任白美清都回忆说，没有听到陈云的意见。吴伟的文章说："无论当年在中央机关工作期间，还是后来相当长一段时间里，笔者从未看到任何资料，或是听任何人说起，陈云在物价闯关问题上曾经表示过不同意见。"②

不少经济学家对拟议中的价格闯关方案表示了不同意见。一种意见认为，价格改革不能闯关，只能慢慢来。据上海复旦大学教授谢百三回忆，1988年7月13日，他曾应上海市市长朱镕基之请到市政府讲价格改革问题。讲之前他打电话请教北京大学的老师，厉以宁告诉他："去讲啊。主要讲物价改革与企业改革。物价改革要慢，冲不得；企业改革要快，主要搞股份制。"厉以宁仍然坚持他的股份制改革的思路，不赞成拟议中的价格闯关。在这样一个特殊时刻，朱镕基请谢百三讲课，可以推测他对价格闯关至少是有疑虑

---

① 金冲及等主编《陈云传》下册，中央文献出版社，2005，第1791~1792页。
② 吴伟：《1988年物价闯关高层决策》，《炎黄春秋》2015年第12期。

的。① 另一种意见则是认为，价格改革可以闯关，但当前时机不对，应当先治理通货膨胀再价格闯关。在 3 月 15～19 日召开的中共十三届二中全会上，刘国光做了题为"正视通货膨胀问题"的发言，指出当前物价上涨不仅仅是个别产品的供求问题（如食品），也不单纯是调整价格结构带来的物价上涨，在相当程度上是通货膨胀，对通货膨胀的后果不能掉以轻心。刘的发言还批驳了近年来主张温和通货膨胀有利于增长的论点。② 4～6 月，薛暮桥、刘国光、吴敬琏等人都提出，在价格总水平大幅上涨的情况下推进价格改革，成功的可能性很小，可能引发更严重的通货膨胀，"管住货币，放开价格"是唯一可能获得成功的选择。5 月 12 日，《人民日报》海外版发表李运奇批评通货膨胀有益论的文章，明确提出警告：我国群众的货币幻觉已经消失，通货膨胀预期正在形成，随时都会发生抢购商品和挤提存款的风潮。5 月 27 日，刘国光在一次座谈会上特别提醒要警惕通胀预期一旦形成将会带来很大危险，力陈必须立即摒弃通货膨胀政策，减速降温。吴敬琏也表达了相同观点。他们都主张先治理环境，再进行闯关，刘国光估计治理环境需要 3 年时间，吴敬琏则较为乐观，认为半年即可。③ 6 月，薛暮桥在国家计委召集的专家座谈会上指出，1984 年以后的主要缺点是宏观方面没有管严管紧。用财政补贴来稳定物价那是"火上浇油"，用行政手段强行限价也只是"扬汤止沸"，稳定物价的根本办法是停止通货膨胀。薛暮桥的这个发言公开发表在 6 月 30 日的《光明日报》上。④

他们的意见为什么没有被采纳？决策者担心如紧缩信贷过于严厉，

---

① 谢百三：《我给朱镕基市长讲物价改革——引发"抢购狂潮"的第三次通胀》，谢百三主编《我们身边的巴菲特：股市传奇人物北大复旦演讲集大成版》，南方日报出版社，2013，第 493 页。

② 房维中：《在风浪中前进——中国发展与改革编年纪事（1977～1989）》（1988 年卷），第 101～114 页。

③ 萧冬连等对吴敬琏的访谈，2010 年 12 月 13 日。

④ 《薛暮桥回忆录》，第 417 页。

造成企业资金困难，生产滑坡、供给紧张，将加剧财政困难。① 1988 年初又提出实施沿海地区经济发展战略，增加了信贷扩张的需求，银行不贷款不行。"如果不发票子，那就只能打白条。"② 再者，各地方政府都要求快，提前"翻番"，"地方官对银行施加压力，银行不敢不听"。③ 所以，虽然 1987 年确定了信贷和财政双紧方针，但实际上没有切实执行。新年伊始，银行贷款就显现出膨胀势头。到第二季度末，银行各项贷款累计增加 556.6 亿元，比上年多增加 435.7 亿元。④ 在这种情况下，决策者对于遏制物价上涨的趋势并无良策。4 月 2 日，赵紫阳说："轮番涨价是不可避免的。"4 月 18 日，李鹏与姚依林私下议论时，姚依林也说，"这是不可阻挡的趋势"。李鹏在日记里写道："看来他也无良策。"⑤ 剩下的只有寄希望于"在物价上涨下把价格理顺"。"准备出点事……要搞一个保证改革秩序的紧急治安法，授权国务院，需要时就公布，不需要时就解除。"⑥ 也就是要履险闯关。

三 "闯关"受阻及其检讨

为了制定五年物价改革方案，国务院专门组成了物价委员会，以姚依林为主任。从 6 月 2 日起，国务院物价委员会组织各部门，用一个多月时间，提出今后五年和明年价格工资改革初步方案。7 月 1 日向中央财经领导小组汇报，随后修改、补充。7 月中旬，田纪云等向邓小平汇报价格改革方案，邓小平肯定了这个方案。⑦ 8 月 5 ~ 9 日提交国务院讨

---

① 房维中：《在风浪中前进——中国发展与改革编年纪事（1977 ~ 1989）》（1998 年卷），第 89 页。

② 李鹏：《李鹏经济日记：市场与调控》上册，新华出版社，2007，第 523 页。

③ 中国人民银行行长李贵鲜在 1988 年 5 月 16 日、19 日中央政治局常委扩大会上的插话。

④ 王亚平：《治理整顿时期中国经济发展的回顾与思考》，《中国经济史研究》1994 年第 2 期。

⑤ 李鹏：《李鹏经济日记：市场与调控》上册，第 523 页。

⑥ 房维中：《在风浪中前进——中国发展与改革编年纪事（1977 ~ 1989）》（1988 年卷），第 143、151 页。

⑦ 鲁利玲对安志文的访谈，2007 年 8 月 2 日、3 日、10 日上午。

论并原则同意。8 月 15～17 日，中央在北戴河召开政治局扩大会议，讨论价格、工资改革方案，由姚依林汇报。方案设想，用五年时间初步理顺价格关系，基本放开生产资料价格，取消双轨制，五年内平均工资增加一倍。价格改革的总方向是，少数重要商品和劳务价格国家管理，绝大多数商品价格放开，实行市场调节。讨论中一些人委婉地表达了不同意见，担心搞不好要出问题。房维中回忆说："1988 年价格闯关的方案是姚依林主持制定的，报告是我写的。当时，我不愿意写，认为写不清楚：改是一定要改的，但会出现什么问题，看不清楚。姚依林说：'义无反顾，不愿写也得写。'可见，当时压力之大。在向政治局汇报的时候，是姚依林讲的。政治局讨论时，大家都溜着边讲，不说赞成也不说反对。江泽民言不及义。后来，李瑞环对我说，他在会上讲：'看前半段，讲改革如何重要，应当打钩；看后半段会有这样那样风险，应当打叉。'发表公报前，李瑞环给赵紫阳打电话说，价格改革这种事情不能发公报，赵坚持要发，结果出了乱子。"[1]

　　价格改革的涨价预期强烈，国外的经验是只做不说。然而决策层对"心理预期"这回事没有概念，当时提倡政治"透明度"，北戴河一通过，新华社就发通稿，公之于众，"物价涨一半，工资翻一番"的流言在社会上广泛传播开来。7 月 16 日，国务院通知，决定放开 13 种名烟和 13 种名酒的价格，同时提高部分高中档卷烟和粮食酿酒的价格，高档烟酒大幅度提价。[2] 通货膨胀延续了几年，1988 年初已经越过两位数的大关，7 月已达到 19.3%，而存款利息大大低于物价上涨，虽有加息预案，但步子太小而且行动迟缓。这些因素加在一起，造成了全面大涨价的心理预期。结果参加会议的人还没有从北戴河回来，全国性的挤兑银行存款和抢购商品的风潮就发生了。8 月 19 日清晨，中央人民广播电台广播这一重要新闻后，当天全国各地就出现抢购，接着抢购风潮越

①　房维中：《1988 年价格闯关的决策背景》，薛小和对房维中的访谈，2007 年 11 月 27日。

②　《国务院关于做好放开名烟名酒价格提高部分烟酒价格工作的通知》（1988 年 7 月 16日，国发〔1988〕44 号公布）。

演越烈，波及全国大部分地区的城市、县城和农村，参与抢购者遍及社会各阶层，来势迅猛，波及面大，部分商品库存已超出最低警戒线。抢购商品范围广，品种近 50 个大类 500 余种，部分地区抢购粮、油。① 据国家统计局资料，8 月全社会消费品零售总额同比猛增 39.5%，大件消费品零售增加更快。如洗衣机销售增长 1.3 倍，电视机增长 56%，电冰箱增长 82.8%。8 月居民提取储蓄存款 389.4 亿元，比上年同期增长 1.3 倍。② 抢购风和挤兑风推动物价进一步上涨，1 月物价涨幅为 9.5%，7 月已到 19.3%。8 月零售物价总水平涨幅急剧跃升到 23.2%，到 12 月创纪录地达到 26.7%。③ 这完全超出了决策层的预料。与 80 年代初不同，此时群众手里握有 5000 亿～6000 亿元人民币存款，最害怕贬值。决策者担心的是：巨量储蓄存款一旦放出来，必将冲击市场，危及经济安全。

尽管决策已出，但决策者心中其实是忐忑不安的。据李鹏日记，8 月 24 日，赵紫阳召开中央财经领导小组会议，座谈北戴河会议之后的反应。他说，大家普遍对价格改革信心不足。提出把方案交给群众讨论两个月，让人民群众了解为什么要这样干。8 月 26 日，赵看到关于福建发生抢购风，甚为着急，打电话给姚依林，提出明年钢材价格改革可以不搞。8 月 27 日，赵与李鹏、姚依林等人讨论经济形势，提出对长期存款实行保值储蓄。8 月 29 日，赵主持中央财经领导小组会议，提出明年的工作重点由"深化改革"转到"治理环境，整顿秩序"上来。④ 不到半月就被迫放弃了价格闯关。8 月 30 日，李鹏主持国务院常务会议做出六条决定，当天以紧急通知的形式发出，并立即见报，明确宣布此后 4 个月国务院没有新的调价措施出台，事实上宣布搁置原定的价格改革方案。通知说，改革方案中所讲的少数重要商品和劳务价格由

① 王亚平：《治理整顿时期中国经济发展的回顾与思考》，《中国经济史研究》1994 年第 2 期。

② 房维中：《在风浪中前进——中国发展与改革编年纪事（1977～1989）》（1988 年卷），第 224 页。

③ 国家统计局综合司治理整顿研究课题组：《成效·问题·启示——对三年治理整顿的回顾与思考》，《经济管理》1991 年第 12 期。

④ 李鹏：《李鹏经济日记：市场与调控》上册，第 568～570 页。

国家管理，绝大多数商品价格放开，由市场调节，指的是 5 年或更长一些时间的长远目标，目前这个方案还在进一步修改完善中，今年下半年不出台新的涨价措施，人民银行开办保值储蓄业务，使三年以上的长期存款利息不低于或稍高于物价上涨幅度。① 国务院六条紧急决定做出后，外界舆论反映，中国改革受阻，"国务院与党中央不一致"。9 月 2 日的中央政治局会议上，李鹏解释说："国务院决定是紫阳同志指示的。"李瑞环说："中国这样国家，太着急不行，还要稳步地走。"王任重提出，国务院"不作点自我批评不行，物价连续上涨几年，没有不垮台的"。

9 月 15～21 日，中央工作会议召开，确定把明后两年改革和建设的重点突出地放到治理经济环境和整顿经济秩序上来，以扭转物价上涨幅度过大的态势。会前（9 月 12 日），邓小平听取国务院领导同志的汇报，邓小平"赞成边改革，边治理环境整顿经济秩序"，强调中央要有权威。他说："我的中心意思是要加强中央的权力。中央的权力，包括放下去的权力。下放是中央下放的，中央也可以收。这就是说，既能放也能收，否则我们就控制不住局面。我们渡过三年困难，就是因为靠集中。"万里呼应说："对，就是靠无意识的集中、纪律和法制。"不过，邓小平是把中央收权看作非常手段的，并不意味着他否定了放权式改革。他说："这几年我们走的路子是对的。现在是总结经验的时候。这几年，我们如果不放，能搞出这样一个规模来吗？""无论如何不能损害我们的改革开放政策，不能使经济萎缩。要保持适当的发展速度。"②

9 月 26～30 日，中共十三届三中全会召开。中央政治局的报告说："看来，我们还是见事迟，抓得晚了。"婉转地承认决策失误。随后采取措施稳定市场，稳定人心。先是将银行存款利率从 7% 大幅度提高到

---

① 《国务院关于做好当前物价工作和稳定市场的紧急通知》，中共中央文献研究室编《十三大以来重要文献选编》（上），人民出版社，1991，第 253～255 页。

② 《邓小平年谱（1975～1997）》（下），第 1247 页；房维中：《在风浪中前进——中国发展与改革编年纪事（1977～1989）》（1988 年卷），第 236～237 页。

14%，接着又实行保值储蓄，存款年利率随物价上升指数浮动。同时清理在建项目，压缩投资规模；控制货币投放，稳定金融；清理整顿公司，特别是那些官商不分，倒买倒卖的皮包公司。多管齐下，逐步稳住了经济。

尽管赵紫阳主动退却，但也难辞决策失误之责。10月8日，陈云同赵谈话指出："学习西方市场经济的办法，看来困难不少。"含蓄地批评照搬"西方市场经济"的办法脱离中国的实际。赵表示同意陈云的意见。他在10月12日印发这个谈话时写道："陈云同志在10月8日就经济工作向我作了一些重要谈话。现印发政治局常委会议各同志。"①不过，赵所指的"见事迟，抓得晚"，限于1988年一年，特别是6月以后，而不是三年。他认为出现抢购风潮，问题不是货币超发、国民收入超分配，而是宣传不当，提高存款利率行动迟缓，引起民众大涨价的心理预期和储物保值的冲动。在这个问题上，高层看法存在分歧。12月1日，赵找薛暮桥、刘国光、吴敬琏谈话，表示接受他们对他的批评，说"最近一年，我们宏观政策是出了问题的"。薛暮桥说："不是一年，至少已有三年。"② 12月2日，赵在听取全国计划工作会议和全国体制改革工作会议汇报时说，从今年6月以来，对改革物价说法不当，宣传不当，造成社会对物价上涨的心理预期。现在回顾起来是重大教训，原因是没有经验。李鹏在日记中说："我认为，他讲的这一段话，既缺乏自我批评精神，又缺乏对市场作用适当的分析。"③ 李鹏在此前（10月11日）的国务院全体会议上明确讲，当前的问题"是出现了明显的通货膨胀，物价上涨幅度过大。这是几年来经济过热积累起来的，已经到了相当严重的程度。群众承受不了，企业承受不了，国家也承受不了"。④ 12月26日，中央召开生活会，开展批评与自我批评，主题显然是检讨价格闯关决策的教训。从李鹏日记的简短记载看，李鹏提出了四

---

① 中共中央文献研究室：《1988年物价闯关前后》，《炎黄春秋》2005年第10期。

② 《薛暮桥回忆录》，第418页。

③ 李鹏：《李鹏经济日记：市场与调控》上册，第594页。

④ 李鹏：《李鹏经济日记：市场与调控》上册，第586页。

点检讨：一是年初对形势估计过于乐观；二是重大决策太快，事前没有充分酝酿；三是改革不能搞目标模式，摸着石头过河是唯一正确办法；四是"不能只听那些既没有实践经验，又不了解国情的'理论家'的意见"。①

　　对于1988年价格闯关为什么过不去，事后始终存在不同的看法。一种看法认为，问题不是出在价格闯关决策本身，而在于改革的时机不适合，做出这个决策时，面对的是一个紧绷的经济环境。这种环境并非一年形成，而是自1985年以来持续的货币超发、国民收入超分配导致高通货膨胀率，而这又根源于中央和地方领导人在发展速度问题上急于求成，不肯为创造宽松改革环境而放慢步伐。如果适当放慢速度，治理好通货膨胀，"管住货币，放开价格"，价格闯关不是不可以过去的。另一种看法认为，先治理环境再进行改革，这种想法过于理想化，旧体制本身就是短缺经济，宽松环境需要通过改革来创造。中国是一个发展中国家，没有增长速度，许多矛盾无法解决。1988年的问题出在改革思路上，"物价闯关"方案仍然是由政府大幅度调整价格达到理顺价格的目的。多年来的教训告诉我们，由政府自上而下地调整价格是不可能改变价格严重扭曲的状况的。价格改革应该走逐步放开价格由市场决定价格的道路。第三种看法认为，是宣传上的失误和配套政策没有跟上。本来价格已是议论中心了，价格改革从设计、讨论到制定方案，报纸不断地发，把这个问题突出起来，使人心恐慌，纷纷挤兑抢购。发生挤兑抢购风以后，如果能够及时果断地采取提高银行存款利息，或实行保值储蓄，损失会小一些。但当时国务院没有立即采纳，使本来可以避免的一些损失也未能避免。② 第四种看法认为，提出价格闯关没错，错在全面承包制。推行全面承包制，国家向企业做了更大幅度的让利，致使国家财政收入严重流失。在通货膨胀下，包死给上级和国家的部分贬值，

---

① 李鹏：《李鹏经济日记：市场与调控》上册，第601页。

② 李树桥：《听赵紫阳同志谈价格改革》，李树桥（时任赵紫阳秘书）2007年7月提供。

留给自己的部分扩张，中央政府是无能力也无手段制止通胀的。[①]

1988 年价格闯关及其受阻，在中国经济改革史研究中具有典型意义。它在一个节点引出中国改革路径选择的一些基本问题。改革是否可以整体设计、配套推进，还是只能局部试验，逐步推进，"摸着石头过河"？为什么 80 年代两次整体设计、配套推行的改革方案都遇阻搁浅了，而一些局部改革，特别是来自下层的改革试验却往往取得突破？改革初期通货膨胀、物价上涨是"不可阻挡的趋势"还是经济政策使然？历史能为改革提供一种相对宽松环境吗？还是改革注定只能与通胀相伴而行？改革决策如何回应民众的呼声，又避免为社会舆情所左右？如何评价双轨制在中国经济转轨中的作用和它的利弊得失？

四 三年治理整顿：成就与代价

1988 年 9 月至 1991 年 9 月，这三年通常被称为"治理整顿时期"。治理整顿，实际上是一次大的经济调整。自 1985 年以来，决策者希望通过"软着陆"方式解决经济过热和总需求膨胀问题未能见效，不得不再一次"硬着陆"。三年治理整顿大致可分为三个阶段。

第一阶段，从 1988 年 9 月至 1989 年 8 月，压缩总需求，整顿经济秩序，遏制通货膨胀，稳定经济形势。包括紧缩财政信贷、压缩投资、清理在建项目、严格控制新开工项目、管制物价实行严格目标责任制、控制集团消费、清理整顿公司、对重要商品实行专营、提高利率和存款

[①] 据资料称，广泛推行承包制的第一年即 1987 年，财政收入占国民收入的比重从 1986 年的 28%，骤降为 24.1%，一年下降 3.9 个百分点。1988 年又急剧降到 19.3%，比 1987 年又下降 4.8 个百分点。国民经济高速增长，财政收入却出现了低增长和负增长。1987 年国民生产总值名义增长率为 16.8%，而财政收入增长率只有 3.8%，两者相差 13 个百分点。扣除物价因素后，国民生产总值实际增长 10.6%，而财政收入却出现了 3.2% 的负增长。1988 年财政负增长比 1987 年还要严重。1987 年财政收入占国民收入的比重从 1986 年的 28% 骤降为 24.1%，1988 年又急剧降到 19.3%。1987 年，企业超承包目标的利润中上缴国家财政的仅占 17.7%，而留给企业的则高达 82.3%。苟大志：《承包制的困境与出路》，《宏观经济研究》1990 年第 2 期。

准备金率、实行保值储蓄，等等。到 1989 年 9～10 月，紧缩效应逐步显现。第一，投资规模比上年同期压缩 10.6%，剔除价格因素，实际压缩 20% 以上。截至 1989 年 2 月，决定停建、缓建项目 1.8 万个，其中清查楼堂馆所可压缩 285 亿元。[①] 第二，随着中央银行加强贷款限额管理和强制收回临时贷款，银行信贷规模急剧收缩。第三，物价指数从 6 月开始有所回落，到年底通货膨胀率已降到两位数以下，过高的工业增长速度也开始降低，其中加工工业更为明显，农业生产有了较大幅度的增长。第四，随着两次提高利率和保值储蓄，[②] 以及物价涨势趋缓，居民消费心理趋于稳定，消费市场迅速降温。居民储蓄存款上升，9 月底余额比上年同期多增加 530 亿元。在整顿经济秩序方面，首先是坚决刹住乱涨风，制止哄抬物价的行为。其次是整顿公司，政企分开，官商分开，惩治"官倒"。清理整顿公司的重点是 1986 年下半年以来成立的公司，特别是综合性、金融性和流通领域的公司。截至 1989 年 1 月底，撤并公司 60865 个，占清理前 29.9 万个公司的 20.4%。[③] 不过，清理整顿公司只有表面的成效。此后的事实说明，"寻租"现象只是变换了形式。最后是确立重要产品的流通秩序，对有些紧缺的重要生产资料实行专营，或只准在国家统一市场上交易。[④]

---

① 王亚平、钱锡元：《治理整顿中的中国经济（1988～1991 年）》，《经济研究参考》1993 年第 5 期。

② 1988 年 9 月 1 日，中国人民银行提高城乡居民定期储蓄存款利率。9 月 10 日，又开办了人民币长期保值储蓄存款。对 3 年、5 年和 8 年期的储蓄存款，在当时利率的基础上，按照储户所得利益不低于物价上涨幅度的原则，由中国人民银行参照国家统计局公布的零售物价指数，按季公布全国统一的保值补贴率。1988 年第四季度的保值补贴率为 7.28%。不少地区还开展了有奖储蓄。王亚平、钱锡元：《治理整顿中的中国经济（1988～1991 年）》，《经济研究参考》1993 年第 5 期。

③ 《中国改革开放大事记（1977～2008）》，第 233 页。

④ 1988 年 8 月 4 日，国务院发出通知，强调不得开放棉花市场，棉花收购由供销社统一经营。9 月 27 日，国务院做出决定，从 1988 年秋季开始，大米由粮食部门统一收购、经营，同时逐步建立粮食批发市场，有秩序、有组织地进行市场调节。强调各地方在粮价暴涨时，要用行政手段干预。9 月 28 日，国务院决定对化肥、农药、农膜销售实行专营，由供销社和农业生产资料公司统一归口经营。11 月 11 日，国务院发布《关于加强钢材管理的决定》，对市场紧缺的冷轧薄钢板、冷轧硅钢片、镀锡薄钢板、

有学者认为，这证明关于花一年时间稳定经济为大步改革创造条件的设想具有现实可行性，用事实否定了"改革不可能在宽松环境中进行"的说法。[①] 不过，治理整顿快速见效，更多地依赖于采取强制性的行政手段，"硬着陆"不是没有代价的。首先，与1986年初一样，紧缩政策导致工业增速下滑过快，1989年9月猛跌至0.9%，10月出现10年改革中所未曾有过的负增长，下降2.1%。治理整顿必须承受一段时间的低速增长，但增速下滑过快，甚至出现负增长，则必定带来新困难。其次，出现全国性的商品销售"疲软"。[②] 不到一年时间，全国市场从需求过旺转向市场疲软，从长期的卖方市场转为买方市场。这固然因为治理整顿措施见效，但更反映出居民消费心理的改变，由非理性抢购转为观望，由购物保值变为储蓄保值，居民的消费意愿转弱成为市场疲软的重要原因。[③]

最后，企业经济效益进一步恶化，利润减少，亏损增加。当年企业亏损补贴599.8亿元，比上年的446.5亿元增长34.3%，直接影响国家财政收支平衡，大量"三角债"出现。1989年全国拖欠总数达1000亿元以上，1990年"三角债"继续呈上升趋势。[④] 企业开工不足，待业人员增

镀锌钢板实行专营，对部分计划外钢材实行定点定量供应。1989年2月1日，针对彩色电视机供求矛盾突出，经营渠道混乱，倒买倒卖严重的情况，国家决定实行彩电专营，同时征收特别消费税和国产化发展基金。王亚平、钱锡元：《治理整顿中的中国经济（1988～1991年）》，《经济研究参考》1993年第5期。

① 郭树清：《三年治理整顿与中国经济改革》，《生产力研究》1992年第5期。

② 1990年8～12月全国消费品销售比上年同期下降0.5%。全年社会商品零售额8101亿元，比上年增长8.9%，扣除物价上涨因素，为负增长7.2%。生产资料市场也从三季度开始迅速冷落，比上年下降0.8%，扣除价格因素，生产资料销售额实际下降18.2%。王亚平、钱锡元：《治理整顿中的中国经济（1988～1991年）》，《经济研究参考》1993年第5期。

③ 据统计，1990年1～9月职工工资比上年同期增长11.8%，扣除物价因素实际增长9.5%，是近几年增长最快的一年。但工资增长并没有带动消费的相应回升，无法改变最终需求不足、市场疲软的基本态势。1990年1～9月居民储蓄存款增加1500亿元，是历史上同期增加最多的一年。许多企业用银行贷款发放工资奖金，职工又存入银行，形成银行信贷资金"空转"。王亚平：《治理整顿时期中国经济发展的回顾与思考》，《中国经济史研究》1994年第2期。

④ 《中国改革开放大事记（1977～2008）》，第238页。

加。1989年底，城镇待业人数378万人，比上年增加82万人。全国个体劳动者人数比上年减少11万人，下降1.67%。① 企业和地方政府感受到的压力可想而知。在1989年12月的计划工作会议上，广东省副省长于飞放了一炮："姚依林的讲话很好，就是把经济搞死了。省长难当，要东西没有，要钱没有，要命有一条。"② 反映了地方上的压力和情绪。

第二阶段，从1989年9月至1990年8月，在坚持总量控制的前提下，适当调整紧缩力度，解决市场疲软、工业速度下滑过猛问题。经济全面紧张状况竟在不到一年的时间里就全面缓和了。1989年11月，中共十三届五中全会做出《关于进一步治理整顿和深化改革的决定》，把治理整顿时间从两年延长到三年以上，强调治理整顿要"坚定不移"，明确当前和今后一个时期要加强计划管理，增强集中性。③ 不过在此前后，在具体政策上增加了一些弹性，适度放松需求控制，加强产品结构调整。中央银行放松了货款紧缩力度，9～12月增加1480亿元，比上年同期多增加870亿元。从1990年开始，以启动市场、促进经济回升为目标，逐步清退了一些临时性的行政管制措施。全年全社会固定资产投资总规模与年初计划增加450亿元。4月和8月两次下调了存贷款利率，调低彩电特别消费税，适当放松对集团购买力的控制，以刺激市场回暖。同时调整人民币外汇牌价，1989年12月，人民币与美元的比价从3.7:1下调为4.7:1，1990年11月又降为5.2:1。汇率下调促进了出口，1990年外贸创纪录地出现87亿美元顺差，一定程度上缓解了国内严重的产品积压。1990年3月，国务院成立清理"三角债"领导小组，国务院副总理邹家华为组长，在全国范围清理"三角债"，全年累计安排清理拖欠的专项贷款近300亿元。④

---

① 王亚平：《治理整顿时期中国经济发展的回顾与思考》，《中国经济史研究》1994年第2期。

② 《周少华工作日记》，第2047页。

③ 《中共中央关于进一步治理整顿和深化改革的决定》，《十三大以来重要文献选编》（中），第680～708页。

④ 王亚平：《治理整顿时期中国经济发展的回顾与思考》，《中国经济史研究》1994年第2期。

第三阶段，从 1990 年 9 月至 1991 年 9 月，侧重于保持经济的正常增长，提高经济效益，促进经济结构优化。[①] 进一步加大了启动经济力度，重点是加大了投资规模，到 1990 年第四季度，全民所有制固定资产投资增长 11.5%，1991 年 1~9 月比上年同期增长 21.8%。信贷投放连续两年大幅度增加，工业经济增长恢复到 8%~10%。[②]

三年治理整顿达到了它预期目标了吗？用中央 1989 年确定的六项目标来衡量，[③] 治理整顿取得了明显的成效。第一，过热的经济明显降温。在这之前的四年经济年均增长 10.7%，后三年降到 5.4%。同期工业总产值年均增长由 17.8% 降到 10%。第二，供求失衡的矛盾明显缓解，通货膨胀得到控制。全国零售物价指数从最高时的 20% 回落到 1990 年的 2.1%，1991 年的 3.5%，实现了把物价涨幅控制在 10% 以下的目标。在如此短时间就制住如野马狂奔的物价，这也被一些外国人士称为"中国奇迹"。第三，通过清理整顿公司，强化市场和价格管理，进行全国性的行业大检查等一系列措施，秩序明显好转。市场供应充足，部分商品出现有限的买方市场，居民消费心态稳定，盲目争购现象显著减少。第四，治理整顿期间基础产业得到加强，农业、能源、交通、原材料等产业部门均有不同程度的发展。1990 年与 1988 年相比，粮食总产量增加 5216 万吨，棉花总产量增加 36 万吨，油料产量增加

---

① 国家统计局综合司治理整顿研究课题组：《成效·问题·启示——对三年治理整顿的回顾与思考》，《经济管理》1991 年第 12 期；王亚平：《治理整顿时期中国经济发展的回顾与思考》，《中国经济史研究》1994 年第 2 期。

② 王亚平：《治理整顿时期中国经济发展的回顾与思考》，《中国经济史研究》1994 年第 2 期。

③ 中共中央十三届五中全会确定治理整顿的目标是：逐步降低通货膨胀率，要求全国零售物价上涨幅度逐步下降到 10% 以下；扭转货币超经济发行的状况，逐步做到当年货币发行量与经济增长的合理需要相适应；努力实现财政收支平衡，逐步消灭财政赤字；在着力于提高经济效益、经济素质和科技水平的基础上，保持适度的经济增长率，争取国民生产总值每年增长 5%~6%；改善产业结构不合理状况，力争主要农产品生产逐步增长，能源、原材料供应紧张和运力不足的矛盾逐步缓解；进一步深化和完善各项改革措施，逐步建立符合计划经济与市场调节相结合原则的，经济、行政、法律手段综合运用的宏观调控体系。

293万吨，糖料产量增加1027万吨。第五，进出口贸易由逆差转为顺差，国家外汇储备大量增加，虽然受到西方的联合制裁，中国的外经贸仍然取得较大进展，出口平均以14%的速度递增，进口1991年开始回升。1991年6月底，国家外汇储备已达330亿美元，其中国家现汇结存183亿美元，比1988年底增加149亿美元，为历史最高水平。[①]

治理整顿对经济稳定起了重要作用，然而这不是没有代价的。治理整顿并没有从根本上解决经济生活中的深层次问题，却同时引出一些新问题。首先，经济效益出现持续下降。努力扭转经济效益不高的局面，是治理整顿的一个重要目标，但一段时间出现了经济效益持续下降的局面。这集中表现为全民所有制工商企业盈利水平大幅度下降，成本超支，费用增加，亏损上升。1990年与1988年相比，全民所有制工业企业实现利税总额下降15.3%，成本超支30.8%，企业亏损面由10.9%扩大到27.6%，亏损额增加3.3倍。[②] 其次，财政困难局面没有改观。财政补贴进一步增加，又面临还债高峰期，收入分配过于向个人及预算外倾斜，财政收入占国民收入的比重维持在1988年14.6%的低位水平。[③] 再次，结构不合理问题没有改观。一些行业如彩电、冰箱、洗衣机、汽车、拖拉机、啤酒、卷烟、吸尘器、录音机等19种加工产品生产能力利用率很低，许多企业处于"停产半停产"状态，优化组合难，破产更难。[④] 这些问题并不都是治理整顿带来的，但也说明不是靠治理整顿措施所能解决的，其背后都有一个体制问题。

---

① 马凯：《我国价格改革历程中值得认真总结的一页——对治理整顿期间价格改革的回顾与思考》，《价格理论与实践》1992年第1期。

② 1990年与1988年相比，全民所有制工业企业实现利税总额下降15.3%，成本超支30.8%，企业亏损面由10.9%扩大到27.6%，亏损额增加3.3倍。国家统计局综合司治理整顿研究课题组：《成效·问题·启示——对三年治理整顿的回顾与思考》，《经济管理》1991年第12期。

③ 据测算，国家所得由1988年的2045亿元增加到1990年的2554亿元，增长2.49%，但所占比重基本维持1988年14.6%的水平。国家统计局综合司治理整顿研究课题组：《成效·问题·启示——对三年治理整顿的回顾与思考》，《经济管理》1991年第12期。

④ 国家统计局综合司治理整顿研究课题组：《成效·问题·启示——对三年治理整顿的回顾与思考》，《经济管理》1991年第12期。

五 治理整顿期间的改革开放

从价格闯关转向治理整顿，给人们造成中国改革遇阻的印象。然而，治理整顿的目的不是放弃改革，而是为改革更顺利地推进创造经济环境，这在指导思想上是明确的。[①] 真正对改革进程形成影响的不是治理整顿，而是国内 1989 年政治风波和苏联、东欧剧变带来的思想冲击，以及由此引发的一场激烈争论，使许多人一度失去方向感，以至于徘徊观望，改革停滞不前。受到冲击最大的是个体私人经济。当时有一种言论，认为个体户、私人经济是和平演变的社会基础。领导人在一次内部会议上讲过一句话："对于非法经营的个体户就要罚得他倾家荡产。"[②] 传达下去一度造成思想混乱。经济特区也处在风口，外商没有大规模撤离深圳，但是投资信心不足。特区民营企业家心态更为复杂，华为公司负责人说："现在因怕国家政策有变，特别是最近听说中央有关领导讲私营经济是国家和平演变的基础，顾虑更大，同时又得不到国营、集体、外资企业的同等待遇，受到种种限制，因此尚不敢扩大生产规模。"[③]

不过，我们发现一个现象，诘难改革的声音更多来自意识形态部门，经济职能部门、地方政府和企业的许多人仍然有很强的改革愿望，艰难地推动着某些改革，在三个领域取得了重要突破，这多少有些出乎人们意料。

首先，价格并轨取得突破。或者可以说，治理整顿不经意间带来双轨制价格并轨的结果。一般的印象是，治理整顿意味着放弃价格改革，其实不尽然。事实上，治理整顿的三年在价格调整上迈出了不小的步伐。据马凯提供的数据，三年间价格调整包括五大类产品：一是大幅提

---

① 见《中共中央十三届三中全会公报》（1988 年 9 月 26 日）。

② 据时任国家工商总局个体司副司长梁传运的记录，1989 年 7 月 12 日，江泽民在听取金鑫关于个体税收征管问题汇报后讲话中有这句话，发正式文件时删去了，但讲话已传达下去，对个体工商户发展有负面影响。鲁利玲对梁传运的访谈，2007 年 11 月 1 日。

③ 《一位民间科技企业负责人的心态》，《深圳信息》1991 年 11 月 16 日。

高了铁路、水路、航空和公路客货运价以及国内邮政资费；二是提高了能源、重要原材料价格；三是提高了农产品收购价格；四是调整了涉外价格，包括调整汇率，扩大进口商品代理作价的范围等；五是提高了生活消费品和服务收费价格。① 据初步匡算，上述五大类十几个系列产品的价格调整，调价总金额近千亿元。调价品种之多，某些产品调价幅度之高，调价规模之大，是 1979 年改革以来所没有的。特别是过去不敢动的城镇居民定量粮油价格，第一次实行了大幅度调价。口粮购销价格倒挂差额缩小，口油实现了购销同价。这是自 60 年代中期以来，居民定量粮油价格的第一次大幅度调价，迈出了深化价格改革的重要一步。②

---

① （1）交通、邮电等基础设施价格方面，铁路、水路、航空和地方公路长途客运票价分别提高 112%、96%、77% 和 60%，铁路货物运价提高 44.5%，水路货物运价提高 29%，国内平信邮资本埠由 4 分提高到 1 角，外埠由 8 分提高到 2 角。（2）能源、重要原材料价格方面，三次提高原油出厂价格，累计提高 80%，重油、汽油、柴油等成品油也先后相应提了价；计划内统配矿煤两次提价累计 30% 以上；对鞍钢、本钢等九大钢铁公司及上海、重庆、天津等钢厂的部分钢铁产品制定临时出厂价格两次提价；铝、铜、锡、镍、铅等有色金属计划内价格，提价幅度 24%～42%；北方国有林区统配木材出厂价格平均提价 40%；原盐出厂价格提高 112%，纯碱等盐化工产品的计划内价格相应调整。（3）农产品收购价格方面，棉花收购价格提高 53%；花生油、菜籽油等 6 种食用植物油定购价格提高 28%，甘蔗、甜菜收购价格提高 12%；烤烟收购价格提高 10%。（4）涉外价格方面，两次下调人民币汇率。1989 年 12 月 16 日起，人民币兑换 1 美元的比价由 3.7 元调为 4.7 元，下调 21.2%；1990 年 11 月 17 日起，人民币兑换 1 美元的比价由 4.7 元调为 5.2 元，再下调 9.6%。以后又实行适当浮动。1991 年第四季度，人民币兑换 1 美元的比价浮动为 5.3 元左右。两次扩大了进口商品代理作价的范围，先后对中央外汇计划内进口的钢材等 15 种商品和纯碱等 6 种商品取消财政补贴，改为代理作价。（5）生活消费品和服务收费方面，由中央统一部署，先后提高了食盐、棉纺织品、洗衣粉、肥皂、食糖、民用燃料（民用煤、煤气、石油液化气、天然气）等产品价格。经国务院特批和在地方管理权限内，各地也陆续调整了一批商品价格和服务收费。全国大多数城市陆续提高了自来水价格和公共交通票价。特别是 1991 年 5 月，国家抓住市场物价平稳、农业连续两年丰收、粮源充足的有利时机，顺利推出了提高粮油统销价格的措施，全国平均每 500 克成品粮提价 1 角，提高 68%，食用植物油每 500 克提价 1.35 元，提高 170%。马凯：《我国价格改革历程中值得认真总结的一页——对治理整顿期间价格改革的回顾与思考》，《价格理论与实践》1992 年第 1 期。

② 马凯：《我国价格改革历程中值得认真总结的一页——对治理整顿期间价格改革的回顾与思考》，《价格理论与实践》1992 年第 1 期。

然而，这次大幅度价格调整并没有引起社会震荡，显得悄无声息。究其原因，一是治理整顿创造了过去几年没有的宽松经济环境。进入治理整顿阶段以后，经济形势发生了变化，市场由紧张转向"疲软"，前几年最为紧俏的工业消费品和生产资料突然之间出现大量滞销，持续了几十年的卖方市场第一次转向买方市场，部分商品市场价格回落，导致计划内外两种价格差别缩小，使得价格调整比较顺利。二是鉴于1988年价格闯关的教训，这一时期的价格调整是只做不说，没有进行大张旗鼓的宣传，从而没有刺激涨价预期。另一个原因也很重要，即人们的消费心理发生了变化。国家实行保值储蓄，居民对存款贬值的担心降低；物价趋于平稳、市场供应充足，消费者也得到了教训，不再非理性抢购，统计数据证明，这几年居民收入增长仍然较多，但大部分转化成了储蓄存款。这也说明，在较宽松的经济环境下，价格改革的风险是可以降低的。

其次，对外开放取得突破，标志性事件是洋浦开发和浦东开发。海南洋浦开发起步并不顺利，1989年初的一场"洋浦风波"震惊海内外。洋浦位于海南岛西边儋县北缘，其港靠北面南，西则石山围绕，是个天然良港。但它是个千年荒芜之地。海南成为大特区后，建设资金严重短缺。海南省委决定仿效深圳"蛇口模式"，让外商成片承包开发。拟以2000元/亩（相当于国内在洋浦征地价的2倍）的价格，将洋浦30平方公里基础设施成片开发权转让租给熊谷组（香港）股份有限公司，并由"熊谷组"负责招商，引进项目，把洋浦这个一片荒凉的海岛地区建设成为一个海南自由工业贸易区。1989年1月17~20日，国务院副总理田纪云率队到海南考察，与省委书记许士杰、省长梁湘、"熊谷组"董事长于元平达成共识，认为海南选择洋浦作为重点开发地区是可行的。总体方案要抓紧报国务院审批，由中央、国务院决策。①

与此同时，全国政协也派出工作组到海南考察，得出的结论是认为

① 田纪云：《怀念小平同志》，《炎黄春秋》2004年第8期。

洋浦开发是一个丧权辱国的方案，是割让新的租借地，并向中央、国务院正式写了报告。① 在1989年3月25日全国政协会议上，张维等5位学者提出异议和反对，认为这可能出现新的租借地，更何况是租借给日本企业（其实不是，该公司多数股权由香港华人持有），"何异引狼入室，开门揖盗！"随后，100多位全国政协委员联合签名，上书国务院要求制止批准海南省开发洋浦的请示报告。国内舆论界就洋浦模式展开激烈的交锋。上海、西安等地学生游行，打出"还我海南"、"声讨海南卖国"的标语口号。遇此风波，许士杰等海南领导人倍感意外和震惊，他们联名上书给中共中央、国务院，说明事实真相，据理力争。他们的信首先得到王震的正面回应，他在批示中说："洋浦地区30平方公里的开发由熊谷组承包事，完全可行。仅建议：中央、国务院批准……"杨尚昆也答应将报告送达邓小平。新华社《国内动态清样》连续刊发3期有关洋浦的资料，以便让中央领导人了解事情真相。在4月6日的中央工作会议上，得到中央和上海等其他省市负责人的支持。4月28日，邓小平批示："我最近了解情况后，认为海南省委决策是正确的。机会难得，事不宜迟。但须向党外不同意见者讲清楚。手续要迅速齐全。"按照邓小平的批示，谷牧亲自到政协讲话，说明洋浦开发是利用外资的一种形式，不涉及主权，主权还是我们中国的。至此，"洋浦风波"终于尘埃落定。② 但洋浦的成片开发还是受到影响而推迟，因受到1989年政治风波的影响，对外商投资处于怀疑观望的状况，有关部门领导人心有余悸，比较慎重。直到1992年3月9日，国务院才正式批复："原则同意你省吸收外商投资开发经营洋浦地区约三十平方公里土地，建设洋浦经济开发区。"③ 邓小平南方谈话后，海南省终与"熊谷组"达成了承包开发协议，条件一点没变，但耽误了四年。

---

① 田纪云：《怀念小平同志》，《炎黄春秋》2004年第8期。

② 芦生：《震惊中外的海南"洋浦风波"》，《广东党史》1999年第4期。

③ 《关于海南省吸收外商投资开发洋浦地区的批复》（1992年3月9日国务院公布）。

开发浦东作为上海的发展战略，已酝酿多年。上海历来是中国最大的经济中心，然而在 80 年代，上海改革开放和发展都落后于珠三角地区。导致上海改革开放滞后的，除了政治上的原因即担心上海受外来影响外，还有财政上的原因。上海工业产值占全国 1/9，财政占 1/6。1983 年上海财政收入 151 亿，上缴 131 亿，地方只有 20 亿元，大大低于全国各省市。上海是中央的钱袋子，改革之初不可能搞财政包干。到 1984 年，中央才有了改造和振兴上海的考虑。这年 8 月，国务院听取上海汇报后，派调研组到上海，与上海共同提出《关于上海经济发展战略的汇报提纲》，目标是力争在 20 世纪末把上海建成为开放型的具有高度文明的现代化城市。上海老城区已十分拥挤，发展空间极为有限，开辟新区势在必行，开发浦东就是这时提出来的。1987 年 6 月，以市长汪道涵为总顾问的浦东开发研究咨询小组成立，着手研究制定《上海浦东新区总体规划》。1989 年 5 月，新任市长朱镕基赴北京、天津考察回来，表示要加大上海开发浦东的力度。上海市领导人一致认为，要振兴上海只有一个办法，就是像深圳那样办经济特区。然而，当时对特区政策争议很大，上海市不敢向中央提出。1989 年初发生了"洋浦风波"，后来又受到政治风波的影响，"浦东开发的日程推后了"。[①]

浦东开发重新提上日程，来自邓小平的直接推动。1990 年初，邓小平到上海过春节，时任上海市委书记朱镕基给邓小平拜年。邓鼓励朱镕基说：浦东开发建设的报告应该赶快给中央报，"不用怕，报嘛"。他说："我一贯主张胆子要放大，这十年以来，我就是一直在那里鼓吹要开放，要胆子大一点，没什么可怕的，没什么了不起。因此，我是赞成你们浦东开发的。"回京后，2 月 17 日，邓小平找江泽民、杨尚昆、李鹏等人谈浦东开发问题，他说："我已经退下来了，但还有一件事要说一下，那就是上海的浦东开发，你们要多关心。……江泽民同志是从上海来的，他不好说话。我本来是不管事的，我现在要说话，上海要开

---

①　李佳能：《浦东开发的准备、研究和早期开发》，《东方早报》2016 年 8 月 30 日。

放。"他对李鹏说："你是总理，浦东开发这件事，你要管。"3月3日，邓小平再次对江泽民、李鹏等人说："要用宏观战略的眼光分析问题，拿出具体措施。机会要抓住，决定要及时。比如抓上海，就是一个大措施。上海是我们的王牌，把上海搞起来是一条捷径！"① 4月10日，中共中央召开政治局会议，通过了浦东开发开放的决策。6月2日，中共中央、国务院正式发出《关于开发和开放浦东问题的批复》。国务院给予浦东新区的政策共10条，比开发区和经济特区更为优惠。其中包括：浦东新区新增财政收入在"八五"期间不上缴，用于新区建设；浦东新区内的生产性外资企业，按15%税率征收企业所得税；同时实行"二免、三减"（二年免税、三年减税）的优惠政策；允许外商投资兴办第三产业，对现行规定不准或限制外商投资经营的金融和商业零售业，原则上可以在浦东新区试办；等等。1991年在上海过春节期间，邓小平再次敦促说："上海开发晚了，要努力干啊！"② 开发开放浦东从地方战略上升为国家战略，成为90年代对外开放的一面旗帜。浦东开发与"洋浦模式"不同，不是土地成片批租，由外商招商引资，因而没有引起争议。不过，成片土地批租后来在苏州工业园区也搞了，但没有再次引起争论，当然，苏州工业园在做法上与洋浦也有所不同。

最后，证券期货市场建设取得突破。1990年12月深圳、上海两个证券交易所先后开业是一个重要标志。1986年11月14日，邓小平会见来北京参加中美金融市场研讨会的纽约股票交易所董事长约翰·凡尔霖，凡尔霖仔细地介绍了美国股票市场的情况，邓小平表现出很大的兴趣，他说："我们搞的社会主义并不是说都是公有制，我们也可以有市场经济的成分、民营经济的成分，我们应该虚心地向你们学习，在股票、证券方面你们都是专家，你们比我们懂得多，我们中国也要搞自己的股票市场。"邓小平把上海公开发行的飞乐音响股票送给约翰·凡尔

---

① 《邓小平年谱（1975～1997）》（下），第1308、1310页。
② 《邓小平文选》第3卷，第366页。

霖。这一举动即刻引起了国内外新闻界的注意。日本的《朝日新闻》以整版的篇幅发表评论，认为中国企业即将全面推行股份制，中国经济终将走向市场化。

1988年7月，由中农信总经理王岐山和中创总经理张晓彬发起，召开了一个"金融体制改革和北京证券交易所筹备研讨会"，中国人民银行计划司司长宫著铭主持。座谈会虽有民间色彩，却囊括了中国经济界最有实权的机构，像中央财经领导小组、计委、体改委、人行、财政部、外经贸部、国务院发展研究中心等机构的人员，其中包括中国人民银行副行长刘鸿儒。"更为积极的是官办却又资本味道十足的中创、中农信、康华等公司。"会上确认，研究筹建证券市场的问题是时候了，刘鸿儒说，问题重大而敏感，中国人民银行做不了主，需报中央做决策。会后，由王波明、高西庆①、周小川等人起草的《筹建北京证券交易所的设想和可行性报告》、《建立国家证券管理委员会的建议》、《建立证券管理法的基本设想》三份文件呈送中央财经领导小组。11月9日，姚依林、张劲夫主持汇报会，周建南、吕东、安志文、高尚全、项怀诚等30多人与会。张晓彬、高西庆、王波明和周小川汇报了设想。会上决定，有关研究和筹划工作归口到体改委，由安志文牵头。姚依林采纳张劲夫的建议，决定先由基层自发研究，然后变为国家有组织地研究和筹划，后来被称为"民间推动，政府支持"。1989年1月15日，张晓彬、王岐山等在北京饭店召集了一些大的信托投资公司、产业公司负责人开会，确定与会的九家公司共同出资，组建一个民间机构，推动证券市场的建立，这家机构称为"北京证券交易所研究设计联合办公室"，简称"联办"。最初，设想把股票交易所设在北京，后来为什么选择了上海？原因之一，是上海正在筹划开发浦东，预算几千亿。这对于收入大部分上缴中央的上海而言简直是天文数字。"联办"的宫著铭向时任上海市市长的朱镕基写信建议说：要想开发浦东，就要搞个股票交易所，借全国的钱。引起了朱镕基的重视。1990年初，"联办"成员

---

① 王波明、高西庆1988年从美国学成归国，他们有华尔街证券交易所从业经历。

被邀请到上海，共同推动上海证券交易所的筹办，1990 年 12 月 19 日，上海证券交易所正式开业。①

深圳证券交易所的筹建更具有地方先行先试的特点。据原深圳市委书记李灏回忆，他在深圳进行股份制改造，是受到世界银行报告的启发，并得到张劲夫的支持。1986 年，深圳出台了国有企业股份制改造试验条例，决定有 6 家大的国有企业进行试点，当时谁也没有想到搞证券市场。1988 年，李灏到英国、法国、意大利三国考察，邀请伦敦一大型金融性基金到深圳投资。该基金负责人说，我的基金不能直接投资你的工厂企业，只能买你的股票。李灏意识到筹建证券市场是时候了。回深圳后即成立证券市场领导小组，邀请日本大和证券、香港新鸿基证券的人当顾问，帮助起草建立资本市场的总体方案和各种法规，并举办了四期证券培训班培训干部。到了 1990 年，一切筹备工作就绪，当时场外交易已经不可控制了。12 月 1 日，在得知上海证券交易所即将开业，未经中央正式批准，深圳证券交易所就先行试营业了，批准手续是后来补办的。李灏的体会是："深圳的改革，不是事前有一个很完整的方案推开的。发展中的事情摆在那里，需要去解决，实践最重要。任何一个改革，要等大家都认可，或者得到批准才去做是不大可能的。"②

商品期货市场的筹建情形也类似。1987 年底，中央财经领导小组议论价格改革怎么避免风险，想到了一个期货市场，随后成立中国期货市场研究小组。1988 年下半年，一份《关于期货市场试点的建议》以体改委和发展中心两家的名义报送国务院。最初提出的方案是在郑州、芜湖、武汉、成都搞四个交易所，都做粮食和肉类期货，由于 1989 年政治风波被搁下来了。但河南省和郑州市非常积极，在他们的不断敦促下，国务院批准郑州粮食期货市场于 1990 年 10 月 12 日开业；1991 年，上海金属交易所开业；1992 年 1 月 18 日，深圳金属交易所开业。许多地方包括苏州、广州、成都、重庆都搞了交易所，最多时达 30 多家，

---

① 王波明：《将证券市场引入中国》，《财经》（周刊）2008 年 3 月 31 日。

② 杨继绳、萧冬连对原深圳市委书记李灏的访谈，2007 年 10 月 14 日、15 日。

大都没有报国务院审批。这虽推动了期货市场的形成，但也造成了不少混乱，促使国务院加快制定条例予以整顿和规范。[①] 从上述故事可以看出，证券、期货市场的建立是民间与官方、地方与中央共同催生出来的，是先试验后规范，边试验边规范。80 年代的重大改革大都具有这个特点。

[①] 萧冬连、鲁利玲、余希朝对乔刚（原国务院发展研究中心市场流通部副部长）的访谈，2011 年 2 月 16 日；萧冬连、鲁利玲、余希朝对杜岩（原国家体改委市场流通司司长）的访谈，2011 年 2 月 23 日。

第九章
"市场经济"：越过临界点

20 世纪 80 年代末 90 年代初，国内政治风波，国际上东欧剧变，苏联解体，社会主义在世界范围内转入低潮，如何避免苏东局势在中国重演成为高层关注的焦点。关于改革的争论骤然激烈，反对市场化取向的声音占了上风，改革一时失去方向和推动力，社会上普遍存在焦灼情绪。正在这样一个历史关口，邓小平发表南方谈话，坚决维护他倡导的改革开放事业，号召加快经济改革，加快发展。中共十四大全面接受邓小平的新战略，最终确立社会主义市场经济的目标模式。中国改革终于越过市场化改革的临界点，由此引导出 90 年代以后产权改革和融入全球化两大趋势。

一 姓"社"姓"资"的争论

价格"闯关"受阻，一些人产生了挫折感。紧接着，1989 年春夏之交发生政治风波，西方各国联合向中国施压，实行全面制裁。下半年，东欧各国剧变，苏联处在政局动荡和民族分裂之中。关于改革的争论骤然激烈，一些主张改革者因改革受阻而沮丧，社会上普遍对物价疯涨和"官倒"现象强烈不满，而保守力量对改革方向和性质提出了根本质疑。

邓小平似乎预感到将有一场争论。1989 年 5 月 31 日，他在与李鹏、姚依林谈话时坚定地说："改革开放政策不变。几十年不变。一直要讲到底。十一届三中全会以来的路线、方针、政策，连语言都不变。十三大政治报告是经过党的代表大会通过的，一个字都不能改。这个我征求了李先念、陈云同志的意见，他们赞成。"① 6 月 9 日，邓小平在接见戒严部队军以上干部时讲话再次强调："我们原来制定的基本路线、方针、政策，照样干下去，坚定不移地干下去。"他特别告诫大家千万不能因害怕外来影响重新把大门关上。他说："切不要把中国搞成一个关闭型国家。实行关闭政策对我们极为不利。连信息都不灵通。……再是绝不能重复回到过去那样，把经济搞得死死的。"② 6 月 16 日，在中央新成员班子会上，邓小平再次说话："要多做几件有利于改革开放的事情。外资合作经营要搞，各地的开发区可以搞……现在国际上担心我们会收，我们就要做几件事情，表明我们改革开放的政策不变，而且要进一步地改革开放。"③ 9 月 4 日，邓小平就自己退休问题与江泽民、李鹏、乔石、姚依林、宋平、李瑞环、杨尚昆、万里等谈话。当时已经估计到东欧剧变后苏联也肯定要乱。邓小平说："现在的问题不是苏联旗帜倒不倒，苏联肯定要乱，而是中国的旗帜倒不倒。因此，首先中国自己不要乱，认真地真正地把改革开放搞下去。中国只要这样搞下去，旗帜不倒，就会有很大的影响。"邓小平把他应对国际局势的方针概括为三句话：冷静观察，稳住阵脚，沉着应付。他告诫大家："不要急，也急不得。要冷静、冷静、再冷静，埋头实干，做好一件事，我们自己的事。"④

然而，邓小平的话并不足以避免一场争论。1989 年 10 月 13 日开始，邓力群分片召集座谈会，总结 70 天的经验教训，各部委都有人参加。在这个会上发生了激烈的争论。第一个发言者提出了一个很尖锐的

① 《邓小平文选》第 3 卷，第 296 页。
② 《邓小平文选》第 3 卷，第 306～307 页。
③ 《邓小平文选》第 3 卷，第 313 页。
④ 《邓小平文选》第 3 卷，第 320～321 页。

问题：改革是市场取向，还是计划取向？他认为，政治风波的根本原因是经济改革出了毛病，本来应该计划取向，却搞了市场取向，导致重复建设、通货膨胀、贪污、诸侯经济等问题，应该回到计划经济。另一位发言者说，动乱的经济基础就是中产阶级。这在会上引起了激烈的争论。另一些发言者反驳说，通货膨胀、分配不公和腐败横行主要的根源是发展战略急于求成和改革的目标不明确，具体道路不清楚。改革应当用新办法，扩大市场的作用，继续放权让利会出现严重恶果，价格双轨制产生大量的寻租行为，这才是腐败蔓延的原因。①

1989年下半年，东欧局势变化之快，出乎所有人的预料。1989年12月，中央政治局讨论东欧局势及对策。新任中共中央总书记江泽民说：情况变化迅速，思想准备不足。美国、西欧也没料到变化如此之快。他分析原因有三个方面：一是发达国家对社会主义和平演变，久已有之，搞渗透；二是国家经济没搞好，供应差、腐败，人民有意见；三是戈尔巴乔夫的新思维纵容、支持变化。他强调，我们要把握社会主义航向，把经济搞上去。② 在这段时间里，反和平演变成为政治主题，在改革的指导思想上出现了回潮。中共十三大明确的目标模式是"国家调节市场，市场引导企业"。1989年以后，这个提法受到怀疑，取而代之的是"计划经济与市场调节相结合"。11月中共十三届五届全会通过的《关于进一步治理整顿和深化改革的决定》恢复了"计划经济与市场调节"的提法，③此后成为中央文件统一用词。这种改变固然有治理整顿的背景，也反映出领导层对改革的市场取向迟疑不决。

舆论上的争论比这激烈得多。对10多年来的市场取向改革持怀疑、否定的声浪一阵高过一阵。一家有影响的大报社组织了5次专家座谈会，会上发言的主旋律是"坚持社会主义就要坚持计划经济"，如果改革不问姓"资"姓"社"，就会把改革引向"资本主义的邪路"。把主张搞市场

---

① 萧冬连等对吴敬琏的访谈，2010年12月13日。

② 贺光辉在体改委传达江泽民、李鹏在政治局会上关于东欧形势的讲话精神（1989年12月28日），见《周少华工作笔记》，第2046～2047页。

③ 《十三大以来重要文献选编》（中），第680～708页。

经济还是搞计划经济，提到路线斗争的高度，说成是"两条道路的斗争"。① 1989 年 12 月 15 日时任中宣部部长王忍之在党建班上所做的《关于反对资产阶级自由化》的讲话，在 1990 年 2 月 22 日《人民日报》和第 4 期《求是》杂志上同时发表。文章尖锐提出："现在有一个问题，就是搞资产阶级自由化的人有没有经济上的根源，有没有一种经济力量支持他们，作为他们的基础。""资产阶级自由化同四项基本原则的斗争，从这些年的事实看，在很大程度上表现为推行资本主义改革还是社会主义改革的斗争。"② 鲜明地把反资产阶级自由化斗争指向经济改革。随后，在《人民日报》、《求是》等主要党报党刊和《真理的追求》、《当代思潮》等刊物上发表了一系列文章，质疑中国改革的性质。焦点集中在两个问题上：一是质疑私营经济的正当性，一是质疑改革的市场化取向。何谓资本主义改革，王忍之说，"一个是取消公有制为主体，实现私有化；一个是取消计划经济，实现市场化"。《当代思潮》的文章说："私营经济和个体经济……如果任其自由发展，就会冲击社会主义经济。"③《人民日报》的一篇文章说："社会主义的经济是公有制的经济，因而必然要求实行计划经济。计划经济即从整体上自觉实行有计划、按比例地发展国民经济，是社会主义经济的一个基本特征，是社会主义优越性的体现。"④《人民日报》的另一篇文章写道："'社会主义不清楚论'是一种嘲弄马克思主义，糟蹋共产主义政党，向正在开拓通往社会主义之路和正在建设社会主义的广大群众大泼冷水的理论。"⑤ 这明显是针对邓小平本人。"什么叫社会主义，什么叫马克思主义？我们过去对这个问题的认识不是完全清醒的。"⑥ 这话正是邓小平说的，而且不止说过一次。

---

① 萧冬连、鲁利玲对江春泽的访谈，2009 年 7 月 23 日。

② 王忍之：《关于反对资产阶级自由化》，《人民日报》1990 年 2 月 22 日。

③ 《用四项基本原则指导和规范改革开放》，《当代思潮》1990 年第 1 期

④ 《关于计划经济与市场调节相结合的两个问题》，《人民日报》1990 年 10 月 5 日。

⑤ 《谁说社会主义讲不清》，《人民日报》1990 年 7 月 30 日。

⑥ 《邓小平文选》第 3 卷，第 63 页。

1990年7月5日，中央政治局常委在中南海勤政殿邀集一些经济学家座谈经济形势和对策，薛暮桥、刘国光、苏星、吴树青、袁木、许毅、吴敬琏等十多位经济学家应邀出席。会上，主张"计划取向"的学者与维护"市场取向"的学者再次"争得面红耳赤"。反对市场化改革的经济学家批评改革出现了方向性的错误，认为1984年以来的市场化改革是导致1988年通货膨胀和1989年动荡的催化剂。他们极力主张回到1982年中共十二大"计划经济为主，市场调节为辅"的方针上去。少数经济学家为坚持市场化改革据理力争，84岁的薛暮桥站在少数派一边，在对方的猛烈抨击下，愕然无语，不能充分表达。① 整个1990年，反对市场化改革的声音压过赞成者的声音。12月17日，人民日报发表题为《社会主义必定代替资本主义》的重要文章，把80年代末以来遭受的经济困难和政治动乱归结为市场化改革，文章说："市场经济，就是取消公有制，这就是说，否定共产党的领导，否定社会主义制度，搞资本主义。"②

多数经济学者为市场化改革据理力争。如6月中旬，中国社会科学院经济所、国家计委研究中心等单位在杭州召开经济理论讨论会；10月底11月初，国家体改委与世界银行、联合国开发计划署在杭州召开中国90年代经济体制改革高级国际讨论会；11月上旬，国家体改委国外体制司在北京召开计划与市场国际比较研讨会；等等。在这些讨论会上，中外学者大都坚持认为，中国改革应当是市场取向的。③ 9月，薛暮桥给中央政治局常委写了一封信，信中说："最近大家对东欧剧变议论纷纷，我认为仅仅以资本主义国家推行'和平演变'来加以解释是不够的，在我看来，东欧挫折的主要原因，是因为未作彻底改革，老是跳不出乱物价、软财政、软信贷的圈子。"他说，我国当前的经济困难，从根本上说也是1984年后改革滞后，宏观失控又急于求成造成的。他陈述自己对如何"深化改革，摆脱困境"的意见，建议"认清形势，

① 柳红：《"计划与市场"争论中的吴敬琏》，《北京日报》2003年2月17日；吴晓波：《吴敬琏传：一个中国经济学家的肖像》，中信出版社，2010，第147～148页。

② 《社会主义必定代替资本主义》，《人民日报》1990年12月17日。

③ 《中国改革开放大事记（1977～2008）》，第243、253页。

当机立断"，抓紧目前供需接近的时机，推出综合改革。①

9月，国家体改委的新主任陈锦华到任。这时，体改委处境很困难，下一步改革如何搞，各地都在等上面的精神，基本方向不确定，改革无从继续。陈锦华请体改委秘书长洪虎找人整理两个资料，一个是国内有关计划与市场关系争论的资料，一个是国外关于计划与市场关系争论的资料。9月30日，体改委国外体制司副司长江春泽将《外国关于计划与市场问题的争论和实践以及对中国的计划与市场关系的评论》材料送给陈锦华。这份材料提供的历史事实是：最早提出计划经济的不是马克思主义者而是西方学者帕累托；关于计划与市场的争论起始于20世纪初，那时还没有诞生社会主义制度；30年代大危机后，凯恩斯主义和罗斯福新政实际上是把"计划"用作国家干预的一种手段。这份资料通过历史事实的陈述，实际上亮出了自己的观点：计划与市场并不是社会制度的根本特征，也不是意识形态的分水岭。陈锦华看后，认为"思路清晰，言之有理，针对性强"，立即报送中央领导人参阅。江泽民看后，特地给陈锦华来电话说："材料很好，我看了两遍，并批示印发中央领导同志参阅。"李鹏看后，指示印发中共十三届七中全会起草小组参考。②

二 1991年：在激辩中酝酿突破

1991年初，上海《解放日报》连续发表署名"皇甫平"的文章，引发了又一轮争论。当时人们不知道，"皇甫平"文章正是透露邓小平上海之行的谈话精神。

邓小平十分关注这场争论。1990年12月24日，他同江泽民、杨尚昆、李鹏谈话说："我们必须从理论上搞懂，资本主义与社会主义的区分不在于是计划还是市场这样的问题。社会主义也有市场经济，资本主

① 《薛暮桥晚年文稿》，三联书店，1999，第114~124页。

② 陈锦华：《国事忆述》，第212~215、225页；萧冬连、鲁利玲对江春泽的访谈，2009年7月23日。

义也有计划控制。不要以为搞点市场经济就是资本主义道路，没有那么回事。不搞市场，连世界上的信息都不知道，是自甘落后。"① 1991 年 1 月 28 日至 2 月 18 日，邓小平到上海过春节。与此前几次到上海过春节不同，这一次他频频外出视察工厂、参观企业，在新锦江饭店旋转餐厅听取有关浦东开发的汇报，讲了很多话。邓小平说："改革开放还要讲，我们的党还要讲几十年。会有不同意见，但那也是出于好意，一是不习惯，二是怕，怕出问题。光我一个人说话还不够，我们党要说话，要说几十年。"他强调说："不要以为，一说计划经济就是社会主义，一说市场经济就是资本主义，不是那么回事，两者都是手段，市场也可以为社会主义服务。""开放不坚决不行，现在还有好多障碍阻挡着我们。说'三资'企业不是民族经济，害怕它的发展，这不好嘛。发展经济，不开放是很难搞起来的。世界各国的经济发展都要搞开放，西方国家在资金和技术上就是互相融合、交流的。"他希望"上海人民思想更解放一点，胆子更大一点，步子更快一点"。"要克服一个怕字，要有勇气。什么事情总要有人试第一个，才能开拓新路。"②

上海解放日报社社长周瑞金等人敏锐地意识到，邓小平到上海不是单纯来过春节的，而是来为改革开放做鼓动的。从 2 月 15 日到 4 月 12 日，报社以"皇甫平"的署名连续发表了《做改革开放的"带头羊"》、《改革开放要有新思路》、《扩大开放的意识要更强些》、《改革开放需要大批德才兼备的干部》等文章，把邓小平的谈话精神传达了出去。文章写道："何以解忧，惟有改革"，"我们要把改革开放的旗帜举得更高"。文章直接引用了邓小平的话："计划和市场只是资源配置的两种手段和形式，而不是划分社会主义和资本主义的标志，资本主义有计划，社会主义有市场。"批评"有些同志总是习惯于把计划经济等同于社会主义经济，把市场经济等同于资本主义，认为在市场调节背后必然隐藏着资本主义的幽灵"。文章鲜明地提出，"要防止陷入某种'新的思想僵

---

① 《邓小平文选》第 3 卷，第 364 页。

② 《邓小平文选》第 3 卷，第 367 页。

滞'"，"如果我们仍然囿于'姓社还是姓资'的诘难，那就只能坐失良机"，"趑趄不前，难以办成大事"。①

"皇甫平"文章发表后，国内外反响强烈，许多人打听文章背景，有的派出专人来上海打听，海外媒体也有种种猜测。对"皇甫平"文章，有感到鼓舞的，也引来不少责难。6月15日，《人民日报》发表邓力群的长文说：全国人民面临着"双重任务——阶级斗争与全面建设"，"只有正确估量和进行阶级斗争，才能保证现代化建设事业的社会主义性质和方向，并促进社会生产力的发展"。② 这就把党的基本路线规定的"以经济建设为中心"变成了两个中心，而且把阶级斗争置于首位，有重回"以阶级斗争为纲"的味道。在此前后，《求是》杂志、《人民日报》等中央党报刊，以及《当代思潮》、《真理的追求》等刊物连续发表文章，呼应邓力群的观点，认为当前我国的阶级斗争"比建国以来任何时期都要鲜明、激烈、尖锐"，强调改革必须问姓"社"姓"资"，划清两种改革开放观的界限，批评皇甫平"新的思想僵滞"的提法"压抑群众对资本主义复辟的警惕性和爱国主义感情"，认为说改革不要问姓社姓资"是精英们为了暗度陈仓而释放的烟雾弹"，"在不问姓社姓资的掩护下，有人确实把改革开放引向了资本主义化的邪路"。③

这种思潮影响了高层。7月1日，江泽民在建党70周年大会上讲话，强调"要划清两种改革开放观，即坚持四项基本原则的改革开放，同资产阶级自由化主张的实质上是资本主义化的'改革开放'的根本界限。我们的改革必须从我国的实际出发，决不能裹足不前、无所作

---

① 见《解放日报》1990年2月15日《做改革开放的"带头羊"》，3月2日《改革开放要有新思路》，3月22日《扩大开放的意识要更强些》。

② 邓力群：《坚持人民民主专政，反对和防止和平演变》，《人民日报》1991年6月15日。

③ 参见《当代思潮》1991年第2期《改革开放可以不问姓社姓资吗？》、《真理的追求》1991年7月号《重提姓社与姓资》、《求是》1991年第16期文章《沿着社会主义方向继续推进改革开放》、9月2日《人民日报》文章《当前改革的三个问题》、10月23日《人民日报》文章《正确认识社会主义社会的矛盾，掌握处理矛盾的主动权》、《真理的追求》1991年7月号文章《重提姓社与姓资》，等等。

为，也不能匆忙行事、急于求成"。① 7月31日，中央政治局常委会议召开，听取王忍之的汇报。江泽民说：谁也没有想到东欧变化这么快。和平演变意味着共产党丧失执政地位，意味着历史大倒退。反和平演变是建设有中国特色社会主义、坚持党的基本路线的内在要求。②

对党内存在的不同意见，邓小平原本的态度是从容等待。他在年初时说过："太着急也不行，要用事实来证明。"③ 然而，苏联"8.19"事件后，邓小平产生了一种紧迫感。当天，他就让身边工作人员转告中央负责人：苏联今天发生的事件是紧急的事情，是一个非常事件。正在外地视察的江泽民紧急回京，第二天（8月20日），邓小平同江泽民、杨尚昆、李鹏、钱其琛谈话讨论苏联发生的事件。邓小平说：现在中国局势稳定，一是坚持社会主义，一是坚持改革开放，"坚持改革开放是决定中国命运的一招"，"总结经验重点放在哪里？我看还是放在改革开放上……强调稳是对的，但强调得过分就可能丧失时机。稳这个字是需要的，但并不能解决一切问题。特别要注意，根本的一条是改革开放不能丢，坚持改革开放才能抓住时机上台阶"。④

这次谈话后，最高决策层的关注点开始变化。9月1日晚，江泽民在看了央视《新闻联播》节目提前播报的《人民日报》第二天的社论提要之后，当晚下令，要《人民日报》删去社论中的"在改革开放中，我们要问一问姓社姓资"这句话。这表明江泽民有意为反和平演变的舆论降温。同时，江泽民酝酿召开系列专家学者座谈会，对次年党的十四大有关经济体制和政策纲领的提法进行酝酿，听取意见。座谈会于10月17日到12月14日在中南海召开，先后开了11次。参加座谈会的专家大部分是经济学家，有中国社会科学院的刘国光、蒋一苇、李琮、陈东琪、张卓元，国务院发展研究中心的吴敬琏、王慧炯、林毅夫，国家

---

① 江泽民：《在庆祝中国共产党成立七十周年大会上的讲话》，《人民日报》1991年7月1日。

② 转见《中国改革开放大事记（1977～2008）》，第276页。

③ 《邓小平年谱（1975～1997）》（下），第1327页。

④ 《邓小平文选》第3卷，第368页。

体改委的杨启先、傅丰祥、江春泽，中国银行的周小川，国家计委的郭树清，以及外交部、安全部、中联部的有关部门的专家，总共不到20人。每次会议都由江泽民主持，一些中央领导人出席了其中一些会议。江泽民提出三个问题让大家讨论：第一，资本主义为什么"垂而不死"，其体制机制和政策有哪些是值得我们借鉴的东西？第二，苏东剧变的根本教训是什么？第三，怎样建设有中国特色的社会主义？江泽民说，这个会是内部研究，大家可以畅所欲言，怎么想的就怎么说，会议也不做结论，主要是听大家的意见，要求每个人发言只谈自己的观点，不谈部门的观点。

10月17日，座谈会从分析战后资本主义发展开始。江泽民提出，为什么资本主义"腐而不朽，垂而不死"，生产力还有了很大发展？这个问题不能回避。刘国光、吴敬琏、王慧炯、张卓元、林毅夫、杨启先、郭树清、江春泽等人发言做了各自的解释。与会者认为，主要原因在于战后西方国家总结吸取了历史教训，对经济体制和宏观政策做出了调整，充分发挥了市场和科技的巨大作用，面对社会主义制度挑战，加强福利，缓和社会矛盾。新技术的应用使发达国家的大企业获得了"技术租金"，改变了资本收益与工资开支的比例关系，促进了世界一体的市场形成。在经济国际化的大趋势面前，中国显然不能闭关锁国。社会主义也可以采用一些适应社会化大生产和商品经济的做法。

12月6日，座谈会开始进入第二个专题，讨论苏东剧变及其教训。许多人的发言都认为，东欧剧变和苏联解体，"和平演变"固然是重要原因但不是主要原因，经济是一切的基础，没能把经济搞上去，是苏联式社会主义失败的根本原因。二战刚结束时，捷克的生活水平比奥地利高10%，东德有一段时间比西德恢复发展得还好，匈牙利曾经也与西欧其他国家相差不大。经济建设失败根本上是因为体制效率低下，计划分配资源。同时，理论僵化、不改革、政治关系处理失误、民族政策不当、党的干部腐败都是导致苏联解体的重要因素。江泽民插话说："看来斯大林领导下的苏联计划经济那一套，存在严重的体制机制缺陷，关门时不知道，可以故步自封、夜郎自大，一旦一放开，封闭的大门一打开，大家一比较，体制毛病就显示出来了。"江泽民在总结时说："苏联、东欧的失败不是社会主义的失败，只要我们真正吸取其教训，坚持改革开放，有中国特色社会主义事业一定能取得更大成功。"

12 月 10 日，座谈会开始围绕如何建设中国特色社会主义的话题展开，焦点集中在如何认识计划与市场的关系。江泽民强调说："计划与市场是核心问题，总的感觉是，我们该放的必须放，该集中的必须集中，我们提计划经济与市场调节相结合，具体怎么做是关键。"刘国光、杨启先、吴敬琏、蒋一苇等人不约而同地捍卫改革的市场化方向，认为中国改革有两个突破：一是社会主义初级阶段理论，二是有计划商品经济理论。计划与市场不是谁为主、谁为辅的问题，应该恢复邓小平、陈云在改革初期将计划经济和市场经济并用的提法，强调两者的结合。多数与会者也认识到，现代商品经济是有宏观管理的，是宏观调控下的商品经济，或者说市场在宏观调控下发挥对经济资源的配置作用。围绕计划与市场这一主题，与会者对于价格改革问题、企业改革问题、农业问题、粮食问题、乡镇企业问题、剩余劳动力就业问题、工业生产的质量问题、库存问题、外贸问题、利用外资问题、投资项目审批问题，以及民营资本投资问题、出口信贷问题、发展证券业问题等进行了广泛讨论。①

从参与者的记述看，与上年在中南海勤政殿召开的座谈会比较，这次系列座谈会的风向变了，主张市场化改革的观点占了上风。张卓元总结说："这 11 次专家座谈会最主要成果是酝酿了'社会主义市场经济体制'的倾向性提法，同时还对这一重要提法给出两点解释，一是市场在资源配置中发挥基础性作用，二是市场是有国家宏观调控而不是放任自流的。这样就为江泽民 1992 年 6 月 9 日在中央党校的讲话和 10 月中

---

① 以上内容引自郭树清《回忆 1991 年讨论经济体制改革目标的系列座谈会》，陈君、洪南编《江泽民与社会主义市场经济体制的提出——社会主义市场经济 20 年回顾》，中央文献出版社，2012；马国川：《22 年市场经济回顾：邓小平称谁不改革谁就下台》，《财经》2013 年第 25 期。

共十四大确立社会主义市场经济体制改革的目标提供了重要的理论准备。"① 江泽民后来也回忆说："1991 年我花了很长一段时间研究西方经济学。我得出结论，在经济不发达的国家，夺取政权以后，要把经济搞上去，必须用市场经济的办法。"② 不过，由于这次系列座谈会材料当时没有披露，知情人甚少，对当时的舆论氛围并没有多大影响。中国政治仍然笼罩着沉闷、困惑、无所适从的气氛，未来走向仍然不甚明朗。

三　邓小平南方谈话

解开姓"社"姓"资"死扣的，是邓小平的南方谈话。1992 年 1 月 18 日至 2 月 21 日，邓小平从武昌、深圳、珠海到上海等地，沿途做了一系列重要谈话。邓小平十分清楚当前这场争论，对在改革上左右顾盼、迟疑不决以及经济滑坡十分不满，担心改革因陷入意识形态危机而夭折，贻误大好的发展机会。他决心亲自出面，打破这一僵局。对于已经完全退休的 88 岁老人来说，邓小平这次行动本身非同寻常，出行的地区也是精心选择的。深圳、珠海经济特区和上海浦东开发都是他亲自决策和推动的，他要用发展的事实回答种种质疑声音。

邓小平此次南行，目的地是深圳。1 月 18 日，专列在湖北武昌站停靠，湖北省省委书记关广富、省长郭树言等闻讯前来迎候，邓小平与他们完全没有寒暄，直奔主题。他说：

现在有个问题，就是形式主义多。电视一开，尽是会议，讨厌透了。会议多，文章长，讲话也长，内容重复，新的语言不多。重复的话要讲，但要精练。形式主义也是官僚主义。要腾出时间来多

---

① 张卓元：《社会主义市场经济体制改革目标确立过程中的重要思想酝酿——忆江泽民同志 1991 年冬主持 11 次专家座谈会》，陈君、洪南编《江泽民与社会主义市场经济体制的提出——社会主义市场经济 20 年回顾》。

② 转引自马国川《22 年市场经济回顾：邓小平称谁不改革谁就下台》，《财经》2013 年第 25 期。

办实事，多做少说。毛主席不开长会，文章短而精，讲话也很精
炼。周总理四届人大的报告，毛主席指定我起草，要求不得超过
5000 字，我完成了任务。5000 字，不是也很管用吗？我建议抓一
下这个问题。

18 日下午，专列在长沙站短暂停靠。邓小平对湖南省委书记熊清
泉说："要抓住机遇，现在就是好机遇。""改革开放的胆子要大一些，
经济发展要快一些，总要力争隔几年上一个台阶。"①

1 月 19 日，邓小平到达主要目的地深圳，时任国家主席、军委常
务副主席杨尚昆先期到达，全程陪同。迎接他的有广东省委书记谢非、
深圳市委书记李灏、市长郑良玉等地方领导人，还有军委副主席刘华
清、广州军区司令朱敦法等军方领导人。一到深圳邓小平就急切想看看
深圳的面貌发生了怎样的变化。他说："到了深圳，我坐不住啊，想到
处去看看。"邓小平乘车观光市容，上 53 层国贸大厦俯瞰，看了口岸、
港口和科技公司。看到马路宽阔、车水马龙、高楼林立，深圳发生了巨
大变化，到处充满现代化的气息，邓小平十分高兴。1 月 23 日，邓小
平一行抵达珠海，在此逗留了一周，对珠海的发展也很欣慰。他后来说
道："8 年过去了，这次来看，深圳、珠海特区和其他一些地方，发展
得这么快，我没有想到。看了以后，信心增加了。"

在深圳和珠海，邓小平边参观市容，边同省市负责人交谈，敦促他
们要进一步解放思想，胆子更大一些，发展更快一些。他说：

改革开放胆子要大一些，敢于试验，不能像小脚女人一样。看
准了的，就大胆地试，大胆地闯。深圳的重要经验就是敢闯。没有
一点闯的精神，没有一点"冒"的精神，没有一股气呀、劲呀，
就走不出一条好路，走不出一条新路，就干不出新的事业。不冒点
风险，办什么事情都有百分之百的把握，万无一失，谁敢说这样的
话？一开始就自以为是，认为百分之百正确，没那么回事，我就从

---

① 《邓小平南巡鲜为人知的故事》，人民网，2014 年 8 月 11 日。

来没有那么认为。每年领导层都要总结经验，对的就坚持，不对的赶快改，新问题出来抓紧解决。恐怕再有 30 年的时间，我们才会在各方面形成一整套更加成熟、更加定型的制度。

当谈到办经济特区的争论时，邓小平说：

> 对办特区，从一开始就有不同意见，担心是不是搞资本主义。深圳的建设成就，明确回答了那些有这样那样担心的人。特区姓"社"不姓"资"。从深圳的情况看，公有制是主体，外商投资只占 1/4，就是外资部分，我们还可以从税收、劳务等方面得到益处嘛！多搞点"三资"企业，不要怕。只要我们头脑清醒，就不怕。我们有优势，有国营大中型企业，有乡镇企业，更重要的是政权在我们手里。有的人认为，多一分外资，就多一分资本主义，"三资"企业多了，就是资本主义的东西多了，就是发展了资本主义。这些人连基本常识都没有。

针对改革姓"社"姓"资"的争论，邓小平说：

> 改革开放迈不开步子，不敢闯，说来说去就是怕资本主义的东西多了，走了资本主义道路。要害是姓"资"还是姓"社"的问题。判断的标准，应该主要看是否有利于发展社会主义社会的生产力，是否有利于增强社会主义国家的综合国力，是否有利于提高人民的生活水平。
>
> 计划多一点还是市场多一点，不是社会主义与资本主义的区别。计划经济不等于社会主义，资本主义也有计划；市场经济不等于资本主义，社会主义也有市场。计划和市场都是经济手段。社会主义的本质，是解放生产力，发展生产力，消灭剥削，消除两极分化，最终达到共同富裕。就是要对大家讲这个道理。证券、股市，这些东西究竟好不好，有没有危险，是不是资本主义独有的东西，社会主义能不能用？允许看，但要坚决地试。看对了，搞一两年对了，放开；错了，纠正，关了就是了。关，也可以快关，也可以慢

关，也可以留一点尾巴。怕什么，坚持这种态度就不要紧，就不会犯大错误。总之，社会主义要赢得与资本主义相比较的优势，就必须大胆吸收和借鉴人类社会创造的一切文明成果，吸收和借鉴当今世界各国包括资本主义发达国家的一切反映现代社会化生产规律的先进经营方式、管理方法。

对于意识形态之争，邓小平的方针是"不争论"。他说："对改革开放，一开始就有不同意见，这是正常的。""不搞争论，是我的一个发明。不争论，是为了争取时间干。一争论就复杂了，把时间都争掉了，什么也干不成。"然而，针对当前"左"倾回潮的形势，邓小平不能不做出回应。他说：

> 现在，有右的东西影响我们，也有"左"的东西影响我们，但根深蒂固的还是"左"的东西。有些理论家、政治家，拿大帽子吓唬人的，不是右，而是"左"。"左"带有革命的色彩，好像越"左"越革命。"左"的东西在我们党的历史上可怕呀！一个好好的东西，一下子被他搞掉了。右可以葬送社会主义，"左"也可以葬送社会主义。中国要警惕右，但主要是防止"左"。右的东西有，动乱就是右的！"左"的东西也有，把改革开放说成是引进和发展资本主义，认为和平演变的主要危险来自经济领域，这些就是"左"。

邓小平南方谈话的精髓，可以归结为一点，就是强调坚持党的基本路线不动摇。他说：

> 要坚持党的十一届三中全会以来的路线、方针、政策，关键是坚持"一个中心、两个基本点"。不坚持社会主义，不改革开放，不发展经济，不改善人民生活，只能是死路一条。基本路线要管100年，动摇不得。只有坚持这条路线，人民才会相信你，拥护你。谁要改变三中全会以来的路线、方针、政策，老百姓不答应，谁就会被打倒。这一点，我讲过几次。

农村改革初期，安徽出了个"傻子瓜子"问题。当时许多人不舒服，说他赚了100万，主张动他。我说不能动，一动人们就会说政策变了，得不偿失。像这一类的问题还有不少，如果处理不当，就很容易动摇我们的方针，影响改革的全局。城乡改革的基本政策，一定要长期保持稳定。当然，随着实践的发展，该完善的完善，该修补的修补，但总的要坚定不移。即使没有新的主意也可以，就是不要变，不要使人们感到政策变了。有了这一条，中国就大有希望。

如果没有改革开放的成果，"六·四"这个关我们闯不过，闯不过就乱，乱就打内战，"文化大革命"就是内战。为什么"六·四"以后我们的国家能够很稳定？就是因为我们搞了改革开放，促进了经济发展，人民生活得到了改善。所以，军队、国家政权，都要维护这条道路、这个制度、这些政策。

1月30日，邓小平到达上海。看到作为中国主要经济中心的上海发展明显落后于深圳，表示这是自己的"一个大失误"。他说：

> 我国的经济发展，总要力争隔几年上一个台阶。当然，不是鼓励不切实际的高速度，还是要扎扎实实，讲求效益，稳步协调地发展。比如广东，要上几个台阶，力争用20年的时间赶上亚洲"四小龙"。比如江苏等发展比较好的地区，就应该比全国平均速度快。又比如上海，目前完全有条件搞得更快一点。上海在人才、技术和管理方面都有明显的优势，辐射面宽。回过头看，我的一个大失误就是搞四个经济特区时没有加上上海。要不然，现在长江三角洲，整个长江流域，乃至全国改革开放的局面，都会不一样。

不改革开放只能是死路一条。邓小平讲这个话，斩钉截铁。显然不只是从中国自己的经验出发，而是看到了世界大势，包括对刚刚发生的苏东剧变的思考。对于什么是社会主义，怎样建设社会主义，邓小平有过长时间的思考。邓小平曾把改革称为中国的"第二次革命"，[①] 其本

---

① 《邓小平年谱（1975～1997）》（下），第1036页。

意并不是要放弃社会主义，而是要抛弃从苏联接受过来的传统社会主义模式。早在 1978 年，邓小平就意识到，中国的体制基本上是从苏联来的，是一种落后的东西，"有好多体制问题要重新考虑"。① 1985 年，邓讲得更加明白，他说，社会主义究竟是个什么样子，苏联搞了很多年，也没有完全搞清楚。可能列宁的思路比较好，搞了个新经济政策，但是后来苏联的模式僵化了。② 东欧剧变、苏联解体，世界范围内社会主义陷入低潮，更坚定了邓小平的这个观点。他把社会主义稳固的首要条件归结为发展经济，改善民生。而发展的唯一之道就是改革开放。

邓小平把社会主义看作一个开放的制度。他说，社会主义的本质，是解放生产力，发展生产力，消灭剥削，消除两极分化，最终达到共同富裕。不能认为这段话是邓小平对社会主义的完整定义，事实上他始终回避做这种定义，认为什么是社会主义说不清楚。引人注意的是，在这段话中并没有突出强调所有制问题，这是对传统社会主义的超越。它符合马克思主义吗？邓小平回应说："实事求是是马克思主义的精髓，要提倡这个，不要提倡本本，而是靠实践，靠实事求是。农村搞家庭承包制，这个发明权是农民的，农村改革好多东西都基层创造出来的，我们把它拿来加工提高作为全国的指导。"他说，"我读的书不多，就是一条，相信毛主席讲的实事求是。过去我们打仗靠这个，现在搞建设，搞改革也靠这个。我们讲了一辈子马克思主义，其实马克思主义并不玄奥"。

在邓小平看来，共同富裕不可能同步富裕，他是把发展生产力与实现共同富裕目标置于一条时间轴上的，一部分地区有条件先发展起来，先发展起来的地区带动后发展的地区，最终达到共同富裕。解决的办法之一，就是先富起来的地区多交点利税，支持贫困地区的发展。他设想在本世纪末达到小康水平的时候，就要突出地提出和解决这个问题，相信中国"能够避免两极分化"。不过在当时，如何避免两极分化不是他所担忧的，他关注的重点是如何推进改革，加快发展。"现在不能削弱

---

① 《邓小平思想年谱》，第 76～83 页。

② 《邓小平选集》第 3 卷，第 139 页。

发达地区的活力，也不能鼓励吃'大锅饭'。"

邓小平认为，社会主义与资本主义并不绝对对立，有许多相通的东西。有些东西如计划、市场、股票、债券等，资本主义可以用，社会主义也可以用。他提出，社会主义要赢得比资本主义的优势，就必须大胆吸收和借鉴人类社会创造的一切文明成果。只要有利于发展，有利于增强国力，有利于改善民生，任何办法都可以试验，"包括资本主义发达国家的一切反映现代社会化生产规律的先进经营方式、管理方法"。①实质是利用资本主义来发展社会主义。

邓小平是要进行一项从未有人做过的试验，使社会主义与市场经济结合，或者说公有制为主体的经济制度与市场资源配置方式结合。对于这种试验能否成功，国外不少政要也在观察。如新加坡总理李光耀每年都私下派人来观察深圳的动向，本人也多次来深圳，1992 年就来过三次，他还告诉印尼总统苏哈托每年派人来深圳了解情况。他知道深圳特区是改革的试验品，他要看看市场经济跟社会主义怎么能兼容，这条路能不能走得通。深圳市委书记把这个情况告诉了邓小平。② 邓小平相信这条路必定走得通，而且唯有走这条路才能扭转社会主义的颓势。他说："如果从建国起，用 100 年时间把我国建设成中等水平的发达国家，那就很了不起！""我坚信，世界上赞成马克思主义的人会多起来的。"③

总结 1989 年以来的这场持续争论，可以看出争论双方有一个共同出发点，就是如何避免苏联东欧那样的结局在中国重演。然而，得出的结论截然相反。党内传统力量认为，国内政治动荡、苏东剧变，其经济根源都是市场化改革。因此，必须开展反和平演变的意识形态斗争，扭转市场化改革趋势，限制私人经济发展，收缩对外开放，强化国家计

---

① 《邓小平文选》第 3 卷，第 373 页。

② 杨继绳、萧冬连对李灏的访谈，2007 年 10 月 14 日、15 日。

③ 关于邓小平南方谈话的内容，主要引自邓小平《在武昌、深圳、珠海、上海等地的谈话要点》，《邓小平文选》第 3 卷，第 370～383 页。另见陈锡添《东方风来满眼春——邓小平同志在深圳纪实》，《深圳特区报》1992 年 3 月 26 日；《邓小平南巡中鲜为人知的故事》，人民网，2014 年 8 月 11 日；等等。

划。邓小平坚决否定了这种结论，他强调指出，1989年以后中国政局所以能够稳住，关键在于中国实行了10年改革开放，经济上了几个台阶，人民生活水平得到提高。他指出，决定中国命运的关键一招，就是加快改革开放，加快发展，隔几年上一个台阶。如果改革停滞、开放收缩、经济滑坡，那就会出大问题。

四　中共十四大的突破

邓小平南方之行在当时是保密的，各主流媒体都未做报道。深圳领导人请示能否做报道，邓小平说"不破这个先例"。然而，邓小平谈话让广东和深圳、珠海的领导人深感鼓舞，急切想报道出去，尽快让人们知晓。珠海市委书记梁广大采取"出口转内销"的办法，2月13日，邀请香港《文汇报》、《大公报》和澳门《澳门日报》的社长来到珠海，2月14日，这三家报纸整版刊登了邓小平南方之行的照片，率先透露了消息。3月26日，《深圳特区报》刊发长篇通讯《东方风来满眼春——邓小平同志在深圳纪实》，署名深圳特区报记者陈锡添。此文甫一刊发，全国重要的报纸纷纷转载，立即在党内外、国内外引起强烈反响和巨大震动。

事实上，中央领导层密切关注着邓小平南方之行，反应堪称快速。邓小平在武汉批评形式主义的谈话很快传到了北京，4天以后（1月21日），中共中央办公厅、国务院办公厅起草并向中共中央、国务院呈递了《关于减少领导同志过多事务性活动的建议》，江泽民、李鹏当即批示同意。① 2月28日，邓小平离开广东之前，南方谈话要点就整理出

---

① 　江泽民批示说："此事群众反映强烈，要引起各级领导机关，首先是中央领导机关的重视。去年开了中央工作会议和八中全会，当前，关键是要狠抓各项工作的落实。各级党政领导机关要转变作风，进一步密切联系群众，始终不渝地贯彻执行党的'一个中心，两个基本点'的基本路线，扎实工作，为实现第二步战略目标努力奋斗。"李鹏批示说："最近一个时期，国务院系统各种会议及其他事务性活动安排过多，有的会议时间过长，耗费了各级领导不少精力，应引起高度重视。国务院自己要做出表率，大力精减和严格控制各种会议，提倡各级领导干部把精力放在调查研究，解决实际问题上去。"《邓小平南巡中鲜为人知的故事》，人民网，2014年8月11日。

来，并以中央文件的形式印发到全党。3月9～10日，中共中央政治局召开全体会议，讨论中国改革和发展的若干重大问题，全面接受了邓小平南方谈话阐明的战略思想。提出要抓住当前的有利时机，加快改革开放的步伐，集中精力把经济建设搞上去。由此摆脱了在经济建设与反和平演变之间的徘徊不定。3月、4月、5月，中央政治局常委多次召开会议，决定将邓小平谈话中提出的重大问题，分成若干专题研究贯彻落实方案。

4月1日，江泽民打电话给体改委主任陈锦华说，现在改革开放正处于非常重要的时刻，下一步怎么办，大家都在等，要求体改委好好研究，向中央提出建议。4月15日，陈锦华邀请广东、江苏、山东、辽宁、四川5省体改委主任座谈下一步改革的设想，主要议题是计划与市场，到会不足10人，座谈会严格保密。4月21日，陈锦华向江泽民、李鹏报告说，五省体改委主任一致表示，希望党的十四大在计划与市场关系上有所突破，应当明确提出"建立社会主义市场经济"。陈锦华还在信中附了基辛格给他写的一封信。基辛格认为，当今时代变革"中心是朝向市场经济"，"世界各地的领导人们不约而同地得出这样一个结论：总的来说，市场为持续经济发展提供了较好的基础"。[①] 4月30日，吴敬琏也向中央领导提出一份关于改革目标模式的建议，希望在中共十四大上"对社会主义改革的目标模式做出新的科学的概括"，并提出两个方案可供选择："社会主义商品经济"是最低限度的方案，"社会主义市场经济"是更理想的方案。[②] 据龚育之回忆，在一次讨论会上"有位元老说：现在只差一层窗户纸了，为什么不捅破这层窗户纸，索性明确提社会主义市场经济？"[③]

---

① 陈锦华：《国事忆述》，第207～211页。
② 马国川：《22年市场经济回顾：邓小平称谁不改革谁就下台》，《财经》2013年第25期；龚育之：《从邓小平南方谈话到江泽民七一讲话——纪念南方谈话发表10周年》，《百年潮》2002年第1期。
③ 龚育之：《从邓小平南方谈话到江泽民七一讲话——纪念南方谈话发表10周年》，《百年潮》2002年第1期。

这时，"社会主义市场经济"已呼之欲出。4 月 30 日，江泽民在一个重要的决策场合表示：十四大在计划与市场的关系上要前进一步，这是关系改革开放和现代化建设全局的一个重大问题。① 6 月 9 日，江泽民在中央党校省部级干部班发表讲话，全面接受和阐述了邓小平的新思想。他说："现在从中央到地方各级党委一个重要任务就是深刻领会全面落实邓小平最近的重要谈话精神，进一步发挥广大干部群众积极性、主动性和创造性，使之成为加快改革开放和经济发展的强大动力。"江泽民讲话最引人注目的，是关于新经济体制的提法。他列举了当时关于计划与市场关系和建立新经济体制问题的三个提法：一是"有计划的商品经济体制"，二是"有计划的市场经济体制"，三是"社会主义市场经济体制"。江泽民说："我个人的看法，比较倾向于使用'社会主义市场经济'这个提法。"他还说："这虽然是我个人的看法，但也和中央一些同志交换过意见，大家基本上是赞成的。当然这还不是定论。不管十四大报告中最后确定哪一种提法，都需要阐明我国社会主义的新经济体制的主要特征。我认为，主要特征应有这样几个：一是在所有制结构上，坚持以公有制经济为主体，个体经济、私营经济和其他经济成分为补充，多种成分共同发展；二是在分配制度上，坚持以按劳分配为主体，其他分配方式为补充，允许和鼓励一部分地区、一部分人先富起来，逐步实现共同富裕，防止两极分化；三是在经济运行机制上，把市场经济和计划经济的长处有机结合起来，充分发挥各自的优势作用，促进资源的优化配置，合理调节社会分配。"②

尽管有邓小平的南方谈话，"社会主义市场经济"这个提法仍然非

① 马国川：《22 年市场经济回顾：邓小平称谁不改革谁就下台》，《财经》2013 年第 25 期；龚育之：《从邓小平南方谈话到江泽民七一讲话——纪念南方谈话发表 10 周年》，《百年潮》2002 年第 1 期。

② 江泽民：《深刻领会和全面落实邓小平同志的重要谈话精神，经济建设和改革开放搞得更快更好》（1992 年 6 月 9 日），《十三大以来重要文献选编》（下），第 2075～2076 页。

常敏感。6 月 12 日，江泽民向邓小平汇报了他的这个想法。邓小平赞成使用这个提法。他说，实际上我们是在这样做，深圳就是社会主义市场经济。不搞市场经济，没有竞争，没有比较，连科学技术都发展不起来。产品总是落后，也影响到消费，影响到对外贸易和出口。但又说：我怕在这个关头引起争论，引起争论不合算。在党校的讲话可以先发内部文件，反映好的话，就可以讲。① 江泽民讲话下发后，反响正面。全国 30 个省市自治区的党委都同意这个提法。这样提交中央全会讨论的十四大报告草稿就写上了这个提法。②

7 月 21 日，陈云在纪念李先念的文章说："我和李先念从未去过特区，但我们一直很注意特区建设，认为特区要办，必须不断总结经验。力求使特区办好。这几年深圳特区已经初步从进口型转变为出口型，高层建筑拔地而起，发展确实很快。"他承认"现在我们国家经济建设规模比过去大得多，复杂得多。过去行之有效的一些做法，在当前改革开放的新形势下很多已经不再适用。这就需要我们努力学习新东西，不断探索和解决新问题"。③

10 月 12～18 日，中共十四大召开。十四大最大的突破，是把邓小平关于加快改革、加快发展的思想确定为 90 年代的新战略，并正式确定"我国经济体制改革的目标是建立社会主义市场经济体制"。所谓社会主义市场经济体制，"就是要使市场在社会主义国家宏观调控下对资源配置起基础性作用"。通过价格杠杆和竞争机制把资源配置到效益较好的环节中去，并给企业以压力和动力，实现优胜劣汰，促进产需协调。同时加强和改善国家对经济的宏观调控，运用好经济政策、经济法规、计划指导和必要的行政管理，引导市场健康发展。十四大还提出了一个改革时间表："在 90 年代，我们要初步建立起新的经济体制……再经过二十年的努力，到建党一百周年的时候，我们将

---

① 《邓小平年谱（1975～1997）》（下），第 1347 页。

② 龚育之：《从邓小平南方谈话到江泽民七一讲话——纪念南方谈话发表 10 周年》，《百年潮》2002 年第 1 期。

③ 《陈云年谱》下卷，第 443 页。

在各方面形成一整套更加成熟更加定型的制度。"① 至此，经过 14 年的持续探索和争论，观念的瓶颈终于突破，最终明确了中国改革的目标模式。

五　市场化转轨已过临界点

邓小平南方谈话后，舆论风向为之一变，质疑改革的声音一时息声。从中央到地方迅速卷起一股改革与发展的热浪，形势有如长江出三峡，豁然开阔。这也说明当时的中国已经积蓄了强大的改革动能。从全国的经济态势观察，并不像高层争论表现出来的那么缺乏方向感。

经过 10 年放权让利式改革，在两重体制中，市场所占地位越来越重要。包括消费品市场、生产资料市场在内的市场体系初步形成，证券期货市场开始起步，国家计划指令性控制的产品大幅减少。据国务院办公厅 1991 年的一份调查，广州市指令性计划工业产品已由 1979 年的 208 种减少到 15 种，指令性计划工业产值仅占全市工业总产值的 0.6%，市场调节部分占到 77.6%。在社会零售商品总额中，国家定价的占 8%，国家指导价的占 12%，市场调节价占 80%。工业企业原材料计划供应占 20%，市场调节占 80%。工业品计划收购占 19%，企业自销达 80% 以上。深圳、珠海则几乎没有了计划产品。② 广东省属改革开放前沿地区，市场化程度应比全国高些。从全国看，市场化转轨也已经到了中途。据时任国务院副总理朱镕基提供的资料，截至 1992 年 11 月，"消费品价格已全部放开，生产资料价格只有少数产品，主要是煤、石油、钢材，还由政府管理价格，但也只是这些产品的一部分"。③ 当年

---

① 江泽民：《加快改革开放和现代化建设步伐，夺取有中国特色社会主义事业的更大胜利》，中共中央文献研究室编《十四大以来重要文献选编》（上），人民出版社，1996，第 1～47 页。

② 李主其选编《国务院调查研究报告》，中共中央党史研究室宣教局刊印，2016，第 254～255 页。

③ 朱镕基：《社会主义市场经济以及价格改革问题》，《价格理论与实践》1993 年第 2 期。

底，粮食价格也基本放开，市场定价机制初步形成。放权让利使地方政府和企业成为受益者，非国有经济特别是乡镇企业的发展势头正旺，加上城镇集体（合作）企业、个体和私人工商业、三资企业，体制外经济比重已占"半壁江山"。改革开放为它自身造成了一种难以逆转的态势。

　　10 年改革最重要的结构性变化，是体制外经济的迅速成长，其中最引人注目的是乡镇企业的异军突起。乡镇企业的加快发展起于 1984 年，各类乡镇企业如雨后春笋，联户办和户办企业更是大批诞生。1988 年，全国乡镇企业总数达到 1888.2 万个，总产值达 7017.87 亿元，比 1983 年增长 5.96 倍，平均每年增长 47.4%，① 即使在 1989～1991 年经济紧缩期间，乡镇企业受到很大压力，它的总体增长率仍然高于国有企业。1991 年，全国乡镇企业总产值 11621.69 亿元，比 1988 年增长 65.6%，平均每年增长 18.3%。② 到 1992 年，全国乡镇企业职工人数 10581 万人，总产值 17685.5 亿元。由于乡镇企业的迅猛发展，其在农村经济和整个国民经济中的地位与作用明显上升。乡镇企业职工人数在农村劳动力中占比达到 24.2%，在全国社会劳动力中占比达到 17.8%；乡镇企业总产值在农村社会总产值所占比重达到 66.4%，在全国社会总产值中所占比重达到 32.3%。其中，乡镇工业产值占全国工业总产值的比重达到 34.4%。③ 乡镇企业的出口所占比重也由 1987 年的 11% 上升到 1993 年的 35%。④ 80 年代中国经济增长有两大支柱，前期是农业，后期是乡镇企业。毫无疑问，乡镇企业是带动中国经济增长加速的引擎，国家收获了一份额外的丰厚红利。

---

①　李炳冲：《乡镇企业：改革开放十五年的历程回顾与前景展望》，《经济研究参考》1993 年第 24 期。

②　李炳冲：《乡镇企业：改革开放十五年的历程回顾与前景展望》，《经济研究参考》1993 年第 24 期；樊纲：《两种改革成本和两种改革路径》，《经济研究》1993 年第 1 期。

③　李炳冲：《乡镇企业：改革开放十五年的历程回顾与前景展望》，《经济研究参考》1993 年第 24 期。

④　林毅夫、蔡昉、李周：《中国的奇迹：发展战略与经济改革》，上海人民出版社，2002，第 198 页。

乡镇企业的爆发性增长出乎决策者预料。1987年6月12日，邓小平对外宾说："农村改革中，我们完全没有预料到的最大的收获，就是乡镇企业发展起来，异军突起。"① 关于乡镇企业快速发展，可以从多角度做出解释。诸如：大量农村剩余劳动力为乡镇企业发展提供了充裕的廉价劳动力资源；土地集体所有制为其设厂建店提供了无偿或低价的土地供应；② 农业剩余的增长和民间借贷的出现提供了初始的资金来源；通过从国有企业和单位"挖"人才而获取人力资本；长期的消费品短缺和近年城乡居民购买力迅速增长，为乡镇企业发展以消费品为主的劳动密集型企业提供了天赐良机；③ 生产资料"价格双轨制"政策的出台，使其能够从市场上买到必要的生产资料；比较宽松的外部融资条件助长了它的发展；地方政府的支持和推动也是必不可少的条件。然而我认为，根本的动力是改革激活了农民的致富欲望和他们中间"能人"的企业家精神。农民具有经济人理性，一旦有新的刺激，他们就会走出小农经济的生存逻辑，激发出创业的冲动，乡镇企业的兴起就是一个例证。有资料说，在浙江的数十万名私营企业主中，大多数是从当年的打工者行列中走出来的，"寻觅财富和商机的漂泊的历程，成就了他们驾驭市场经济的本领"。④

乡镇企业在技术、人才、资金、⑤ 原材料供应等诸种条件都劣于国

---

① 《邓小平年谱（1975～1997）》（下），第1194页。

② 有学者认为，乡村集体企业在80年代时效率甚至比私人企业还高，很可能是由于前者有集体土地制度做依托而后者没有。裴小林：《集体土地制：中国乡村工业发展和渐进转轨的根源》，《经济研究》1999年第6期。

③ 据统计，在1980～1988年，全国轻工业产品市场供给能力增加的份额中，乡村工业的贡献率占32%。1988年主要消费品产量中，乡村工业提供的电风扇供给量占全国的45.5%，丝织品占68.7%，呢绒占52.1%。刘斌、张兆刚、霍功：《中国三农问题报告》，中国发展出版社，2004，第281页。

④ 慎海雄、周效政：《享受前所未有的流动自由中国每年人口流动过亿》，新华社，2002年10月1日。

⑤ 有资料称，农村工业早期投资的82.6%来自集体积累，银行贷款只占17.4%，且基本是流动资本。转引自裴小林《集体土地制：中国乡村工业发展和渐进转轨的根源》，《经济研究》1999年第6期。

有企业的情况下，却创造了远高于国有企业的增长率和经济效益，关键在于它面向市场竞争的运行机制和有激励的内部机制。乡镇企业始终没有被纳入指令性计划，原材料供给和产品销售都必须面向市场找出路，面对激烈竞争；乡镇企业灵活的营销手段（包括正当、不正当的）与国有企业僵化的运行模式形成对照；乡镇企业不受"父爱"式保护，必须自负盈亏，没有国有企业"预算软约束"的弊端；乡镇企业职工没有铁饭碗，经理人实行效益分成，有很强的激励。80年代中后期，一些乡镇企业老板的高薪和丰厚待遇曾使城里人钦羡不已。乡镇企业这种灵活的内外机制使它具有比国有企业更强的竞争力和自生能力。80年代末90年代初，意识形态上出现了"左"倾回潮，但乡镇企业释放出来的能量已经使市场化趋势不可逆转。据吴敬琏回忆，他1990年夏天从欧洲访问回来时心情悲观，但当他9月到江苏、浙江、广东、海南等沿海省份看到乡镇企业释放出的能量时，郁闷心情一扫而光。他得出结论："向市场经济的转轨已经走过临界点了，没有回头的可能。"①

　　乡镇企业是一个地域概念而非所有制概念，除了乡办、村办集体企业，还孕育出一大批户办、联户办的私人企业。1987年1月，中共中央通过《把农村改革引向深入》的文件，正式承认"几年来，农村私人企业有了一定程度的发展"，同时肯定它是"社会主义经济的一种补充形式"。1988年4月，七届全国人大一次会议通过宪法修正案，第11条增加了一段内容："国家允许私营企业经济在法律规定的范围内存在和发展。私营经济是社会主义公有制经济的补充。国家保护私营经济的合法权利和发展，对私营经济实行引导、监督和管理。"随后国务院发布《私营企业暂行条例》等法规。至此，自50年代消灭私人经济以来，私人经济的法律地位重新确立。此后，全国登记注册的私人企业增加很快，一些隐蔽着的私人企业亮出了身份。不过，"红帽子"企业（即挂着集体招牌的私人企业）还相当多，一则为规避风险，一则为获取特惠条件。私人企业在乡镇企业中究竟占多大比重，难以有准确数据。1989年中国

① 柳红：《"计划与市场"争论中的吴敬琏》，《北京日报》2003年2月17日。

社会科学院经济研究所对江苏、浙江、广东等省市进行的访问调查发现，调查户中 1/3 以上的企业是挂乡镇企业牌子的私人企业。另据 1994 年国家工商局抽样调查，乡镇企业中有 83% 实际上是私营企业。① 两项调查差距甚大，是否因为大量乡镇企业已在 1992 年以后启动了改制？或许更多的乡镇企业产权处于模糊状况。除了乡镇企业，城镇也产生了一批民营企业，出现了被称为"84 派"的第一代企业家，如万科王石、海尔张瑞敏、联想柳传志、万向鲁冠球、TCL 李东生、华为任正非等。

80 年代国有企业改革围绕一条主线，就是寻找所有权与经营权分离的途径，让企业成为自主经营、自负盈亏的相对独立的实体，基本形式是推行全面承包制。为搞活企业，在计划、价格、投资、金融、财政、外贸、物资等领域相应地进行了改革。到 80 年代末 90 年代初，原有计划体制相当部分被拆解，国有企业面对的制度环境大不相同。以 1988 年的数据为例，国家计委下达的工业生产指令性计划产品品种由 1984 年的 120 多种缩减为 65 种，国务院各专业部门下达的指令性计划产品品种从 1984 年的 1900 多种减少到 380 种。各省、自治区、直辖市以及计划单列市下达的指令性计划产品也大幅度减少。指令性计划的产品产值占比，已从 1984 年的 80% 以上下降到 16.2%，指导性计划的产品产值所占比重上升为 42.9%，市场调节部分为 40.9%。② 国有企业产品自销部分已占 40% 左右，指令性分配的生产资料由 1979 年的 316 种减少为 45 种。相当比例的生产资料已进入市场交换。1988 年国有企业留利占企业利润和税收总额的 18.2%，企业用自有资金进行的投资已占企业生产性投资的 47.8%。③ 国有企业的身子虽然还在体制内，但它的一条腿已经伸到了体制外。

然而，到了 90 年代初，企业承包制遇到了困难，国有企业亏损面

---

① 戴园晨：《迂回曲折的民营经济发展之路——"红帽子"企业》，《南方经济》2005 年第 7 期。

② 国家计委体改法规司课题组：《我国工业生产计划管理现状调查》，《改革》1990 年第 6 期。

③ 董辅礽：《治理整顿中国有国有企业的现状和问题》，《经济评论》1991 年第 4 期

扩大。承包以前，亏损企业不超过 20%，到 90 年代初，亏损企业上升到 1/3，还有 1/3 是虚盈实亏。也就是说，2/3 的企业已经无利润可包了。[①] 国有企业经营困难与宏观经济环境有关，80 年代后期产能持续扩张，到 1989 年"治理整顿"后，一下子出现市场"疲软"，产成品积压，流动资金不足，许多企业陷入"三角债"的循环圈套。1991 年 5 月 16 日，国务院成立以新任国务院副总理朱镕基为组长的清理"三角债"领导小组，从 1991 年 6 月至 1992 年底，全国共注资 555 亿元，清理连环拖欠债 1838 亿元。[②] 1991 年 9 月专门召开中央工作会议来研究如何搞活国有企业问题，江泽民在会上说："进一步搞好国营大中型企业，不仅是经济问题，而且是政治问题。有许多国营大中型企业困难比较多，这个问题解决得好不好，涉及经济的全局和社会主义制度的巩固。"[③] 可见解决国企问题有多么紧迫。

国有企业经营困难，也说明承包制不能真正搞活企业。一方面它没有改变企业的行政隶属关系，无法摆脱政府部门的行政干预。另一方面，相对于市场竞争，承包制企业更着眼于向政府讨价还价，远远比市场竞争更有利可图；承包制企业追求短期利益，不关心长期发展，拼设备、吃老本、多发奖金搞福利、少提或不提折旧费的短期行为很普遍。[④] 本来期望企业自负盈亏，结果往往是"厂长负盈，银行负亏，政府负责"。1991 年 9 月中央工作会议看到了问题的症结：问题主要不在利润分配上，而在企业的经营机制不合理。于是提出必须转换企业经营机制，把国有企业推向市场。1992 年 7 月 23 日，国务院颁发《全民所有制工业企业转换经营机制条例》（20 条），重点是扩权。要求政府部门将经营权让渡给企业，然后把企业推上市场去求生存。然而，条例的实施很不容易，因为各部门都不愿将经营权让渡给企业，无法割断企业

---

① 萧冬连等对杨启先的访谈，2008 年 3 月。

② 章迪诚：《中国国有企业改革编年史》，第 281～282 页。

③ 《江泽民在中央工作会议上的讲话》（1991 年 9 月 27 日），《十三大以来重要文献选编》（下），第 1700 页。

④ 国务院《关于加强国有资产管理工作的通知》（1990 年 7 月 2 日）。

与政府部门的脐带。当时，国家经贸委、体改委甚至劳动部都把"破三铁"（铁交椅、铁饭碗、铁工资）作为突破口，[1] 一时全国掀起"破三铁"的热潮，北京甚至提出要以"三铁"（铁心肠、铁面孔、铁手腕）来"破三铁"。当时，社会保障体系尚未建立，大批职工被"优化"下岗，引起了强烈反弹。面临困境的国有企业必须寻求出路，地方和部门都在等待中央明确表态。

由此可见，20世纪90年代初，中国改革已经逼近市场经济的门槛，需要有人登高一呼，凝聚共识，越过这道坎。邓小平南方谈话的意义就在于此。1998年中共十五大政治报告说："1992年邓小平南方谈话，是在国际国内政治风波严峻考验的重大历史关头，坚持十一届三中全会以来的理论和路线，深刻回答长期束缚人们思想的许多重大认识问题，把改革开放和现代化建设推进到新阶段的又一个解放思想、实事求是的宣言书。"[2] 邓小平南方谈话和中共十四大以后，中国开始公开推进市场化的进程，引导出90年代以后产权改革和融入全球化两大趋势。

---

[1] 1992年1月25日，劳动部等五部门联合颁布的《关于深化企业劳动人事、工资分配、社会保险制度改革的意见》和随后国务院批转国家体改委《1992年体制改革要点》都把"破三铁"作为重点。

[2] 江泽民：《高举邓小平理论伟大旗帜，把建设有中国特色社会主义事业全面推向二十一世纪》，中共中央文献研究室编《十五大以来重要文献选编》（上），人民出版社，2000，第11页。

第十章

从计划到市场：
突破如何成为可能

现在，我们可以对 1977～1992 年经济改革做一点总结，回答本书前言提出的问题，即：为什么中国改革能够走得这么远，成功地突破市场化转轨的临界点？

社会主义国家市场化改革之所以很难突破，首先面临的是意识形态障碍。传统的社会主义有三大原则：一是公有制，二是计划经济，三是按劳分配。这几条构成了社会主义的经济形态，有人称之为经典社会主义。这些观念是根深蒂固的。中国改革同样面临各种观念障碍，也许改革者最初也没有完全预想到，改革的推进必然触碰和冲击上述基本信条。改革与争论如影随形，改革越深化，争论越激烈。从初期的"计划为主，市场为辅"，到1984 年的"有计划的商品经济"、1987 年的"计划调控市场，市场引导企业"，再到1992 年确立"社会主义市场经济"的目标模式，前后经历了 14 年。

市场化改革的另一挑战，是如何找到过渡的途径。目标模式的确定固然重要，但不是仅仅有了明确目标就算成功，更为重要的是如何改革的问题。在这里，面临结构性的、利益的和认知的等多重约束。任何一

个经济体都有着复杂的结构体系，触一发而动全身。改革极易引发经济
紊乱和波动，引起新旧体制的矛盾和冲突，甚至引发政治和社会动荡。
这种结构性矛盾的背后是利益，改革必然会引起权力的重新分配和利益
的重新调整，既得利益不见得是特权利益，它包括部门利益、地区利
益、单位利益和个人利益的损益。我从阅读文献中体会到，80年代中
后期，在改革者心目中大方向已经有了，决策者面临的难题，是不清楚
如何才能平稳地过渡到彼岸，在路径和突破口的选择上多次反复。

为什么中国改革能够走得这么远，成功地突破市场化转轨的临界
点？这与中国改革前的某些结构性特征有关系，但主要应当从中国改革
的路径和方式上寻找答案。通过对历史进程的仔细梳理，我们可以看出
中国改革的一些特点，如体制内双轨过渡与体制外市场发育、实践推动
与政策引导、理论突破与高层决策、借鉴外部经验与自主选择等一系列
互动过程。事实说明，中国改革路径不是预先设计，但也不是纯粹的
"人类行为的意外结果"，而是随机行走与有限理性的结合。从历史演
进的角度看，至少有以下因素在共同起作用。

一 中国改革的历史背景与起始条件

从历史角度看，任何改革的发生，都是源于内部的或者外部的危机
和挑战。中国70年代末走上改革道路，肯定是因为有一个"文化大革
命"。"文革"留下深刻的矛盾和问题，迫使领导者寻找新的出路，最
初的经济改革如放宽农村政策让农民休养生息、扩大企业自主权以调动
企业和职工的积极性、发展非国有经济以缓解就业压力等，都是应对危
机的举措。当然，中国改革没有停留在应对危机的水平，而是走得更
远。这里的关键是，"文革"的灾难性后果引发了一场思想解放运动。
"文革"把传统体制的弊端暴露得充分，使反思以往的发展模式成为可
能。所谓反思，绝不是一个人的反思，而是一个集体性的、全民性的反
思，包括党内和党外。中国必须改革，这在七八十年代是有广泛共识
的。在打开国门看世界，更多人看到中国与发达国家和周边新兴工业化

国家之间的巨大发展差距时，这种共识强化了。我们看到，在1978年最初酝酿改革开放时，高层并没有太多分歧和争论，包括华国锋在内对改革开放都抱着积极态度。当然，当年容易取得共识，也因为它目标的模糊性，或者说，当时理解的改革是有限的。当时提的是管理体制改革而不是经济体制改革。我们设想一下，如果1978年就有人提出搞市场经济，允许私有制大发展，在党内百分之百通不过。

大规模平反冤假错案，改变了中共党内的权力结构，为改革准备了干部。"文革"几乎使所有阶层的利益都受到损害，从而也解构了原有的既得利益格局，而在普遍贫穷、财富尚未涌流的情况下，新的既得利益集团还没有出现。从摆脱"文革"噩梦这一点看，所有重新出山的老干部都有改革的愿望。当然不是所有人都始终支持改革，随着改革的深化，许多人日益趋向于保守，有太多的观念束缚着人们的思想，担心改革滑向资本主义，党内出现了持续不断的姓"社"姓"资"的争论。但是从中央到地方涌现了一大批锐意改革的领导干部，他们是改革的主要践行者，这对于中国改革至关重要。大规模平反和落实各项政策，在一定程度上平抚了知识分子的伤痛。更为重要的是，中共确立现代化目标重新点燃了知识分子的理想，知识分子是80年代改革的重要参与者和支持力量。

历史演进是有路径依赖性的。改革不可以推倒重来，也绝不是一切从头开始，在一张白纸上画图。起始条件在相当程度上影响中国改革路径的选择和发展模式的特征。这些条件可以是正面的，也可以是负面的，更多的可能是一体两面。不少学者都注意到，中国启动改革时存在不同于苏联、东欧的结构性因素，包括更低的发展阶段、更多的地方分权、更多数量的中小企业、更粗糙的计划体制等。这在改革前造成了比苏联、东欧国家更低的效率，却在改革条件下有利于市场化转轨和经济短期快速增长。如中国劳动力75%在农业部门，苏联75%在工业部门。中国外延性增长和"粗放型"发展的空间还很大，高增长率可以通过将农业劳动力转到工业中去的办法取得。中国农民处于国家保障体系之外，这使得这个庞大的群体没有如苏联那样成为改革的阻力，反而成了改革的一种巨大的推动力量。毛泽东时代在计划、投资和物资分配方面存在比苏联或任何东欧国家大得多的地方分权。毛泽东对苏联式的刻板计划体制并不满意，他的解决之道不是引入市场，而是地方分权。1958年和70年代进行了两次行政分权式改革，这在当时引来了许多混乱，但也带来一个结果，就是中国的经济结构的分散性，客观上存在两种经济体制，一是受中央政府控制的，一是由地方政府控制的，这增强了地方政府发展地区经济的动力，进而发展出一种被称为地区竞争的体制。中国企业以中小企业居多，包括大量的社队企业等非国有经济，它们本来就是在计划边缘寻求生存空间，更容易向市场经济过渡。

初始条件的差异对改革有影响，但它并不决定改革的成败。苏联工业化程度比中国高，要打乱重新组合是比较痛苦的过程，但不能据此推出结论说苏联只能有"休克疗法"这一条路可走。[①] 同样，初始条件也不是中国市场化转轨成功的关键因素，关键在于改革路径和方式的选择。

二 渐进式改革的路径选择

国内外学者一般都认同，中国与苏联、东欧改革不同，苏联、东欧是激进式改革，中国是渐进式改革。所谓渐进式改革，一是指经济改革先于政治改革，保证了政府控制改革进程和协调利益的政治能力。改革始终以推动经济发展为第一目标，在保持政治连续性和社会稳定的情况下，有秩序地平稳地推行改革。二是指经济改革不求一步到位，不搞"休克疗法"，"一揽子"解决，而是采取了"摸着石头过河"的方式，走一步看一步。允许不同选择进行竞争和比较，及时调整改革步骤，消除经济不稳定因素。三是改革的试验性。所有改革都具有实验性质，不是按照事先画好的路线图，而是问题导向的，逐步地解决改革中间遇到

---

① 余力：《对话王小鲁姚洋：俄罗斯改革比中国更成功吗？》，《南方周末》2008年8月28日。

第十章 291
从计划到市场：突破如何成为可能

的问题。通过总结局部试验的经验形成政策，然后在更多的地方推广。四是所谓渐进式改革，其实是一种"体制外先行"的增量改革，在计划经济的主体不能大动的情况下，放开政策促进体制外经济的成长，率先在农村、乡镇企业、城乡个体私人经济和对外开放等"体制外"取得意想不到的突破，逐渐改变中国的经济结构，在计划体制之外发展出很大一块市场主体和市场环境。体制外经济的迅速成长，又造成一种竞争态势，迫使原体制核心部分，即国有企业和宏观调控体系的改革。

在宏观政策上，采取了一系列双轨制的过渡性制度安排。价格双轨制是典型形态，在计划内价格难以大动的情况下，放开计划外价格，两种价格并存并逐步向一种价格过渡。其实，双轨过渡是一个整体的路径，包括计划、物资、流通、外贸等许多方面，基本的策略是稳一块放一块。例如在农产品方面，稳住统购统销这一块，放开统派购以后的农产品市场流通。1985年取消统派购以后，国家仍然以合同定购的方式掌握了1500亿斤粮食，保障城市基本供应和社会稳定，而放开的那一块促进了农产品的商品化、市场化。国有企业稳住大中型企业，将小型国有企业放开经营；即使是大中型企业的生产也是两块，一块是为完成国家计划的生产，一块是根据市场需求自行销售的生产，由此形成新旧两种体制并存局面。总的趋势是，计划内份额逐步缩小，市场调节的份额逐步扩大，从而逐步解构旧体制，促进市场的形成。

这种局部试验、双轨过渡的改革路径，一直存在争议。当时东欧和西方一些经济学家提出，这种双轨并存的体制必然会带来混乱，就像开汽车，既可以右行，又可以左行，肯定会发生撞车。西方学者一直不看好中国的渐进式改革。直到1990年，科尔奈还写道："南斯拉夫的改革已经有了40年的历史，匈牙利改革有了20年的历史，中国改革也将近10年了。这三个国家的改革都是不可思议的结果和灾难性失败的混合体。"①

---

① 转引自张维迎、易纲《中国渐进式改革的历史视角》，景维民主编《从计划到市场的过渡》，第310页。

90年代初中国与苏联、东欧改革绩效的巨大反差，逐步转变了西方舆论，但也让西方学界陷入持久的解释困境。

双轨制的负面效应是显而易见的，局部试验太多而整体配套不足，会造成新旧体制大量的摩擦和政策漏洞，如价格双轨制带来"官倒"和大量的寻租空间。从主观上看，决策层并非不想做顶层设计，整体配套地推进。1982年成立的国家改革委员会职能就是搞方案设计。据说80年代研究机构一共拿出了14份方案，这些方案研究不是没有价值的，它推动了人们认识的深入，然而大多数只是抽屉方案。只有一次，就是1986年的"价、税、财联动"的整体方案是最接近于实施的"顶层设计"，最终也因担心风险难以控制、各部门利益难以协调而搁浅了，1988年的价格闯关也遭到失败。原体改委副主任安志文说，80年代凡是设计的方案都没有行得通，反而一些地方性的试验取得了突破，"如果说我们设计的统一方案能够实行，那就是走计划经济的路"。① 顶层设计的改革为什么没能推开？是决策者没有敢冒风险的魄力，还是方案不具有可行性，抑或时机选择不对？经济学家们有不同的看法。

渐进式改革并不完美，但它是一个可行的路径。首先是分散了风险，减少了阻力。渐进式改革不是没有风险，不是不会犯错，但可以分散风险，保留纠错的能力，一步走错了还可以收回来，及时消除经济不稳定因素。80年代两次经济调整虽然放缓了某些改革步伐，但也为改革创造了环境，赢得了机会。改革的这种试验性也成为许多地方负责人应对各种质疑声的有效策略，局部试验的失败不会影响全局，而其成功则为全局性改革提供了经验。渐进式改革也给执政党、干部队伍和普通民众一个学习和适应的过程，一个逐步取得共识的过程。真正使干部队伍观念发生转变的，不是灌输了多少理念，而是改革本身的不断发展和取得的成就。通过增强经济活力，为整个社会带来了大量实实在在的好处，权力下放难以再收回，造成了改革不可逆转的逻辑。②

---

① 安志文：《80年代中国改革开放的决策背景》，《与改革同行》，第7页。

② 林毅夫、蔡昉、李周：《中国的奇迹：发展战略与经济改革》（增订版），第173~174页。

其次，渐进式改革是大众参与和分享的改革。80 年代放权让利改革存在诸多局限，但有一点不可忽略，即它创造了一个机会，并提供了一种激励，让各层级甚至普通民众都参与到改革中来，不只依赖自上而下的推动。农村和城市许多改革都有来自地方、企业和民间的积极性。80 年代的许多故事发生在地方和民间，很多做法是地方和群众的创造。如农村的包产到户、乡镇企业、城市企业承包制、股份合作制，等等，都是地方、基层和民间先搞起来的，最后中央加以提高形成政策。所谓分享的改革，就是强调改革一定要让群众得到实惠。安志文回忆说，这在决策层是有共识的，"农村改革就是让农民群众得到实惠；扩大企业自主权，就是要搞活企业，企业工资提高了，企业职工得到了实惠"。[①] 一个负责任的政府，改革措施的出台必须考虑对社会的冲击，考虑百姓的承受力。渐进式改革以承认既得利益为基础，对利益受损实行补偿，通过做大蛋糕使老百姓获得实惠。改革之初，财富尚未大量涌流，新的利益集团尚未形成，尽管已露出一些苗头如"官倒"。在率先富裕起来的人群中，包含一大批社会边缘人，如乡镇企业管理者、城镇个体户等，最为突出成就是帮助数以亿计的农村贫困人口解决了温饱问题，使改革得到绝大多数人的拥护。对于 80 年代的国企改革，部分经济学家评价不高，从这些改革本身看，的确没有取得多少突破，但从全局看也可以做不同的评价。没有急于放弃对国有企业的保护，避免了可能的社会震荡和经济下滑。当时基本保障制度没有，就业市场没有形成，贸然让大批企业破产、职工下岗，可能酿成大乱。当然，这也把国企改革中最棘手的难题遗留了下来。

最后，为体制外经济的快速发展提供了时间和空间。80 年代的经济改革是"体制外先行"的增量改革。然而，体制外经济的快速发展，与双轨制改革释放出来的局部市场密切相关。计划、物资、流通、信贷、外贸、价格改革，计划轨逐步缩小，市场轨逐步增大，为非国有经济的发展创造了条件。一些地区的乡镇企业的快速发展得益于国有企业输送的技术和人才。增量改革提供了大量新职位，消化了农村改革释放

---

① 安志文：《80 年代中国改革开放的决策背景》，《与改革同行》，第 8 页。

出来的庞大的剩余劳动力，在一定范围内推动要素的流动和重组，实现资源优化配置。

三　农村改革率先突破释放出市场力量

推动中国成功地实现市场化转轨的重要因素，是农村改革率先突破释放出巨大的市场力量。农村改革并不是预先选择的突破口。最初制定的农村新政并没有越出政策调整的范畴，没有把农村体制改革提上日程。农村改革是在较为宽松的政治环境下，农民对政策底线的冲击与地方上开明的领导人相互推动，一步一步获得共识形成全国性政策的过程。农村改革之所以能够率先突破，有其特殊的历史原因。从农业全盘集体化之时起，农民中就存在一种离心倾向，历史上曾多次出现包产到户。农民从未像城市职工那样被政府"包"下来过，因而对旧体制没有多少留恋。包干到户对农民来说并不陌生，它不过是回到自己再熟悉不过的传统的家庭经营。还有一点也很重要，就是按人头平均分配土地，这种办法保证了改革的公正性，避免了农村社会的震荡和冲突。农民是精于计算的，他们从过去自留地的产出看到了包干到户有获利的潜在机会。经过20多年的劳动积累，农业生产条件（水利灌溉、农田建设、农药化肥及基本农机具等）有了较大改善，农民也不担心单干会发生生产方面的困难，减少了农民对不确定性的担心。

对于农村包产到户最初争论是十分激烈的。反对者的理由有两类：一类来自意识形态，指摘包产到户姓"资"不姓"社"，或担心它会冲毁集体经济、滑向资本主义。另一类基于现实的考虑，担心单家独户无法使用大型机械，实现规模经营，将阻碍农业现代化。对于这种争论，邓小平的方针是等待，让实践来说服大家。农村改革最终之所以获得了广泛赞同，主要归因于它的显著成效。粮食等农产品的爆发式增长，长期令决策者头痛的粮食问题一下解决了，城乡市场供应丰富了，同时满足了政府足额收购的要求。这使许多怀疑和反对的人改变了看法。1983年以后，多数人开始以欣喜的心情拥抱农村改革。可见对改革最有力的支持，恰恰来自改革本身，来自改革带来的成果。

农村改革的意义不局限于农村，它对 80 年代的市场化改革具有全局性意义。首先，它提升了改革的声誉，增强了对改革成功的信心。1984 年 10 月，中共中央决心把改革重点从农村转向城市，并提出全面改革的方针，显然受到农村改革的鼓励，九亿农民稳定了，也使决策者可以比较从容地推进城市改革。关于经济体制改革的决定指出："我国经济体制改革首先在农村取得了巨大成就"，"农村改革的成功经验，农村经济发展对城市的要求，为以城市为重点的整个经济体制的改革提供了极为有利的条件"。1984 年 11 月 20 日，邓小平会见外宾时说："农村改革见效鼓舞了我们，说明我们的路子走对了，使我们对进行全面改革增加了信心，也给我们进行全面改革创造了条件，提出了新的要求。"① 在党内和社会上，全面改革的呼声陡增，改革决策者信心大增。其次，农村改革的做法对 80 年代后期城市改革也产生了很大影响，有所谓"包字进城，一包就灵"的说法。开始时决策者对城市搞承包制有些犹豫，认为城市经济关系比农村复杂得多，不适合于普遍实行承包制。但到了 1986 年，企业改革的几种尝试都没有奏效，最后选择了普遍推行承包制，认为是实行所有权与经营权分离的最好形式。不过，承包制在城市推行的效果并不理想。

农村改革的全局影响，更在于它释放出来的巨大市场力量，产生了四个新经济和社会现象：一是出现了专门从事商品生产经营的专业户。农民的第一个选择是发展多种经营，包括非粮种植业和非种植业大农业，继而从非农产业寻找出路。专门从事种植、养殖和非农产业的专业户大量出现，其经营方向明显地倾向于非农产业，从事工矿、运输、商业、服务业的专业户接近 2/3。农村中"能人"开始显露身手。其中孕育出一批雇工经营的大户，私人经济开始破茧而出，加上城镇个体私人企业，构成了一股新经济力量。

二是城乡市场的开拓。先是城乡农贸市场的恢复和繁荣，继而出现

---

① 《邓小平年谱（1975~1997）》（下），第 1016 页。

农民长途贩运，异地经商，出现了各种专业市场。尤以浙江温州、台州、义乌等地的小商品专业市场为最。1985年，温州已有大大小小的市场415个，集市贸易成交额10.6亿元，为社会商品零售额的57.28%。闻名全国的十大专业市场，年经营额大都在1亿元左右，触角伸向全国各地，温州拥有一支10余万人的农民购销员队伍，桥头纽扣市场的产品销到26个省市，[①] 形成了以"小商品，大市场"为特征的温州模式。义乌小商品市场年销售额连续7年居全国集贸市场之首，1992年8月被国家工商局命名为"中国小商品城"。[②] 其他沿海省份也有类似情形，只是规模不如浙江。到80年代中期，市场已经有了相当规模，并显示出它的活力和能量。农村正在兴起的商品大潮，要求进一步放宽政策、开放市场、改革城乡体制。

三是乡镇企业异军突起，这是农村改革引出的最积极的成果。1984年，邓小平考察江苏，当地乡镇企业蓬勃发展的势头使他十分鼓舞，从中看到了实现小康目标的希望。1985年推行价格双轨制，目的之一就是为乡镇企业获取原材料开一条生路，并寄望于乡镇企业对难有突破的国有企业改革形成竞争。对乡镇企业的争议一直存在。然而无论褒贬，都没有阻止乡镇企业的强劲发展势头。各地地方政府在乡镇企业发展中的作用有所差别，苏南地区政府介入很深，多数企业是基层政府投资，地方政府类似有限责任公司，本身就是市场主体。浙江地区特别是温州乡镇企业主要以个体私营企业为主，前厂后店的形式发展起来的。但即使这样，也不可忽视地方政府的扶持。以浙江义乌小商品市场为例，最早是农民自发在镇区马路两侧摆地摊，逐步形成马路市场。1982年，县委县政府做出决策，开放小商品市场，提出四个允许：允许农民经商，允许从事长途贩运，允许开放城乡市场，允许多渠道竞争。并出资搭建了简陋的市场设施。1984年10月，提出"以商建县"的战略，把

---

① 《邓小平改革开放的起步》，第341～382页。

② 陆立军：《"中国小商品城"的崛起与农村市场经济发展的"义乌模式"》，《经济社会体制比较》1999年第1期。

市场摆在优先地位，把商贸业作为主导产业，随后不断更新扩建小商品市场。1990 年义乌已经发展成全国小商品市场之首。摆地摊市场全国各地都有，为什么义乌能发展成小商品城呢？这里看得出地方政府的主导作用。毫无疑问，乡镇企业是 80 年代增长加速的重要引擎，国家收获了一份额外的丰厚红利。乡镇企业的产权形式也开始多样化，其中私人企业和联户企业占相当比重。经济学家说"增量改革"或"体制外先行"的改革，最主要的一块体制外经济，就是乡镇企业。到 90 年代初，乡镇企业加上城镇集体个体企业、三资企业，已经占据整个经济的"半壁江山"。当时意识形态上出现了思想回潮，但经济结构的改变，经济背后的逻辑已经使市场化趋势不可逆转，同时对国有企业构成竞争压力，倒逼体制内经济改革有所突破。

四是出现了大规模的离土离乡的农村劳动力流动。包产到户以后，大量农村剩余劳动力从农业中溢出。据调查，1984 年全国农村剩余劳动力达 1.3 亿人，占农村劳动力的 30%～40%，[①] 这些剩余劳动力必然要找出路。农民跨地区流动在 80 年代中期初步形成规模，[②] 80 年代后期，开始有大批农民涌向东部沿海地区的制造业。1989 年出现第一次"民工潮"，全国"流动大军"达 3000 万人，也有人估计为 5000 万人。[③] 持续的"民工潮"引发中国有史以来规模最大的人口流动浪潮，形成了一个计划外的劳动力市场，为沿海体制外经济的发展提供了大量有素质又廉价的劳动力，而且持续了 30 年，成为经济增长强劲的动力源之一，这也就是经济学家所说的"人口红利"。数以千万计不期而至的"民工潮"的出现，其历史含义不止于此，更在于为解构城乡二元结构，促进城乡一体化趋势提供了持续的推力。在某种意义说，农民的选择成就了中国改革。

---

① 《人民日报》1984 年 2 月 22 日。

② 1986 年底，全国登记在册的进城农民已达 480 万人，加上未登记入册的估计有 1500 多万人。王文杰、李维平：《在三个"1500 万"的背后——我国劳动就业方针初探》，《瞭望》1988 年第 7 期。

③ 《文摘报》1989 年 5 月 28 日。

四 开放推动了改革

80 年代改革目标越来越清晰，有一个重要原因就是改革是在一个开放的环境下展开的。如果说 50 年代初东西方冷战格局下的封闭环境，是中国加速选择苏联计划经济模式的根源之一，那么 70 年代以后的开放环境，则成为推动中国一步一步趋向市场化的重要因素。

20 世纪 70 年代末 80 年代初中国启动改革时，遇到了一个较为有利的国际环境。美苏战略对峙和经济全球化这两大国际因素，使中国获得了一个前所未有的以开放促发展的机遇。当然，能否抓住"战略机遇期"，还得看战略谋划。邓小平很清楚，中国现代化所需要的资金、技术和管理经验都只能从日本和欧美等国引进，对外开放主要是对这些国家开放。这种考虑也制约着改善中苏关系的节奏。只有到了 80 年代中期，对外战略调整才逐渐成型。这次调整的重点是推动中苏关系正常化，消除了安全上的主要威胁；同时对外政策去意识形态化，打破了与东南亚国家关系的僵局；推行不结盟政策和全方位外交，积极参与联合国事务和国际经济组织，为中国赢得了更大的外交空间。80 年代的外交布局是整个改革开放政策的重要组成部分，对外政策的中心目标转到为国内现代化建设争取一个有利的外部环境。从周边环境看，中国四周是许多迅速发展的市场经济，这些既可作为中国的重要市场，又可作为投资的来源，也构成了中国持续的压力和动力。① 香港、台湾、新加坡以及散居在东南亚和北美的华人中有许多企业家，这些人起到与世界经济沟通的桥梁作用。

外部因素的引入对中国的改革和发展发生了巨大的影响力。第一，注入增长动力。经济学家对中国"经济奇迹"有不同的解释。有一点

---

① 1992 年邓小平南方谈话中说："抓住时机，发展自己，关键是发展经济。现在，周边一些国家和地区经济发展比我们快，如果我们不发展或发展得太慢，老百姓一比较就有问题了。"

是相同的，就是肯定对外开放对增长的贡献。除了通过利用外资弥补发展中国家通常面临的资金瓶颈以外，主要有两条：一是通过引进技术的方式，加速本国的技术变迁，进而提升产业结构，任何一项技术进步都与开放有关，都是直接引进或在模仿基础上的创新。二是利用世界自由贸易秩序，通过进入国际市场获得增长动力，中国成功地利用了后发优势。有人甚至把中国的高增长归因于外部因素，认为"过去30年的发展与其说是中国的奇迹，还不如说是世界带来的奇迹"。中国不过是加入了世界潮流，搭上了全球化的便车。① 换句话说，赶上了一个好时代。这种分析不无道理，但是仍然需要解释，同样的条件为什么唯独钟情于中国？显然与中国内部因素有关。例如，稳定的政治环境、高信用的政府、低通货膨胀、高储蓄高投资、低廉的土地租赁和劳动力成本等，这些增长因素在制度创新中得以释放。

第二，引入市场规则。对外开放在引进外资的同时，也引进了新的规则和制度。1979年初，邓小平请原资本家荣毅仁出来主持引进外资之事，具有象征意义。荣毅仁当面向邓小平提出："利用资本主义资金，也应用资本主义去对付"，得到邓小平的首肯。② 经济特区更是市场经济的试验区。1992年6月，邓小平肯定地说："深圳就是社会主义市场经济。"③ 在全国计划经济大环境下，经济特区营造一个市场经济的小环境。深圳特区开办之初，就有"按国际惯例办事，和国际市场接轨"的明确指向。原深圳市委书记李灏说，特区政府做的工作，主要不是直接招商引资而是体制改革，包括劳动、工资、价格、土地使用、外汇管理、资本市场、房地产市场等一系列方面。④ 这些改革在很大程度上是模仿国际经验。这种市场化试验起到了为全国探路的作用，从经济特区到沿海开放城市、沿海开放区再到腹地，市场化因素逐步扩散开来。中国的企业经理们从与外商打交道过程中逐步理解了什么叫市场经济，逐

① 陈志武：《慎言中国经济奇迹》，凤凰网，2007年6月16日。
② 李鸿谷：《历史中的荣毅仁与邓小平》，新浪网，2005年11月3日。
③ 《邓小平年谱（1975～1997）》（下），第1347页。
④ 杨继绳、萧冬连对李灏的访谈，2007年10月14日、15日。

步学会了市场运作。对外开放把国际竞争引入中国，逼迫国内企业为提高效率而改革体制。

第三，提供思想资源，也就是思想对外开放。1978 年大批官员和专家出国考察看到的景象和带回来的信息，是推动中国改革的原始动力之一。一旦开放信息，人们就会在比较中分出优劣，产生改革的愿望，说服人们接受改革的难度就会降低，也为中国提供了具体的参照系。整个 80 年代，中国一直在向西方学习。首先是走出去，派出各类考察团络绎不绝。同时派出许多留学生和访问学者，80 年代后期已经有一批"海归"参与到改革决策咨询。另一种方式是请进来。从 1979 年起，不断有国外经济专家学者被邀请到中国讲学，办培训班，展开中外对话，甚至为中国做经济诊断。在对外思想开放中，世界银行发挥了很重要的桥梁作用，世界银行先后写出两份关于中国经济的报告，都在中国出版。由世界银行出面邀请国际专家学者，多次在中国或境外召开有关中国改革的国际讨论会，包括有名的 1982 年莫干山会议，1985 年巴山轮会议，1986 年泰国曼谷中、韩、泰、印四国对话会等，还有与台湾学者的三次对话。这些报告和讨论产生了不小的影响，引发出许多关于中国经济改革和发展的新想法。

值得庆幸的是，外国专家没有提出像后来给俄罗斯开出的类似"休克疗法"的方案，没有提出全面私有化的建议，也没有否定必要时使用行政手段的合理性。从计划体制转向市场体制，没有任何成功的经验和现成的理论，更何况中国是一个如此巨大的经济体，不可测的风险很大。在这个问题上中国决策层始终是清醒的，在听取和借鉴国外经验时，坚持自主选择的原则，考虑中国的国情和可行性。中国的改革路径主要诉诸自己的实践探索，例如价格双轨制以及一系列双轨运行的过渡方式，就是中国本土的创造。

五　地方政府的作用

在中国改革和发展中，特别是在它的初期，政府特别是地方政府发挥了重要作用，扮演了一个不可缺少的角色，这一事实被广泛认同。当然有批评者，但批评集中于它的利弊分析，而不是事实。

地方政府发展和改革的动力，主要来源于三个政策背景：第一，十一届三中全会以后以经济建设为中心，"经济绩效"成为官员政绩考核的主要标杆。这给地方政府官员提供了追求 GDP 强有力的激励。第二，中国改革是渐进的，主要诉诸局部试点取得经验，这就赋予地方政府更大的自主权，包括创制权。地方政府根据本地情况试验不同的改革举措，在发展模式上具有创造性。如江苏发展乡镇企业的苏南模式，浙江发展私营企业的温州模式，广东发展"三来一补"、中外合资企业的模式，都是先由地方创造，后来得到中央肯定并推广的。第三，财政分权。从 1980 年开始实行财政包干制，"分灶吃饭"，地方政府掌握较大的行政、资源、经济控制权，强化了地方政府的发展动力，努力运用市场来发展地方经济以扩大地方财力，解决就业和脱贫等地区性难题。

这里涉及对改革中政府与市场关系的讨论。有两种不同的解释，一种解释强调政府主导的作用，特别强调地方政府的独特作用。香港经济学家张五常的《中国的经济制度》解释"中国奇迹"，他高度认可地区竞争的制度，认为这是历史上最好的制度，是"中国奇迹"的秘诀。[①]一种解释强调市场化演进的自发性，认为市场经济是所有参与者（包括政治家）在无形之手的控制下进行的追求利益的过程，改革自己创造了一条通往市场经济的路。[②] 美国经济学家科斯与助手王宁写了一本书叫《变革中国》，进一步认为中国走上市场经济"并非有目的的人为计划"，而是边缘化群体带动的一场"边缘革命"，是"人类行为的意外结果"。[③]

80 年代改革有自发因素，有些改革完全不在决策者预料之内，譬

---

① 《张五常谈中国的经济制度》，腾讯网，http：//view.QQ.com，2007 年 12 月 10 日。
② 张维迎、易纲：《中国渐进式改革的历史视角》，景维民主编《从计划到市场的过渡》，第 310 页。
③ 罗纳德·哈里·科斯、王宁：《变革中国：市场经济的中国之路》，第 1 页。

如农村改革就有所谓"边缘革命"的色彩。正如邓小平说的,包产到户是农民搞起来的,乡镇企业异军突起完全没有想到。乡镇企业的崛起,根本的动力是改革激活了农民的致富欲望和他们中间"能人"的企业家精神。有资料说,在浙江的数十万名私营企业主中,大多数是从当年的打工者行列中走出来的,"寻觅财富和商机的漂泊的历程,成就了他们驾驭市场经济的本领"。[①] 市场机制一旦引入就具有为自己开辟疆域的力量,我理解科斯所说的"边缘革命"就是指的这种市场力量。所谓市场力量并不玄奥,就是指进入市场的各类主体为追逐利益自发地拓展市场,这种力量无远弗届,无孔不入,所谓市场经济的效率由此而来。

那么,是不是说中国改革完全是自发力量推动的呢?绝对不是。前面说到,农村改革是农民的愿望和选择,但也不能完全归结为农民的自发行动。在这场改革中,从中央到省、地、县、社都可以看到一些领导干部的身影。单有农民的选择,没有领导者的思想转变和政策的跟进,农村改革也不可能在短期内取得全国性的突破。一个很好的反例是,历史上农民多次包产到户的要求,都由于政策强行纠正而未能如愿。多数地区乡镇企业的兴起也离不开国家政策和地方政府的扶持,政府层级越低,扶持乡镇企业的积极性越高。

许多地方性试验也是由地方政府主导的。例如兴办经济特区的决策就是中央与地方共同推动的,招商引资的主体仍然是政府。政府为吸引外资提供各种优惠条件和软硬件设施,如通路、通电、通水、平整土地等基础建设。还有政府信用担保,没有政府信用外商很难放心投资。市场主体的自发开拓与政府的放权和组织市场是一个过程的两个方面,把政府与市场看作对立的两极,这是不对的。政府既是改革的对象,也是市场化的推动力量,尤其在早期,市场体系没有建立起来,市场主体弱小的时期。政府的作用首先是放开准入限制,但并不是只要放开市场就

---

① 慎海雄、周效政:《享受前所未有的流动自由——中国每年人口流动过亿》,新华社,2002年10月1日。

能自发形成，政府扮演了组织市场的作用，包括提供场地、建设市场、扶持市场主体等。

有学者提出，地方官员的动力，来源于为升迁而展开"锦标竞赛"、"登顶比赛"，其制度背景是人事上的中央集权与经济上的地方分权。从利益驱动的角度理解市场化改革的动力具有深刻性，用经济学家的话说，就是"把激励搞对"。不过，以"理性人"观点解释地方官员的动机，不具有完全解释力。事实上，"第一个吃螃蟹"的人并不一定有更多的升迁机会，反而要承担很大政治风险。如支持农民包产到户的官员，并不是有什么利益可以追求，而是出于对农民极度贫困深深的同情和愧疚，以及由此激发出来的责任感。沈祖伦（时任绍兴县委书记，后任浙江省省长）回忆说：当年改革之所以有那么大的闯劲，是因为"看到农民的苦难"，"为了让农民从苦难中摆脱出来，不怕与党在农村的传统政策相违逆，不怕去探索当时上级不允许做的事，不怕丢'乌纱帽'"。[①] 这或许是第一代改革者最可宝贵的精神遗产。

地区竞争是 80 年代市场竞争的重要方面。地方政府代替企业进入市场，成为竞争的主体。地区竞争包括资源竞争、贷款竞争、价格竞争。一是吸引外部企业和资源流向本地，招商引资成为 80 年代地方政府的主要工作。二是争上级政府尤其是中央政府投资项目，争优惠政策。三是积极扶持本地企业发展，采取各种优惠政策如"税利减免"、"税前还贷"等。把财政收入的一部分利润留给企业，再以各种收费的形式向企业要钱。当时主要是扶植乡镇企业，因为乡镇企业发展势头最强劲，效益也最好。

地区竞争还有一种特殊的方式，就是竞争改革开放试点权。从兴办经济特区、沿海开放城市到经济技术开发区等，都可以看到地方政府高度的积极性。原因就在于，渐进式改革是一个非均衡的发展模式，开放试点权意味着各项优惠政策，例如广东、福建两省通过财政包干获得了

---

① 沈祖伦：《改革初期我们的闯劲来自哪里》，《炎黄春秋》2008 年第 9 期。

更多的发展财力。经济特区在实行新体制、项目审批、法规制定、外汇使用、税率等方面都有很大的自主权，可以试行与内地不同的体制，以市场调节为主，以外资为主，三资企业享受远低于内地的税率。沿海开放城市和经济技术开发区享受部分特区的优惠政策。试点地区率先形成新机制，对于外地资源有很强的虹吸效应，当时有所谓"孔雀东南飞"的说法，内地省份的人才、资源纷纷流向广东和特区。在某种程度上，地区发展差别源于非均衡发展政策。

地方分权是一把双刃剑。一方面，它使地方政府成为经济增长的推手，是市场化改革的一个推手。地区之间的竞争迫使地方政府给企业更多的授权，特别是扶持乡镇企业和吸引外来投资，这促进了体制外经济的发展和市场份额的增长。另一方面，它也强化了地方所有制，出现相互封锁、重复建设、争夺原材料的各种"大战"等弊端，妨碍生产要素的跨地域流动和全国性统一市场的形成，早在1980年薛暮桥就发现并警告"诸侯割据"问题。地方分权和地区竞争对中央宏观调控提出了新的挑战。中央决策层也面临两难抉择：既需要地方有更多的试验，为此默许甚至鼓励地方政府"变通"政策，又需要维护政策的权威性和统一性；既要保持快速增长的势头，又要保持宏观经济的稳定，避免经济过热。在这两端的取舍上高层是存在分歧的。从地方角度看，"变通"中央政策成为政府运作的常态。利用高层口径上的矛盾和政策上的模糊性，做自己认为正确的和对自己有利的事情，所谓"遇到黄灯跑步走，遇到红灯绕道走"，80年代地方许多试验都是在违背指令的情况下干起来的。有人甚至说，任何一项改革的突破都是从违法开始的。80年代不仅存在地区竞争，还存在中央与地方的博弈，尤其反映在抑制投资膨胀的问题上。依房维中的说法，"在现行的体制下，你要求地方服从全局，无异于与虎谋皮"。[①] 放权让利改革带来财政预算"双下降"，即国家预算在国民收入中的比重大幅下降，预算外资金大幅增加；中央财政在全国财政收入的比重下降。许多年份中央赤字地方盈余，靠向地

---

① 房维中：《十三年纪事（1977～1989）》（1985年），第43、106页。

方借钱过日子，这使得"中央与地方的博弈，地方占上风"。[①] 房维中的说法透露出双重体制下宏观调控的无力感。地方政府主导型改革和发展模式，还面临另一种挑战，政府过度介入市场，甚至直接成为市场主体，容易形成畸形政商关系，其结果必然是权力寻租现象泛滥，腐败盛行。然而，无论怎样评价，都不能否定地方政府在经济增长和市场化改革中的重要作用。

六　开放的决策机制

1986 年万里有一篇很重要的文章，讲决策的民主化和科学化，批评过去拍脑袋决策的现象。[②] 80 年代的决策很难说达到民主化、科学化，但的确与以往少数人拍脑袋决策不同，决策的基础扩大了，最突出的变化是引入了决策咨询机制。

最早是 1979 年 6 月，国务院财经委员会成立了四个调查研究小组。1980 年成立国务院经济体制改革研究办公室，同时成立经济研究中心，随后又成立了国务院技术研究中心和价格研究中心。体改办是一个常设机构，通过它把中央国家机关 18 个研究机构的力量组织起来，进行体制改革研究。1982 年 5 月，国家经济体制改革委员会成立，国务院总理兼任体改委主任，薄一波、杜星垣、安志文、周太和、童大林为副主任。体改委的职能主要有两项：一是负责制订改革的总体规划，二是加强对经济体制改革的指导和协调。与此同时，成立国务院农村发展研究中心，它的另一块牌子是中央农村政策研究室，在杜润生旗下聚集了一大批有志于农村改革的中青年人才，80 年代关于农村改革的五个"一号文件"都出自这个机构。1985 年国务院三个研究中心合并，成立了国务院经济发展研究中心，这些机构的建立就为学者主要是经济学者参

---

① 房维中：《十三年纪事（1977～1989）》（1985 年），第 43、106 页。

② 万里：《实行决策的民主化科学化是政治体制改革的一个重要课题》，《人民日报》1986 年 8 月 15 日。

与改革决策搭建了一个平台。实际参与到改革研究的远远超出这一范围，80年代是一个学术复兴时期，尤其是经济学，各种经济学研究团体发展迅速，经济改革的研究方兴未艾，如中国社科院经济研究所、工业经济研究所等院所就是经济研究的重镇。

80年代的决策者有一种开放的心态。一方面，改革有许多未知领域，充满着风险。究竟怎么改，谁都看不太清楚，急需大脑和大腿。所谓大脑，就是为决策提供新思想和可选择的方案；所谓大腿，就是做广泛的调查研究，提供各方面的真实信息。另一方面，也反映80年代的民主风气。名不见经传的年轻人可以面对面地与党和国家领导人讨论问题，甚至可以直言不讳地争论。经济改革的各种试验和理论探索，是受到特殊保护和鼓励的。20世纪80年代和90年代初，在三次意识形态争论中有人想把争论延伸到经济领域，一次是1983年清理精神污染，一次是1987年的反自由化，一次是1989以后，每次都有人想把反自由化引入经济改革领域，但都被制止。特别是最后一次，邓小平亲自出面，解决经济领域姓"社"姓"资"的争论。这就为80年代经济改革的讨论创造了一种宽松的环境。许多人认可，在40年的改革历程中，80年代是知识分子特别是经济学人参与度最高、影响最大的一个时期，经济学是最活跃的一个领域。

80年代活跃着一大批经济学者，包括老中青三代。值得庆幸的是，20世纪20～30年代中国已经形成了相当规模的现代经济学人群体，[①] 有着丰富的经济思想资源，包括马克思主义政治经济学和不同流派的西方经济学，而且多少还有市场经济的生活记忆。在老一代经济学家中，对80年代改革影响最大的无疑是三个人：一是薛暮桥，

---

① 根据朱嘉明的划分，体制内的经济学人有薛暮桥、许涤新、孙冶方、骆耕漠、林里夫、狄超白、顾准、于光远、杨培新、马洪等；学院派有马寅初、陈瀚笙、陈岱孙、巫宝三、陈振汉、张培刚等；出生于20世纪20年代，在民国年间接受大学教育的还有刘国光、董辅礽等；出生在1930年前后，1949年后入大学的经济学人有周叔莲、孙尚清、吴敬琏、乌家培、张卓元、赵人伟等。见朱嘉明《马洪：一位知行合一的经济学家》，《经济观察报》2018年3月19日。

二是马洪，三是杜润生，他们既是财经官员又是著名经济学者，有着丰富的实践经验，又是 80 年代几个重要咨询机构的负责人，对许多重大决策有着直接的影响力。当然不只他们，还有一批老一代学者。很有意思的是，这些人 50 年代参与建立了计划体制，80 年代又成为破除计划体制的改革派领袖。中年经济学家包括刘国光、赵人伟、吴敬琏、张卓元、厉以宁等。

80 年代一个独特现象，是一个青年经济学人群体的崛起。他们大都在 1949 年前后出生，有上山下乡的经历，对中国的现状特别是农村的落后现状有切近的观察和感受，"文革"结束后考上大学。他们自发组织各种沙龙，讨论中国发展的各种问题。不同于参与"西单民主墙运动"的那批青年人，他们认同中国共产党经济现代化的路线，认为中国问题的解决，出路在于发展经济，实现经济现代化，关注的重点领域在经济体制改革而不是政治体制改革，这与邓小平经济上放开、政治上控制的改革理念相吻合，因而为决策者借重。最初有所谓"改革四君子"被高层召见咨询的故事，此后有更多的年轻人被约到国务院会议室谈中国的经济改革，领导人出差还特地叫上年轻人随行，听听他们的想法和建议。最有名的是"农村发展研究组"，开始是一个体制外自发组织，后来被吸纳到体制内，在 80 年代的经济改革中发挥了特殊的作用，今天一大批财经高官和知名经济学家都出自这一群体。

80 年代有一个自由讨论的空气，关系改革的每一个话题都有广泛的讨论，包括激烈的争论。争论的问题涉及改革方向问题，但更多的是对如何过渡的问题，提出了各种思路和方案。在诸如过渡期通货膨胀有害还是有益、改革是局部试验还是整体推进、企业改革优先还是价格改革优先、保增长还是保稳定、是否应当以放慢增长速度为代价为改革创造宽松环境、双轨制是一个发明还是一个怪胎等问题上，存在不同认识甚至激烈的辩论。从历史看，这种辩论对推进改革十分必要，各种意见都有其合理因素，在相互辩驳中相互补充，这对于减少决策的盲目性，降低风险很重要。有意思的是，当年主张整体改革的学者和主张双轨制的学者后来都得了奖。

当然，究竟哪一种思路为决策者接受形成政策，受各种条件的影响。与经济学家相比，政治家考虑的因素更多，他处在各种矛盾和压力的交汇点上，不只考虑方案是否自洽，更要考虑它是否可行，首先是能否取得起码的共识，需要看三步走一步，评估各方反应和预期效果。决策者必须平衡各方利益，包括部门意见、地方意见以及社会公众承受力。还有一点同样重要，就是如何取得高层共识，所有经济决策首先是政治决策，必须获得政治共识。这就涉及80年代的领导体制。

80年代中国共产党的领导体制在党的十二大基本确立，仍然是一个一线、二线体制。中央书记处和国务院处于一线，邓小平、陈云、李先念等老一代领导人处在二线，邓小平为核心，其次是陈云。尽管有两任总书记的更换，但以邓小平为核心的体制没有改变。

一般称邓小平为改革的总设计师，事实上，邓小平并没有提出改革的总体蓝图，但是有一个很清晰的发展蓝图，就是分三步走实行现代化的目标，确立了这样的目标，也就确立了一个标准，只要有利于发展生产力，有利于改善民生，什么方式都可以尝试，国外的各种经验都可以拿来借鉴，这就为改革开放实验开出了巨大空间。邓小平的思想是开放式的，对于经济改革，他是很放手的，只提出一些原则要求，至于具体怎么改，是"摸着石头过河"，鼓励大家"大胆地试，大胆地闯"，及时总结经验，对的坚持错的改正，可以允许犯错误，但不允许不改革。对于意识形态之争，邓小平的方针是"不争论"，因势利导，用事实说话。时任国务院总理说，如果没有邓小平在背后支持，许多改革不可能推行。特别是在1992年的历史关口，邓小平发表震惊中外的南方谈话，坚定维护他倡导的改革开放事业，推动中国改革最终越过市场化这道门槛。原国务院副总理田纪云说，"邓小平拯救了改革开放"。[①] 邓小平南方谈话及中共十四大确立社会主义市场经济目标以后，突破了意识形态障碍，把改革推进到了一个新的历史阶段。然而，邓小平对80年代改

---

① 田纪云：《怀念小平同志》，《炎黄春秋》2004年第8期。

革有没有遗憾？我认为是有的。1993 年 9 月 16 日，邓小平同其弟弟邓垦有过一次谈话，他说，"过去我们讲先发展起来。现在看，发展起来以后的问题不比不发展时少"。他不无忧虑地说："少部分人获得那么多财富，大多数人没有，这样发展下去总有一天会出问题。"① 当然不只是财富分配，还有权力制约、道德重建等问题。当然，改革中的问题只能通过进一步改革找到解决之道。

① 《邓小平年谱（1975～1997）》（下），第 1363～1364 页。

图书在版编目（CIP）数据

探路之役：1978—1992年的中国经济改革／萧冬连著.-- 北京：社会科学文献出版社，2019.3（2024.3 重印）
（改革开放研究丛书）
ISBN 978 – 7 – 5097 – 6974 – 4

Ⅰ.①探… Ⅱ.①萧… Ⅲ.①中国经济 – 经济改革 – 研究 – 1978 – 1992 Ⅳ.①F12

中国版本图书馆 CIP 数据核字（2018）第 273791 号

· 改革开放研究丛书 ·

探路之役：1978～1992 年的中国经济改革

著　　者／萧冬连

出　版　人／冀祥德
项目统筹／宋荣欣
责任编辑／邵璐璐
责任印制／王京美

出　　版／社会科学文献出版社 · 历史学分社 （010）59367256
　　　　　　地址：北京市北三环中路甲 29 号院华龙大厦　邮编：100029
　　　　　　网址：www. ssap. com. cn
发　　行／社会科学文献出版社 （010）59367028
印　　装／三河市龙林印务有限公司

规　　格／开本：787mm × 1092mm　1/16
　　　　　　印　张：20　字　数：298 千字
版　　次／2019 年 3 月第 1 版　2024 年 3 月第 15 次印刷
书　　号／ISBN 978 – 7 – 5097 – 6974 – 4
定　　价／79.00 元

读者服务电话：4008918866